La Bible du Reiki

Eleanor McKenzie

La Bible du Reiki

Guy Trédaniel Éditeur
19, rue Saint-Séverin
75005 Paris

DANS LA MÊME COLLECTION, CHEZ LE MÊME ÉDITEUR :

La bible du Yoga, Christina Brown
La bible des cristaux volume I, Judy Hall
La bible des cristaux volume II, Judy Hall
La bible de l'homéopathie, Brenda Mallon
La bible des charmes et enchantements, Ann-Marie Gallagher
La bible de la magie naturelle, Ann-Marie Gallagher
La bible du Feng shui, Simon Brown
La bible de l'astrologie, Judy Hall
La bible de la méditation, M. Gauding
La bible de l'aromathérapie, G. Farrer-Halls
La bible de la chiromancie, Jane Struthers
La bible des anges, Hazel Raven
La bible du tarot, Sarah Bartlett
La bible des rêves, Brenda Mallon
La bible des chakras, Patricia Mercier
La bible des fées, Teresa Moorey
La bible des arts divinatoires, J. Struthers
La bible de l'astrologie chinoise, D. Walters
La bible de la parapsychologie, J. Struthers
La bible de la réflexologie, Louise Keet
La bible des créatures mythiques, B. Rosen
La bible de la mythologie, Sarah Bartlett
La bible du massage, Susan Mumford
La bible des signes et symboles, M. Gauding

Titre original :
The Reiki Bible

Traduit de l'anglais par Antonia Leibovici

ISBN : 978-2-8132-0108-9

Imprimé en Chine

www.editions-tredaniel.com
info@guytredaniel.fr

Avertissement
Les informations données dans ce livre ne se substituent en aucune façon au traitement médical, ni ne peuvent être utilisées pour le diagnostic.

Sommaire

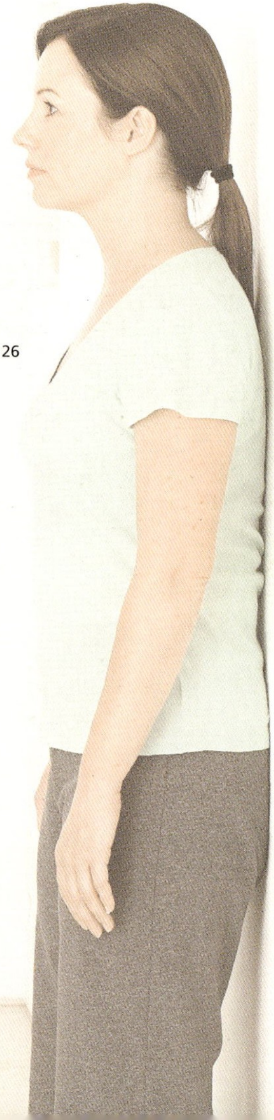

Introduction

CI-DESSUS. Le voyage de chacun avec le Reiki est différent, pourtant nous utilisons tous la même énergie universelle.

Le Reiki est une pratique très personnelle. Votre voyage avec le Reiki ne sera pas identique au mien. Vos expériences seront différentes et les méthodes qui vous ont été enseignées peuvent varier par rapport à celles décrites dans le présent livre, pourtant nous utilisons tous l'énergie universelle désignée par le nom de Reiki. De mon point de vue, ces différences rendent la communauté du Reiki plus forte si nous restons ouverts à la possibilité qu'il y a bien des manières d'utiliser cette énergie universelle et que nous pouvons apprendre les uns des autres – pendant que nous reposons tous notre pratique sur ce même système de base.

Le Reiki fait partie de ma vie depuis 16 ans, et je suis extrêmement reconnaissante de l'avoir trouvé – ou qu'il m'ait trouvée –, ainsi que pour les changements de mon existence et les occasions qu'il m'a offert de me rendre utile à tellement de gens merveilleux. Cela a été un grand plaisir et honneur d'écrire ce livre et de partager mes connaissances et mes expériences avec vous. Je le dois aussi à tous ceux qui se sont consacrés à l'approfondissement de notre compréhension du Reiki et à la promotion de ce puissant système de guérison, dont la beauté réside dans sa simplicité. Pour moi, le Reiki est effectivement l'incarnation du principe « la simplicité est payante ».

Je ne fais pas grand cas des règles, des traditions et de la lignée. J'ai reçu l'harmonisation au Premier degré et au Deuxième degré des instructeurs du Usui Shiki Ryoho, mais pour le Troisième degré je me suis sentie très attirée par les enseignements de Diane Stein et j'ai reçu l'harmonisation de l'une de ses élèves. Je leur suis reconnaissante à tous. Je ne suis donc pas instructrice ou praticienne d'une tradition particulière, et vous constaterez que cela est visible dans mon approche. Ce qui est d'une extrême importance pour moi est l'énergie Reiki et l'intention de l'utiliser pour le bien de notre vie et de la vie d'autrui. C'est là le message de ce livre. Indifféremment de la tradition d'où vous venez, il nous unit tous.

À propos de ce livre

Ce livre présente le travail avec l'énergie grâce au système du Reiki. Certains se sentent attirés vers le Reiki en tant qu'élément d'une pratique spirituelle personnelle, d'autres se concentrent plus sur ses aspects curatifs. Chacun doit entreprendre son propre voyage avec le Reiki. Il y a autant de voies vers l'éveil qu'il y a de personnes. Le Reiki est juste une de ces voies, et toute personne le pratiquant la suit à sa propre manière. Une chose est sûre – elle aura un accès illimité à la force vitale pour sa propre guérison et sera un canal la transmettant aux autres.

J'ai essayé d'être objective et de présenter le Reiki d'une façon convenant à toutes les écoles et traditions. J'espère que mon livre sera tout aussi utile aux débutants qu'aux praticiens expérimentés.

CI-DESSOUS. Le Reiki offre un accès illimité à la force vitale pour se guérir soi-même et les autres.

PREMIÈRE PARTIE

Les origines du Reiki

Énergie

L'univers est énergie. Tout est créé à partir d'énergie. L'énergie dont votre corps est créé est la même que celle dont est créée la montagne. Il peut sembler curieux qu'un objet apparemment inanimé et immuable puisse avoir les mêmes origines qu'une plante vivante, qui grandit et se développe en permanence, tout en étant fragile, et que les deux viennent de la même source. Cette énergie unit l'univers.

Force de vie universelle

Le concept d'une force de vie universelle est présent dans nombre de traditions orientales. La médecine ayurvédique indienne l'appelle prana, la médecine traditionnelle chinoise, basée sur le taoïsme, l'appelle chi ou qi, devenu ki en japonais. Dans la tradition chrétienne, il est admis que certaines références à la lumière font allusion à la même notion. Selon le livre de Mantak Chia, Éveiller l'énergie curative du Tao, cette force de vie peut être définie comme énergie, air, souffle, vent et essence vitale. Bref, c'est l'énergie activatrice de l'univers. Lorsque cette énergie est extirpée d'un corps ou d'une plante, la vie disparaît.

Bien que d'autres cultures aient depuis longtemps accepté l'idée d'une énergie universelle, force de vie, qui imprègne tout, la culture occidentale a été bien plus réticente face à cette idée. D'abord, les croyances concernant la nature de l'univers avaient été fortement influencées par une religion où les hommes étaient supérieurs au reste de la Création et où un Dieu avait créé le monde, mais « vivait » à l'extérieur de celui-ci. Ensuite, à mesure du développement de la science, l'idée de Dieu étant devenue plus discutable dans bon nombre d'esprits, les gens ont demandé des preuves avant d'accepter une idée quelconque.

Au fil des cinq dernières décennies, les physiciens ont étudié la matière, et sont arrivés à la conclusion que l'énergie est sous-jacente à toute matière, sous toutes ses formes. Cette énergie vibre à des vitesses différentes, raison pour laquelle une roche est plus solide et dense que le corps humain. L'idée que tout est formé à partir d'une source d'énergie est très importante quand on en vient au travail énergétique, que ce soit le Reiki, le tai chi ou d'autres formes de travail de ce genre. Si tout ce qui existe dans l'univers est créé à partir d'une source, alors toutes les choses, animées et inanimées, sont connectées. Cela signifie qu'on interagit constamment et on influence l'un l'autre comme si on était un corps gigantesque.

À DROITE. L'une des merveilles du monde est que tout est créé à partir de la même force de vie universelle : arbres, montagnes, océans, machines et êtres humains.

Travailler avec énergie

Bien que l'énergie de l'univers soit illimitée, celle des créatures vivantes ne l'est pas. La pratique chinoise du chi kung (qi gong) considère qu'on naît avec une abondance d'énergie. Quand on est jeune, on peut recharger ses réserves énergétiques ; à mesure de l'âge, on utilise cette énergie, sans pouvoir la remplacer tout aussi facilement. Le résultat est une pénurie d'énergie, qui peut aboutir à une mauvaise santé ou à l'incapacité à réaliser notre potentiel plénier.

Nombre de pratiques travaillent avec l'énergie pour inverser cette perte, ou du moins l'atténuer. Par exemple, le chi kung enseigne qu'en pratiquant une série de mouvements, on peut cultiver l'énergie et revenir à un état d'équilibre. Pour le yoga, la pratique de la respiration appelée pranayama produit le même résultat. Dans la pratique du Reiki, l'énergie est tirée de l'univers et transmise à travers les paumes pour arriver à une rééquilibration de la force de vie. Cet état d'équilibre permet d'apprécier la vie, de trouver le contentement et de percevoir sa connexion avec tout ce qui est autour de soi.

À ce point, on se tourne vers les traditions spirituelles comme le taoïsme, le bouddhisme et l'hindouisme pour des pratiques physiques et mentales enseignant le travail énergétique et son pouvoir de guérir la vie de la personne, ainsi que la vie d'autrui. Ironiquement, Jésus a été considéré par beaucoup, et pas seulement par les chrétiens, comme le plus grand guérisseur – pourtant, pendant plus de 2000 ans personne n'a écouté ce qu'il a dit à ce propos, préférant croire qu'il s'agissait d'un don divin dont il était le seul dépositaire. Cependant, en baptisant les apôtres avec le Saint-Esprit (qui semble remarquablement similaire à une forme d'harmonisation énergétique utilisée dans l'enseignement du Reiki), Jésus avait dit clairement que tous pouvaient guérir comme lui.

On doit souligner que travailler avec l'énergie n'est ni une croyance ni une religion. Ce travail peut venir du désir d'améliorer sa vie de toutes les manières possibles. On peut le combiner à une pratique spirituelle ou il peut être en soi une forme de pratique spirituelle.

CI-DESSUS. Se trouver en un état d'équilibre, symbolisé par le yin/yang, permet d'apprécier pleinement la vie.

Exercice énergétique de base

Si vous débutez au travail énergétique, ou désirez connaître la réalité de l'énergie, voici une manière très élémentaire de percevoir l'énergie et de travailler avec elle.

1 Levez les mains devant vous au niveau des yeux, paumes se faisant face, distantes d'environ 30 cm.

2 Rapprochez lentement les paumes jusqu'à quelque 15 cm entre elles, puis ramenez-les à la position de départ.

3 Répétez plusieurs fois, jusqu'à percevoir l'accumulation de l'énergie entre les paumes. Lorsque vous tenterez de joindre vos paumes, vous devez percevoir une certaine résistance de l'énergie se trouvant entre elles.

Le Reiki et l'Orient

Les origines du Reiki viennent du tréfonds des traditions orientales, allant du bouddhisme aux arts martiaux. Le Reiki est une distillation des philosophies de ces traditions en une pratique unique.

Débuts du Reiki

Les origines du Reiki sont complexes, car on peut dire que ce système est en même temps ancien et moderne. Il est moderne car il s'est développé au cours de la dernière centaine d'années, et ancien parce que ses origines semblent venir d'une diversité de philosophies spirituelles comme le bouddhisme, le shintoïsme et le shugendô (voir pages 18 à 21).

Le Reiki a été développé au Japon par Mikao Usui, qui a puisé dans un grand nombre d'influences importantes, puis est arrivé en Occident, où il a continué son évolution, tout comme l'a fait le Reiki japonais. Les deux branches ont suivi des directions différentes. Récemment, les Occidentaux ont « redécouvert » la branche japonaise, si bien qu'il existe actuellement toute une gamme de pratiques. Ce chapitre tente de préciser les détails de cette évolution assez compliquée.

Que signifie « Reiki » ?

Penchons-nous sur le mot Reiki. Les premiers livres anglais traitant du Reiki avaient traduit les deux pictogrammes japonais, Kanji, représentant ce terme par l'expression « énergie de vie universelle ». Le Rei était tenu pour signifier « esprit universel, transcendantal ou essence infinie ». Le Ki, « énergie de la force vitale », équivalait au chi ou prana. Il semble cependant qu'une traduction plus correcte est « énergie sacrée », et que cette expression n'est qu'une manière respectueuse de se référer au ki. Le Reiki n'est pas une énergie distincte du ki essentiel de l'univers – il est le ki essentiel.

Racines japonaises

Bien qu'actuellement il existe de nombreuses variantes de la pratique initiale du Reiki, le système a des racines indubitables au Japon. L'énergie utilisée par ce système est cependant universelle et partagée par les innombrables pratiques basées sur le travail énergétique. En tant qu'énergie, le Reiki n'est pas quelque chose de différent ou de particulier, tandis que le système du Reiki est unique. Pour essayer de comprendre ses origines, nous devons étudier d'abord certaines croyances et philosophies traditionnelles qui ont influencé la vie de son fondateur, Mikao Usui.

À DROITE. Le Kanji japonais pour le Reiki peut être traduit par « énergie sacrée ». Ce ki est l'énergie essentielle de l'univers, pas une autre forme d'énergie distincte de celle-ci.

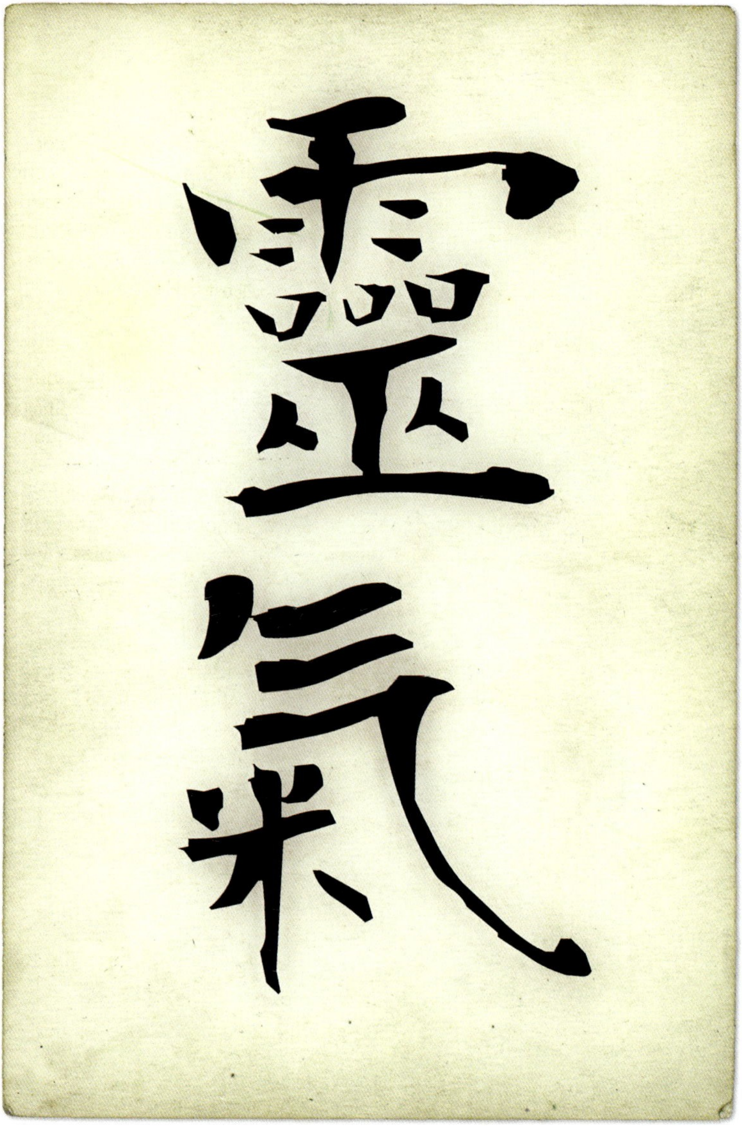
靈氣

Croyances et systèmes traditionnels

Les origines de la médecine chinoise traditionnelle remontent au Classique de médecine interne de l'empereur Jaune, rédigé entre 2697 et 2598 av. J.-C. Pareillement, les principes de l'ayurvéda, signifiant « science de vie », viennent de l'époque védique de l'Inde, entre le premier et le deuxième millénaire av. J.-C. Tenue par beaucoup pour une révélation divine de Brahma, sa philosophie et ses méthodes de traitement ont été décrits dans deux de ses textes de base, le Charaka Samhita et le Sushruta Samhita. Comme la médecine chinoise, la médecine ayurvédique est aussi vivante de nos jours qu'elle l'a été il y a des milliers d'années. Plongeant leurs racines dans les philosophies spirituelles du taoïsme et de l'hindouisme, ces deux systèmes ont une approche basée sur l'énergie, se servant d'une diversité de techniques pour rétablir la personne dans sa globalité.

Dans le Japon ancien, le bouddhisme, le shintoïsme et le shugendô ont été les trois principales influences sur la vie spirituelle des gens.

Bouddhisme japonais

Les pratiques bouddhiques suivent les deux principales écoles, Theravada et Mahayana. Toutes les sectes bouddhiques japonaises ont émergé du bouddhisme mahayana. Bien qu'elles se concentrent parfois sur des textes différents, elles partagent souvent des pratiques comme la répétition disciplinée des mantras, le respect de divers préceptes, de sorte que le praticien révèle peu à peu à soi-même ce savoir intérieur.

Le bouddhisme Tendai est arrivé au Japon avec un moine chinois, au VIIIe siècle. Pas très populaire initialement, il s'est épanoui sous le patronage de l'empereur jusqu'à devenir la forme dominante de bouddhisme, pratiqué par les classes supérieures du Japon pendant des années. Ses doctrines sont basées sur les textes du Soutra du Lotus, également texte de chevet du bouddhisme Nichiren Shoshu, pratiqué actuellement dans le monde entier.

Le bouddhisme Tendai, comme bien d'autres religions, a une tradition ésotérique pratiquée seulement par de rares élus, moines et nonnes, généralement inaccessible à la majorité des disciples. Cette tradition intérieure du Tendai est appelée Mikkyô, « enseignements secrets ». Les enseignements reposent sur la lignée, autrement dit les suivants du Mikkyô, en plus d'assimiler ceux-ci et les pratiques, doivent aussi recevoir le Kanjo, initiation sous la forme d'un pouvoir transmis de maître à disciple.

À DROITE. Le bouddhisme Tendai a été une des formes les plus populaires de bouddhisme parmi les classes dirigeantes japonaises.

Shintoïsme

Le shintoïsme, la « voie des dieux », est la religion d'origine du Japon, présentant des similarités avec les systèmes de croyances d'autres cultures indigènes, comme celles des Aborigènes ou des Amérindiens. Il n'a pas de fondateur, pas de textes sacrés et un clergé très peu organisé. C'est un curieux mélange de vénération de la nature, de techniques de divination, de chamanisme et le culte des kami, en même temps divinités et esprits.

Selon les mythes de création du shintoïsme, un couple divin avait donné nais-

CI-DESSOUS. Le culte de la nature et des Kami prend place dans les sanctuaires shintoïstes. Il a été une force unifiante durant les bouleversements culturels du XIXe siècle.

sances aux îles japonaises. Leur fille Amaterasu Omikami est devenue l'aïeule de la famille impériale, l'empereur étant tenu pour un dieu vivant. Ce ne fut qu'à la fin de la Deuxième Guerre mondiale que l'empereur a renoncé à sa divinité sous la pression du gouvernement américain.

Les kami shintoïstes sont très différents du concept de déité d'autres religions. En dehors d'Amaterasu, déesse du Soleil, les kami étaient censés vivre dans la nature ; les régions particulières avaient un Kami gardien, tout comme les familles. Ils étaient aussi présents dans les forces créatives abstraites. Les pratiques shintoïstes tournaient autour du culte des kami et du contentement de ceux-ci. L'art de l'origami vient du shintoïsme et les exemples de ce savoir-faire sophistiqué sont visibles dans la plupart des sanctuaires shintoïstes. Par respect pour le kami de l'arbre qui a donné sa vie, le papier des origamis n'est jamais coupé.

Après la restauration Meiji, le shintoïsme a été déclaré religion d'État en 1868. Il a été interdit de combiner le shintoïsme et le bouddhisme, dans une tentative d'éliminer tous les éléments non-japonais. Il a été aussi tenu pour une force unificatrice à une époque où le pays traversait de grands changements et où des influences étrangères déstabilisaient la pureté de la culture japonaise.

Shugendô

Shugendô était une méthode de développer les pouvoirs spirituels qui combinaient des éléments de shintoïsme, de chamanisme et de bouddhisme. Bien qu'il ne soit plus pratiqué dans sa forme pure, ses vestiges subsistent encore dans le bouddhisme Tendai et dans la culture japonaise, spécialement dans le respect pour les lieux sacrés, surtout les montagnes.

Certains appellent le shugendô « bouddhisme de la montagne », car les moines qui le pratiquaient étaient des yamabushi, « ceux qui dorment dans les montagnes ». Fondé par En no Gyôja vers 666, le shugendô était une pratique très ascétique où les disciples passaient des années seuls dans les montagnes, développant des pouvoirs magico-spirituels de guérison.

Toute personne suivant la formation du shugendô se retirait en reclus dans la montagne, se prêtait à des jeûnes extrêmes, se nourrissant d'aiguilles de pin et se soumettait à de dures épreuves physiques comme se tenir longtemps sous une cascade glacée. Ils devaient aussi mémoriser les soutras bouddhiques et répéter en permanence des mantras. Comme pour le bouddhisme Tendai, le Soutra du Lotus est devenu l'un des principaux textes de cette pratique.

Mikao Usui et le Japon du XIXe siècle

Le fondateur du Reiki, Mikao Usui, est né en 1865, au début de la restauration Meiji. Pendant les 200 ans précédents, le Japon avait été isolé du reste du monde – les étrangers, en particulier les missionnaires chrétiens, étaient bannis, et le pays était gouverné dans un système féodal par les seigneurs de guerre samurai.

Le commodore américain Matthew Perry, dont la force militaire supérieure lui a permis de négocier un traité commercial avec les Japonais a mis fin à cet isolement de deux siècles. D'autres pays occidentaux ont rapidement suivi son exemple, suscitant un changement rapide de la société japonaise au fur et à mesure que les influences étrangères se sont immiscées. Le pays a entamé ainsi son ascension pour devenir de nos jours l'un des principaux pays industrialisés du monde.

La destruction de la société traditionnelle

Avant cette révolution sociale, culturelle et économique, la majorité des Japonais suivaient un système de croyances reposant sur un mélange d'éléments de la religion indigène, le shintoïsme, de bouddhisme et de taoïsme, emprunté à la Chine voisine. À mesure que le pays s'est ouvert aux idées occidentales et que les Japonais se sont mis à voyager, d'habitude pour les affaires et l'éducation plutôt que pour les loisirs, la société traditionnelle japonaise, plus structurée et respectueuse que toute autre société européenne ou américaine, a commencé à se désagréger.

Avec cet effondrement progressif de la structure d'une culture, et donc des règles de la vie quotidienne (inchangées pendant des centaines d'années), beaucoup de Japonais ont commencé à ressentir la crainte accompagnant les changements drastiques. Par exemple, dans les zones rurales, où les gens dépendaient souvent de l'aide de leurs enfants pour les travaux agricoles, ce n'était plus une certitude que ceux-ci allaient suivre le destin choisi par leurs parents.

Le besoin d'un système spirituel

Conséquence de cette incertitude, beaucoup de Japonais s'étaient tournés vers une forme quelconque de religion pour trouver une voie où avancer et gérer leurs sentiments d'aliénation. Cette quête de la société japonaise semble avoir inspiré la décision d'Usui de concevoir un système de développement spirituel accessible à tous, mais pas religieux. Ce système a été le Reiki.

À DROITE. Mikao Usui est né à une époque de grands changements pour le Japon, qui émergeait d'une période de 200 ans d'isolement.

La vie de Mikao Usui

Jusqu'il y a quelques années, on ne savait rien de la vie de Mikao Usui. Grâce à la découverte de sa stèle commémorative, érigée par quelques-uns de ses élèves dans le Temple bouddhiste de la Terre pure Saihôji de Tokyo, on en connaît maintenant davantage (traduite en anglais par le maître de Reiki Hyakuten Inamoto). De plus, les carnets de notes d'Usui ont aussi été traduits en anglais, bien qu'ils ne soient pas encore disponibles. Certains de ses élèves ont transmis aussi quelques informations sur Usui, mort d'une crise cardiaque en 1926, lorsqu'il parcourait le Japon.

Enfance

Mikao Usui est né le 15 août 1865 dans un village appelé actuellement Miyamo cho, dans la préfecture de Gifu. Sa famille était Hatamoto Samurai, rang élevé dans la classe des samurai. Selon un sanctuaire familial de son lieu de naissance, nous savons qu'il avait deux frères et une sœur. Pendant son enfance, il avait étudié auprès des moines bouddhistes tendai et appris les arts martiaux, pratique normale pour un enfant de sa classe sociale.

Études et carrière

Selon sa stèle commémorative, nous savons qu'il a été un élève assidu et un lecteur avide. Tout l'intéressait, depuis la médecine jusqu'à l'histoire et à la psychologie, en passant par les arts plus ésotériques de la divination et de l'incantation. Il était allé en Europe et en Amérique et avait étudié en Chine. Il avait été secrétaire particulier d'un homme politique japonais devenu maire de Tokyo. Malgré ses capacités académiques exceptionnelles, sa stèle commémorative signale qu'il a eu du mal à avancer et a connu des difficultés non spécifiées. Toutefois, ses élèves ont écrit qu'Usui n'a jamais perdu le courage ou la volonté d'accomplir son destin envers et contre tout.

> «L'univers c'est moi, et je suis l'univers. L'univers existe en moi, et j'existe dans l'univers. La lumière existe en moi, et j'existe dans la lumière. »
>
> Mikao Usui, cité par Hiroshi Doi in Iyashino Gendai Reiki-ho

Vie familiale

Usui a épousé Sadako Suzuki, avec laquelle il a eu deux enfants – un fils, Fuji, et une fille, Toshiko, morts assez jeunes. Sa fille est décédée en 1935 à 22 ans, son fils en 1946, a 38 ans. Alors qu'il était marié, il était devenu prêtre Tendai. En restant un membre laïque de cette secte bouddhiste, il a pu continuer à vivre avec sa famille. On sait peu d'autres choses sur sa vie personnelle, mais grâce à ses écrits et aux souvenirs de ses élèves on en sait plus sur sa vie spirituelle et les influences qui ont contribué à sa fondation du système Reiki.

À DROITE. La récente découverte de la stèle commémorative de Mikao Usui a révélé des informations inédites sur sa vie.

Influences sur Mikao Usui

Mikao Usui, appelé Usui Sensei au Japon, a développé le système Reiki pour offrir une méthode simple aux gens, leur permettant de se reconnecter à leur spiritualité innée dans un Japon ou les valeurs de la société traditionnelle avaient commencé à se désintégrer (voir pages 20 et 21). Il n'avait jamais eu l'intention de créer un système de guérison qui allait se répandre dans le monde entier. La guérison par imposition des mains n'était qu'un aspect de ses idées d'origine, influencées par une gamme de systèmes traditionnels de croyances et de philosophies.

L'extraordinaire réussite de Mikao Usui a été de puiser dans toutes ces pratiques, dont certaines exigent quelque 20 ans pour être parfaitement maîtrisées, et de créer sur ces bases un système accessible à tous. Il semble aussi manifeste qu'Usui ne visait pas à enseigner un système de guérison, mais un système holistique capable de conduire le disciple sur une voie vers l'éveil dans les contraintes d'une religion structurée.

Bouddhisme Tendai

La famille de Mikao Usui était adepte du bouddhisme Tendai (voir page 24), et le jeune Usui avait été formé dans un temple Tendai local. Il était devenu bien plus tard un prêtre Tendai laïque, signe d'un attachement qui a duré toute sa vie à cette forme de bouddhisme.

Comme Usui était devenu prêtre laïque, il est presque certain qu'il avait été initié aux pratiques ésotériques « secrètes » du Mikkyô. Les enseignements sur la guérison ont été ajoutés plus tard au Mikkyô, ainsi que des éléments de shintoïsme, comme les pratiques spirituelles liées aux montagnes sacrées, aboutissant à la tradition ésotérique japonaise que Mikao Usui a dû apprendre. Il est reconnu que sa vision suprême du Reiki en tant que système lui est apparue sur le mont Kurama, lieu de légende spirituelle.

La forme exotérique de Tendai qu'Usui connaissait englobait des mantras et des mudras (positions symboliques des mains ou du corps) dans son culte ; Usui allait les incorporer dans son système Reiki. Avec ces concepts de lignée, la transmission d'un pouvoir, ses enseignements sur la guérison et l'utilisation des mantras et des mudras, il semble évident que Mikao Usui s'est servi de cette forme de bouddhisme comme fondation de son système, et qu'il avait l'intention de rendre une pratique secrète accessible au plus grand nombre.

La compréhension de la pertinence de cette forme de bouddhisme, arrivée au Japon depuis la Chine, permet de voir la pratique de Reiki comme bien plus qu'un simple système de guérison par imposition des mains. Pour le bouddhisme, toute personne dispose d'une connaissance complète de sa nature divine, mais nous sommes déconnectés de ce savoir et inconscients de notre propre état du Bouddha. Qui plus est, nous pouvons aussi devenir des bodhisattvas, êtres éclairés, durant notre existence terrestre et aider les autres à arriver au même état.

CI-DESSOUS. Les mantras et les mudras du bouddhisme Tendai sont visibles dans le Reiki d'Usui.

Shintoïsme

Grandissant au Japon, Usui n'a pas pu éviter l'influence du shintoïsme (voir page 20), moins religion que mode de vie où chaque aspect de l'environnement est régi par des dieux ou esprits, les kami. Usui a apparemment adopté pour son reiki les notions principales du shintoïsme, affirmant que tout, animé ou inanimé, a un « esprit » et que le contact avec la nature nous rapproche de la connaissance de la source de création. L'absence de textes ou de lois écrites a pu aussi inciter Usui à conférer ce genre de souplesse au Reiki.

Pas d'influence chrétienne

Bien que nous sachions qu'Usui connaissait les écritures chrétiennes, il est clair qu'il n'a ni été chrétien, ni enseigné dans une école chrétienne. Le christianisme n'a en rien influencé le développement du Reiki, du moins pas de la manière suggérée par l'histoire de Hawayo Takata (voir pages 40 à 43). Les principales influences jouant sur le développement du Reiki sont d'origine tout ce qu'il y a de japonais.

Shugendô

Usui a été aussi Influencé par une forme de bouddhisme, le shugendô (voir page 21). La principale caractéristique de cette tendance était l'isolement dans les montagnes. Une telle retraite à la montagne a joué un rôle important dans la création du Reiki. Le mont Kurama était l'une des montagnes sacrées du shugendô. Ce fut là que Mikao Usui avait entrepris une retraite spirituelle incluant le jeûne, qui a abouti à la formulation de son système Reiki. Sa stèle commémorative affirme qu'il avait reçu l'« inspiration divine » sur la montagne. Les recherches récentes montrent que cette inspiration n'avait pas exactement la forme racontée par l'histoire répandue en Occident par Hawayo Takata (voir pages 40 à 43).

Le shugendô inclut par ailleurs deux autres éléments faisant partie intégrante du Reiki. Le premier est la guérison des maladies par imposition des mains, le deuxième, la répétition des mantras. En Occident, l'utilisation des mantras dans la pratique du Reiki n'a pas été développée. Les informations venant du Japon montrent actuellement qu'Usui voulait que les cinq principes ou préceptes spirituels (voir pages 60 et 61) soient utilisés ainsi, car leur répétition régulière aide le disciple à les intégrer dans sa vie et à se focaliser dessus.

Samurai

Comme nous savons maintenant qu'Usui s'intéressait à une large gamme de sujets et qu'il avait étudié auprès de moines bouddhistes et appris les arts martiaux (voir pages 24 et 25), peu surprenant qu'il puise dans une vaste série d'influences pour développer le Reiki, dont la poésie, partie essentielle de l'éducation de tout membre de la classe des samurai. Sans exagérer l'importance de ses origines, il est impossible d'ignorer son appartenance à cette classe, car cette tradition a dû exercer naturellement une importante influence sur sa vie et sa réflexion.

La vision occidentale traditionnelle du samouraï typique est habituellement celle du guerrier brandissant son épée. Bien que ce soit correct, les samurai s'enorgueillissaient aussi d'être des hommes et des femmes cultivant leur mental et leur esprit. Les membres de cette classe appréciaient leur capacité à composer des poésies inspirantes pour toute occasion autant qu'ils respectaient la quête intrépide de l'honneur dans la bataille. Cette combinaison de discipline physique, mentale et spirituelle est la fondation idéale pour une vie cherchant l'illumination.

À GAUCHE. Le mont Kurama était l'une des montagnes sacrées du bouddhisme shugendô, servant de retraite. Ce fut là qu'Usui a formulé son système Reiki.

Arts martiaux

Associée à son éducation de samurai, sa formation aux arts martiaux, bien qu'apparemment peu importante, a dû ajouter une autre dimension à la compréhension qu'avait Usui de la manière dont travaille l'énergie. Pratiquement toutes les formes traditionnelles d'arts martiaux vont au-delà du plan physique. Les enfants des samurai apprenaient les arts martiaux très tôt. Si Usui avait appartenu à une famille de paysans, il n'aurait pas pu soumettre le Reiki à cette influence. Néanmoins, que peut apporter à un art spirituel et curatif un art plus associé à la discipline physique et au combat ?

Usui s'était formé au aiki jujutsu, enseigné par son fondateur, Takeda Sokaku, vers la fin du XIXe siècle. Takeda avait créé cette branche des arts martiaux à partir de l'expérience pratique de sa famille, accumulée au fil des siècles, décidant de l'enseigner aux personnes extérieures à son cercle intime. L'un des plus célèbres élèves de Takeda a été Ueshiba Morihei, fondateur par la suite de l'aïkido.

L'aiki est surtout composé de nombreux mouvements physiques, et a été décrit comme une méthode permettant à l'élève de « vaincre mentalement l'adversaire d'un coup d'œil et gagner sans combat ». Toutefois, la pratique de l'aiki implique aussi l'apprentissage des moyens d'harmoniser le ki d'une façon inculquant à l'élève l'expérience du calme intérieur, ainsi que du contrôle et de l'utilisation de sa volonté étayant la vie quotidienne. Selon les premiers élèves d'Usui interviewés par des chercheurs modernes, Usui a inclus effectivement des éléments de sa formation aux arts martiaux dans ses enseignements du début.

On sait aussi que les Mikkyô et les arts martiaux se sont parfois croisés au Japon. Les moines enseignaient les techniques du Mikkyô aux praticiens des arts martiaux et même aux Ninjas (guerriers à part, entraînés à tous les aspects des arts martiaux, qui occupent maintenant une place particulière dans la culture populaire), et on leur enseignait en retour des techniques de combat. Par conséquent, l'idée de mélanger ces deux approches apparemment opposées du travail avec l'énergie a dû sembler tout à fait normale à Usui et à ses pairs. Lorsqu'on se rappelle que les arts martiaux concernent la discipline et la capacité de gagner sans combattre en travaillant avec le ki de l'adversaire, il semble très logique qu'Usui en utilise des éléments. Cela signale qu'il voulait que les praticiens du Reiki appliquent le même type de discipline à leur pratique.

À DROITE. Bien que les arts martiaux soient vus comme principalement physiques, ils enseignent aussi aux disciples comment harmoniser leur énergie et comprendre son fonctionnement.

Le Usui Reiki Ryôhô Gakkai

Le Usui Reiki Ryôhô Gakkai signifie la Méthode Usui de guérison par l'énergie spirituelle. À l'origine, ses adeptes étaient surtout des officiers de marine, à une époque où la majorité des Japonais d'une certaine classe sociale étaient des militaires. On suggère que ce fait a dû avoir une certaine influence sur les aspects pratiques, moins ésotériques, du système, comme la routine précise de placement des mains sur le corps.

La société avait trois niveaux d'enseignements : shoden, okuden et shinpoden, qui est le niveau de l'instructeur, chacun comportant six autres subdivisions. À chacun de ces niveaux, les élèves acquéraient un nouveau savoir. Cela semble indiquer le besoin d'un degré d'engagement de la part de l'élève, similaire à celui exigé pour progresser aux arts martiaux.

Les interviews des élèves les plus anciens d'Usui ont permis de savoir que les cinq principes ou préceptes spirituels (voir pages 60 et 61) étaient les premières choses qu'il leur avait enseignées. Par la suite, on leur avait appris la méditation et les mantras, y compris l'utilisation du waka japonais (voir pages 90 et 91). L'accent actuel sur le Reiki en tant que méthode de guérison par imposition des mains est tout à fait loin de ce qu'Usui enseignait à l'époque de la fondation du Usui Reiki Ryôhô Gakkai en 1922. Il a ajouté cette pratique de guérison au cours des dernières années de son enseignement, juste avant sa mort en 1926.

Le Usui Reiki Ryôhô Gakkai existe encore au Japon, bien que ses membres soient bien moins nombreux qu'à ses débuts, car la période de la Deuxième Guerre mondiale et cette suivante ont affecté l'existence de ce type de société. Ses membres ont partagé certains des enseignements les plus anciens avec les Occidentaux, bien que dans la culture japonaise les enseignements de cette nature soient tenus pour sacrés et ne doivent pas être appris à des personnes ne leur montrant pas le respect approprié. Nous ne saurons jamais tout à propos des enseignements d'origine d'Usui au Japon. Une chose est certaine, il serait surpris par nombre de changements.

Dans leur livre The Japanese Art of Reiki, Bronwen et Frans Stiene révèlent que dans les interviews avec une nonne bouddhiste Tendai, Suzuki san, élève de Mikao Usui, le seul élément commun qu'elle avait reconnu entre ce qu'elle avait appris et ce qui est enseigné en Occident est le nom de Mikao Usui.

À GAUCHE. Les cinq principes spirituels étaient les premières choses qu'Usui enseignait, suivis par la méditation et les mantras.

Le Reiki et l'Occident

Le Reiki a fait son apparition en Occident grâce à la détermination d'une femme, Hawayo Takata, qui a fait de sa connaissance l'œuvre de sa vie, après l'avoir découvert à Tokyo en 1935.

Comment le Reiki est arrivé en Occident

Chujiro Hayashi est né à Tokyo en 1880. Après des études de médecin et de chirurgien, il avait rejoint la marine japonaise en avait le rang de capitaine vers 1918. À l'époque où il avait adhéré à l'école de Mikao Usui en 1925, il s'était retiré de la marine. L'école comprenait aussi nombre d'autres officiers de marine retraités, petit groupe qui a continué le travail du Usui Reiki Ryôhô Gakkai après le décès d'Usui. Hayashi, quant à lui, à suivi sa propre voie.

Cinq ans après la mort d'Usui, Hayashi s'était séparé de cette société pour ouvrir sa propre clinique et école, le Hayashi Reiki Kenkyu Kai (Société Hayashi de recherches sur l'énergie spirituelle). Certains chercheurs prônent qu'Usui a pu demander à Hayashi, en sa qualité de médecin, de rédiger un guide du système de guérison Reiki, variante élargie de son propre guide de traitement d'affections particulières. Selon eux, ce fut ce guide de Hayashi que Hawayo Takata (voir pages 38 et 39) avait presque assurément utilisé comme base de son enseignement.

Chujiro Hayashi et Hawayo Takata

Les gens venaient à la clinique de Hayashi pour être traités par lui et ses élèves. Hawayo Takata est venue là pour un traitement en 1935. Elle y a séjourné d'abord pendant six mois comme patiente, puis une année de plus comme bénévole, après avoir persuadé Hayashi de lui enseigner son système. Celui-ci était réticent, car bien qu'elle ait des parents japonais, elle était née aux États-Unis, et le système n'était pas censé sortir du Japon (selon les « règles » non écrites émergeant de la culture japonaise, son isolement de l'Occident et ses traditions religieuses des mystères). Il l'a aidée par la suite à installer une clinique aux Hawaï en 1938.

L'héritage de Chujiro Hayashi à l'Occident a été la formation de Hawayo Takata et l'installation de la première clinique en dehors du Japon. Sinon, le Reiki n'aurait jamais atteint le reste du monde. Toutefois, la nomination par Usui de Hayashi en tant que son successeur dans la lignée Reiki, comme l'affirme le récit de Takata (voir pages 40 à 43) semble fausse. Il est par contre vrai que Hayashi s'est suicidé en 1940. La variante de Takata avance qu'il avait souffert d'une crise cardiaque autoprovoquée. Toutefois, il est plus probable qu'il avait commis le Seppuku rituel (se trancher l'abdomen avec un sabre) parce qu'il ne désirait pas participer à la guerre. Ainsi, seule une femme a apporté le Reiki à l'Occident.

À DROITE. Chujiro Hayashi a poursuivi le travail d'Usui après la mort de celui-ci, en plus de contribuer à la propagation du Reiki en Occident.

Hawayo Takata

Née à Hawaï de parents japonais en 1900, le destin de Hawayo Takata a été de faire connaître le Reiki au monde entier. Même si le système de Reiki qu'elle enseignait était différent des enseignements d'origine d'Usui, les centaines de milliers de personnes pratiquant le Reiki actuellement n'auraient pas pu en profiter si elle n'avait pas décidé de rentrer aux États-Unis après s'être formée auprès de Chujiro Hayashi.

Hawayo Takata était arrivée à Tokyo en 1935 pour une opération. Veuve de bonne heure, elle souffrait de plusieurs affections gênantes, comme l'asthme et les calculs biliaires. Lorsqu'elle était allongée sur la table d'opération, elle avait entendu une voix lui disant que l'opération était inutile. Après des discussions avec le chirurgien, elle s'était rendue dans la clinique de Chujiro Hayashi (voir pages 36 et 37), où elle avait été traitée, son état s'améliorant rapidement.

Enseigner aux autres

Après sa formation à Tokyo, elle était rentrée à Hawaï, où elle avait installé une clinique devenue très populaire. Hayashi lui avait rendu visite là, et il semble que ce fut au cours de cette visite qu'il avait décidé de faire d'elle un maître (voir pages 186 à 197). Elle avait été son treizième et dernier maître de Reiki. Elle a continué à travailler à Hawaï, et n'a apporté le Reiki sur le continent américain que dans les années 1970.

Après avoir enseigné aux États-Unis et au Canada, elle avait décidé que le moment était venu d'apprendre à d'autres comment enseigner ce système. Elle a créé son premier maître, Virginia Samdahl, en 1976. Avant sa mort en 1980, elle avait créé 21 autres maîtres, responsables de la propagation initiale du Reiki, conduisant à l'explosion mondiale de cet art.

À GAUCHE. Hawayo Takata s'est montrée astucieuse et décidée pour assurer la propagation du Reiki en dehors du Japon. Elle a été au centre d'un nouveau phénomène mondial.

L'« occidentalisation » du Reiki

De par les récentes informations sur les origines du Reiki, il semble juste de dire que Hawayo Takata était astucieuse et décidée d'assurer la propagation du Reiki. Astucieuse, car elle avait écarté nombre des éléments japonais sophistiqués du Reiki – particulièrement les éléments explicitement spirituels tirés du bouddhisme – difficiles pour les Occidentaux. Il semble aussi qu'elle a délibérément christianisé l'histoire de Mikao Usui (voir pages 40 à 43), pour la même raison. Comme le disaient ses élèves, elle était une conteuse de talent, qui aimait plier la vérité à ce qui était nécessaire à un moment donné.

Le récit de Takata à propos de Mikao Usui

Voici l'histoire de la découverte du Reiki telle que racontée par Hawayo Takata, variante connue de la plupart des gens. Il est intéressant de la comparer avec les nouvelles informations et d'observer le talent avec lequel Hawayo Takata a tissé un récit combinant vérité, magie et pure imagination, comparable au récit de la quête du Graal.

Lors d'un cours de Reiki, l'histoire est racontée par le maître en tant qu'élément d'une tradition orale, initiée par Takata. Le récit ne sera donc jamais raconté pareillement deux fois, et chaque instructeur accentuera une partie différente.

Lorsque je l'ai entendu pour la première fois, je l'ai vu comme une histoire combinant les faits historiques avec des éléments spirituels symboliques. Je sais maintenant que les faits historiques sont faux – Mikao Usui n'a jamais été professeur chrétien, ni médecin. Toutefois, je peux accepter cet écart de la vérité en tant que moyen servant l'objectif de l'époque. La référence à Usui en tant que « Docteur » lui a accordé en Occident le genre de respect que le titre de « Sensei » lui réservait au Japon. Comme l'avait bien compris Takata, le respect impliqué par « Sensei » se serait complètement perdu en Occident, à la différence de « Docteur ».

Voilà une brève variante transmise par Hawayo Takata à travers le Usui Shiki Ryôhô.

La découverte du Reiki

Le Dr Usui était professeur dans un collège chrétien de Kyoto. Ses élèves lui avaient demandé un jour s'il prenait la Bible littéralement. Il avait répondu par l'affirmative. Ses élèves lui avaient alors demandé s'il pouvait expliquer les guérisons miraculeuses de Jésus. Incapable de les expliquer, le Dr Usui s'était mis en quête de la réponse à cette question.

Il s'était rendu d'abord en Occident, où le christianisme était le plus largement pratiqué et avait étudié dans un collège théologique de Chicago, sans trouver les réponses qu'il cherchait. Toutefois, pendant son séjour aux États-Unis, il avait appris le *sanskrit*, la langue des textes sacrés anciens de l'Inde et du Tibet.

Revenu au Japon, il avait parcouru les monastères bouddhiques, pour chercher ses réponses dans le Soutra du Lotus. Toutefois, les moines qu'il avait rencontrés ne s'intéressaient plus à la guérison du corps, préférant se concentrer sur la guérison de l'esprit. Finalement, il avait approché un monastère zen dont l'abbé avait admis qu'il devait être possible de guérir le corps, comme l'avait fait Bouddha, mais que la méthode s'était perdue. Encouragé par la réponse de l'abbé, le Dr Usui était

À DROITE. Selon la variante de Takata, les guérisons de Jésus avaient inspiré Usui à se pencher sur le mystère de la guérison.

resté au monastère pour lire les originaux sanskrits des soutras. Bien qu'il trouve des textes décrivant la méthode de guérison, il lui manquait toujours l'information lui permettant d'activer l'énergie et de l'utiliser.

Il était allé au Tibet pour lire les rouleaux racontant les voyages d'un saint Isa, tenu par certains pour Jésus, mais était revenu au monastère zen sans avoir trouvé le savoir qu'il cherchait. L'abbé l'avait encouragé à continuer sa quête et lui avait conseillé d'aller dans une retraite des montagnes pour une méditation et un jeûne de 21 jours, pratique habituelle des moines.

Le Dr Usui avait choisi le mont Kurama et ramassé 21 pierres pour lui servir de calendrier. Juste avant l'aube du 21e jour, il avait enlevé sa dernière pierre et prié pour une réponse. À ce moment-là, il avait vu une lumière avancer rapidement vers lui à travers le ciel. La lumière l'avait frappé au milieu du front, l'emplacement du troisième œil. Il avait vu un arc-en-ciel de boules colorées, renfermant les symboles du Reiki. En les apercevant, il a reçu des informations sur chacun et sur son utilisation pour l'activation de l'énergie Reiki.

Excité d'avoir enfin sa réponse, il avait descendu la montagne en courant, et ce faisant s'était blessé l'orteil. Étonné, il avait constaté qu'après quelques minutes, le saignement s'était arrêté et son orteil, guéri.

À GAUCHE. Le Soutra du Lotus et autres textes sanskrits, avaient fourni des descriptions de la guérison énergétique, mais pas sur les manières d'activer l'énergie et de l'utiliser.

L'objectif de l'histoire

L'histoire continue avec d'autres récits de guérisons miraculeuses et le travail de Mikao Usui dans le quartier des mendiants de Kyoto, reposant en fait sur le travail que celui-ci avait effectué à la suite du grand tremblement de terre de 1923 au Japon. À partir de ces faits, Takata avait inventé une parabole visant à inculquer aux élèves l'idée qu'ils devaient payer les cours et les traitements. Selon ce récit, les mendiants qui avaient reçu des traitements gratuits n'avaient pas montré d'amélioration. Usui avait alors compris qu'un échange d'énergie devait prendre place sous une forme quelconque pour que la guérison puisse prendre place. L'argent est une forme d'énergie acceptée en échange de services, bien qu'il y ait d'autres manières d'échanger l'énergie, comme le troc. Si fantaisiste que soit l'histoire, elle a attiré des milliers de gens vers le Reiki et leur a enseigné un sens de la tradition. L'histoire offre le sentiment d'« inspiration divine » impliqué dans la quête de Mikao Usui pour créer un système de guérison et de pratique spirituelle qui offre à ses praticiens tout ce dont ils ont besoin pour vivre une vie plus complète.

Le Reiki actuellement

Le Reiki s'est propagé comme une traînée de poudre dans le monde entier. Au fil de son voyage à travers l'Orient et l'Occident il a évolué pour répondre aux besoins des personnes très diverses le pratiquant.

Le Reiki de nos jours en Occident

La compréhension du Reiki, tel que nous le connaissons actuellement en Occident, a changé au fil de ces dix à quinze dernières années. Cela est dû en grande partie aux recherches de trois personnes : Frank Arjava Petter, Bronwen Stiene et Frans Stiene. Ces trois instructeurs de Reiki se sont consacrés à la découverte du système de Reiki tel qu'enseigné par Mikao Usui au Japon. Les praticiens de Reiki de l'Occident ont été aussi capables d'élargir leur compréhension du système grâce à l'accord de certains instructeurs japonais, particulièrement Hiroshi Doi, de partager les principes de la pratique du Reiki selon le système du Usui Reiki Ryôhô Gakkai, l'organisation fondée par Mikao Usui en 1922 (voir page 33), afin de faire avancer la pratique du Reiki au Japon.

Il y a bien d'autres instructeurs et écrivains en plus de ceux mentionnés ici, ayant contribué à la compréhension du Reiki. Nous leur devons reconnaissance, car ils ont ajouté une nouvelle dimension à notre compréhension de cette pratique et de son potentiel en tant que système holistique et nous ont présenté la vie de Mikao Usui et les origines du Reiki.

L'inaccessibilité de la culture japonaise pour les Occidentaux, due en partie à la barrière de la langue et en partie aux coutumes culturelles très différentes (particulièrement à propos des pratiques tenues pour sacrées), a rendu difficile pour les gens de l'extérieur d'obtenir des informations – d'où la valeur de ceux qui ont passé du temps au Japon, et des Japonais disposés à venir en Occident et accroître notre savoir.

Comment appeler le Reiki

Jusqu'à récemment, on parlait en Occident du Reiki comme s'il s'agissait du système, alors qu'il s'agit en fait de l'énergie transmise par le praticien. Donc, quand nous nous référons aux origines du Reiki, nous parlons réellement des origines des méthodes d'utilisation de l'énergie. Il est, donc, plus correct, de parler du « système du Reiki ». Toutefois, vu l'objectif du présent livre et les habitudes ancrées de la majorité des gens, on désignera le système par le terme de « Reiki ».

À DROITE. Une poignée d'instructeurs occidentaux ont poussé l'engagement jusqu'à aller étudier au Japon et à faire venir des instructeurs japonais en Occident.

Le Reiki dans le Japon actuel

Lorsque le Reiki a commencé à se propager en Occident, on ne savait rien de ce qui se passait au Japon. Personne n'avait entendu parler d'instructeurs japonais, et on semblait supposer que la mort de Chujiro Hayashi (le principal responsable de l'arrivée du Reiki en Occident), après avoir transmis sa méthode d'enseignement du système du Reiki à Hawayo Takata, avait provoqué aussi la mort de la pratique du Reiki au Japon.

Nous savons maintenant que ce ne fut pas le cas. Il est vrai que l'impact des années d'après-guerre au Japon a pu inciter le Reiki à s'estomper pendant un temps et ses instructeurs à garder profil bas. C'est compréhensible dans le contexte du Japon en train de devenir une grande nation industrialisée, aboutissant à un déclin de l'intérêt pour la spiritualité parmi la nouvelle génération – processus similaire à celui intervenu en Occident.

Toutefois, à mesure que le Reiki s'est répandu en Occident, ce ne fut qu'une question de temps avant que des instructeurs se demandent ce qui lui était arrivé dans son pays d'origine. Ceci, associé au désir de trouver les enseignements initiaux, a fini par la réémergence du Reiki au Japon. Ironiquement, le style occidental du Reiki était plus largement pratiqué que les enseignements originaux du Usui Reiki Ryôhô Gakkai, société très discrète (voir page 33).

Échange de sagesse

L'un des premiers instructeurs de Reiki à explorer ce qui se passait a été Mieko Mitsui, instructrice japonaise de Reiki vivant aux États-Unis. Avec l'avantage de parler japonais, elle est revenue au Japon, amenant avec elle sa variante de Reiki. D'autres l'ont suivie, amenant le style occidental de Reiki au Japon et, plus important, découvrant ce qui s'était passé là depuis que Mikao Usui avait commencé à enseigner son système. Il y a eu des surprises et des révélations des deux côtés, comme on pouvait s'y attendre.

Pour les praticiens japonais encore vivants formés par Usui, la surprise a été de découvrir que le Reiki était sorti du Japon, et était pratiqué par des gens de presque tous les pays du monde. Pour les Occidentaux, la surprise à été la révélation que le Reiki était encore pratiqué au Japon dans sa forme originale, celle enseignée par Usui

À DROITE. Au Japon, le Reiki est pratiqué dans sa forme originale enseignée par Usui. Toutefois, la forme occidentale est de plus en plus populaire.

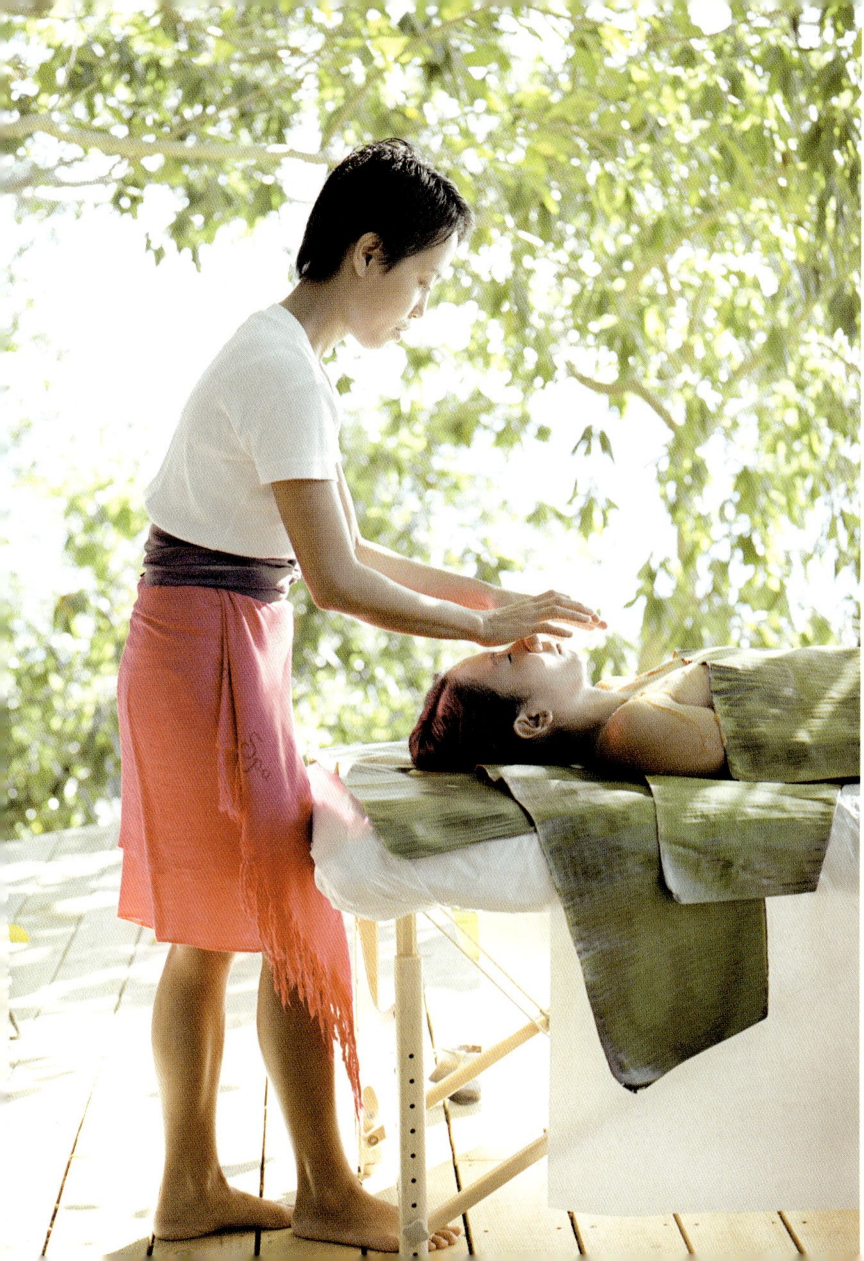

Le Reiki au XXIe siècle

Vers la fin des années 1990, une énorme dispute a pris place dans le monde du Reiki. À l'époque, j'ai eu l'impression que la pratique, dont la simplicité attire les gens des divers milieux, était transformée en une sorte de champ de bataille sectaire associé à la religion organisée. Des lettres envoyées par des maîtres de Reiki indiquaient aux élèves ce qu'ils devaient croire, et les disputes faisaient rage sur internet. Le Reiki avait un « nous » et un « eux » – les traditionalistes et les indépendants.

Comme c'est souvent le cas, la faction s'identifiant elle-même comme traditionaliste pensait enseigner le « vrai » Reiki. Tout le reste était erroné. La publication du livre de Diane Stein, Reiki essentiel, est devenue une principale pomme de discorde en publiant les symboles du Reiki,

anathème pour les membres de la Reiki Alliance, organisation dirigée par la petite-fille de Hawayo Takata, Phyllis Lei Furumoto, qui a démissionné en 1992.

Diversité naturelle

Avec le recul, nous savons maintenant qu'il y a toujours eu des différences quant aux méthodes et à l'enseignement du Reiki. Au Japon, le système de Chujiro Hayashi différait de celui d'Usui. Actuellement, d'autres variantes japonaises existent à côté du Usui Reiki Ryôhô Gakkai original (voir page 33). Dans le monde il y a d'innombrables écoles de Reiki et des ramifications, comme le Seichem.

En Occident, lorsque les maîtres formés par Hawayo Takata se sont rencontrés après son décès pour discuter de ce qu'ils avaient appris et de la manière d'enseigner le Reiki, ils ont découvert qu'elle avait montré à certains des techniques différentes. Il y avait aussi des différences significatives entre les symboles. Pas surprenant, si on pense qu'une période de 30 ans était passée entre le moment où Mme Takata était devenue maître et le moment où elle avait formé des maîtres. De plus, aucun maître n'avait le droit de noter par écrit les symboles, qui devaient être tracés de mémoire.

Percevoir l'énergie

Sachant que Mikao Usui avait créé une méthode simple d'accéder et d'utiliser le Reiki, cela signifie qu'il n'y en aura jamais juste une seule. La méthode devait évoluer, car c'est l'énergie, pas la méthode, qui est la plus importante. Je sais que certains, nombreux, ne seront pas d'accord avec moi, pourtant nous savons d'expérience que le Reiki enseigné dans diverses formes agit. Je pense que s'est aller contre l'esprit de Reiki de déclarer qu'une méthode d'enseignement ou de pratique fonctionne mieux qu'une autre. Qui sommes-nous pour juger ? Chaque praticien trouvera la méthode qui lui convient le mieux. Certains choisiront des méthodes plus traditionnelles, d'autres préféreront explorer des alternatives. Chacun a sa propre voie, et le droit d'être respecté pour cela. Le plus important est que le Reiki continue à être enseigné et pratiqué dans un esprit de tolérance et d'amour et avec reconnaissance envers Mikao Usui pour le don qu'il a offert au monde.

À GAUCHE. Dans les années 1990, les membres encore vivants du Usui Reiki Ryôhô Gakkai original ont été surpris de découvrir que le Reiki était sorti du Japon et pratiqué dans le monde entier.

DEUXIÈME PARTIE
Découvrir le Reiki

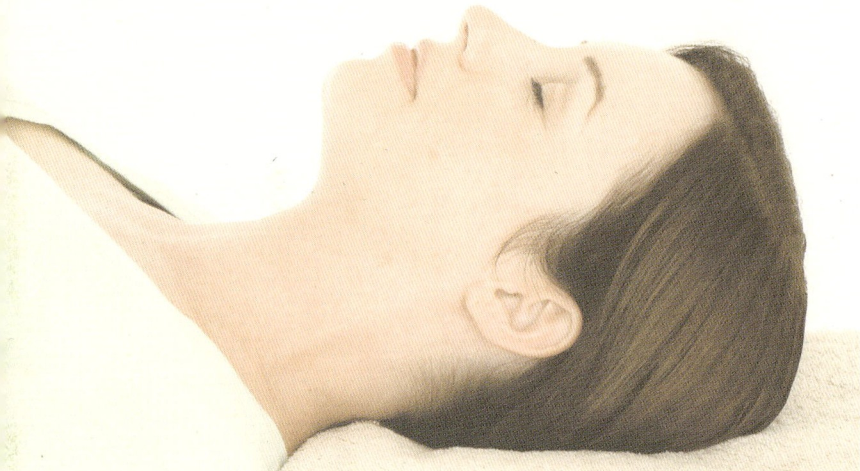

Qu'est-ce que la guérison ?

Pour la médecine occidentale, il est généralement accepté que la maladie n'a pas une « dimension spirituelle ». La maladie trouve son origine dans le corps physique ou l'environnement, et le traitement se concentre sur le corps. Le mental a fini par jouer un rôle plus considérable dans la réflexion du médecin quant aux résultats des traitements. Cependant, bien qu'ils puissent admettre qu'une attitude positive peut influencer ces résultats, cela est tenu pour un effet aléatoire et non pour un élément intégrant du processus de guérison.

Le corps, le mental et l'esprit déconnectés, il ne peut pas y avoir de guérison complète. Une âme malade manifestera finalement son « mal-être » en tant que symptômes physiques. Les thérapies alternatives diffèrent de la médecine conventionnelle de par leur compréhension des origines de la maladie. Pour le thérapeute, le patient est plus qu'un corps et il tente de traiter l'esprit qu'il renferme, principale source de déséquilibre des deux.

Se connecter

Être guéri, c'est être connecté de nouveau à son âme. Cela n'aboutit pas toujours à une guérison physique. Il se peut que la guérison soit telle qu'elle permet à la personne d'approcher la transition de l'âme du corps d'une manière l'aidant à comprendre sa vie, achever son voyage et accepter sa mort imminente. On ne doit donc pas confondre le fait d'être guéri avec être en bonne santé.

Au cœur de la guérison il y a l'amour et la compassion. Le désir de se guérir soi-même ou autrui est un acte d'amour et de compassion. Lorsqu'on est déconnecté de l'amour, on se déconnecte des autres ; quand on est connecté à l'amour, on se rapproche des autres et de la nature. Grâce à l'amour nous devenons Un. Grâce au Reiki, nous nous connectons à l'amour et l'exprimons avec compassion pour nous-même et pour les autres.

Le Reiki peut nous aider à comprendre les causes essentielles de tout mal-être qui nous affecte. Les pensées et les sentiments que nous avons à notre propre égard et à l'égard du monde sont la principale cause de nos souffrances. Pourtant, nous devons apprendre à explorer ces convictions, comme « je ne suis pas assez bon », avec compassion et sans culpabilité, et surtout sans juger les gens qui nous les ont données.

« La guérison d'une partie ne doit pas être tentée sans traiter l'ensemble. Nulle tentative de guérir le corps sans l'âme ne doit être faite… c'est l'erreur de notre temps, que les médecins séparent d'abord l'âme du corps. »

Philosophe grec Platon, 427-347 av. J.-C.

CI-DESSUS. Platon pensait que la guérison complète devait avoir une dimension « spirituelle » et que le corps, le mental et l'esprit devaient être traités de manière holistique.

CI-DESSUS. La méditation est une forme de guérison aidant les gens à développer une connexion avec l'esprit.

Spiritualité et Reiki

Spiritualité et religion sont deux choses différentes. Une personne qui suit une religion peut être spirituelle, mais tous les gens religieux sont spirituels. Les gens tendent à se définir comme spirituels lorsqu'ils veulent communiquer le fait qu'ils croient dans l'esprit en tant que dimension importante de la vie, sans suivre une religion quelconque.

L'une des manières les plus simples de définir la différence entre religion et spiritualité est que les adeptes d'une religion s'adressent à un pouvoir divin qui leur est extérieur pour obtenir aide et guérison, alors que ceux suivant la voie de la spiritualité utilisent leur pouvoir intérieur, qu'ils l'appellent ou non divin.

La guérison qui aide à développer une connexion avec l'esprit est une guérison spirituelle. Celle-ci peut prendre de nombreuses formes – la méditation, le yoga et le tai chi le font, tout comme les méthodes où le guérisseur agit comme un conduit pour l'énergie vitale, telle que le Reiki. Nous verrons ici que dans certaines formes de guérison, telles que la méditation, l'individu travaille seul, alors qu'au Reiki l'individu travaille seul ou avec les autres. L'important est que toutes ces formes de guérison sont concentrées sur la reconnexion avec l'esprit. La différence est dans la méthode.

Le Reiki, tel qu'il a été largement enseigné, n'est connecté à aucune religion, pourtant c'est une voie spirituelle. Il n'exige pas de croire en Dieu ou dans une quelconque forme d'être supérieur, mais incite chaque individu à chercher la vérité en lui-même.

Influence de Mikao Usui

Grâce aux nouvelles informations sur les influences des diverses pratiques bouddhiques sur Mikao Usui (voir pages 25 à 29), et les éléments qu'il a inclus dans son système de Reiki, nous savons que le Reiki a une dimension plus religieuse qu'on le pensait ou l'enseignait auparavant. Néanmoins, il est clair qu'Usui n'a jamais eu l'intention d'inclure le dogme religieux dans le Reiki, mais de libérer les gens de celui-ci et leur offrir en même temps une pratique spirituelle englobant diverses croyances personnelles à propos de Dieu et de l'univers.

Ceux qui désirent peuvent incorporer dans le Reiki les pratiques qu'Usui a empruntées au *Mikkyô*, au Shugendô et aux arts martiaux. Selon moi, celles-ci ajoutent une dimension spirituelle au Reiki, en faisant un système complet d'éveil spirituel et le conduisant au-delà de la méthode de guérison « instantanée » qui se concentre uniquement sur la canalisation de l'énergie à travers les mains. Pour apprécier pleinement les bienfaits du Reiki, nous devons utiliser les cinq éléments du système, qui sont restés constants à travers tous les changements ayant pris place.

Les cinq éléments du Reiki

Comme nous l'avons découvert, le Reiki a changé et a évolué de bien des façons depuis que Mikao Usui a commencé à enseigner son système. Il a été adapté à la culture occidentale par Hawayo Takata, et, comme même ses élèves ne pouvaient pas se mettre d'accord sur un système, bien d'autres ont introduit leurs propres idées.

Seuls cinq éléments originels restent, communs au Reiki de partout. Il est important pour le système d'identifier ces éléments unifiants, de sorte qu'il y a un sens d'unité dans la diversité. Ce sont aussi ces éléments qui distinguent le Reiki des autres formes de guérison spirituelle. Les cinq éléments sont: *Gokai, Kokyû Hô, Tenohira, Jumon et Shirushi, Reiju.* Parmi ces cinq, la pratique des techniques de respiration n'est généralement pas enseignée dans les cours occidentaux, mais ceux connaissant le chi kung ou le yoga sont au courant des bénéfices des exercices de respiration pour le travail avec l'énergie. J'ai donc inclus des exercices de respiration dans ce chapitre pour que tous puissent les apprendre.

Souvent, le praticien du Reiki ne connaît pas l'importance de la connexion de ces éléments dans une pratique complète et, comme je l'ai déjà dit, avec les cours accélérés, l'accent tend toujours à être sur les techniques de guérison par imposition des mains, les éléments tels que les préceptes étant tenus pour mineurs ou enseignés d'une manière déconnectée des positions des mains.

Nom japonais	**Nom occidental**
Gokai	Les cinq principes ou préceptes spirituels
Kokyû Hô	Techniques de respiration
Tenohira	Impositions des mains
Jumon **et** *Shirushi*	Symboles et mantras
Reiju	Harmonisations

CI-DESSUS. En suivant une pratique quotidienne formée d'un nombre d'éléments harmonieux, nous constatons que la voie de l'éveil devient plus facile.

Dans leur livre *The Japanese Art of Reiki*, Bronwen et Frans Stiene soulignent que « ce n'est pas l'énergie même qui rend ce système unique, mais la voie suivie ». La plupart des cinq éléments peuvent être utilisés seuls. La plupart seront utilisés par l'élève travaillant seul, l'unique exception étant la guérison par imposition des mains, utilisée sur les autres. Il est clair qu'Usui voulait que les élèves se servent systématiquement de chacun des éléments, créant une pratique quotidienne les combinant tous. Chaque élément a ses propres leçons pour l'élève, de sorte qu'en les pratiquant tous, l'élève suit une voie circulaire vers l'éveil spirituel.

Les cinq principes spirituels

Lorsque j'ai appris le Reiki il y a des années, je me souviens avoir appris que Mikao Usui avait rédigé une série de principes ou de préceptes spirituels (*Gokai*) après avoir travaillé dans le quartier des mendiants (voir pages 40 à 43). Ce récit faisait partie de la variante de Hawayo Takata de l'histoire d'Usui. On nous avait dit qu'il avait probablement repris ces instructions pour vivre une vie épanouie d'un texte de l'empereur Meiji, alors que certains instructeurs pensaient qu'elles venaient de ses croyances chrétiennes. Comme nous savons actuellement qu'Usui n'était pas chrétien, cette source peut être écartée. Bien qu'il soit très probable que les préceptes aient été influencés par les écrits de l'empereur Meiji, ils sont en fait une forme non religieuse de préceptes bouddhiques traditionnels, comme ceux de l'Octuple sentier. Les préceptes sont de simples indications pour bien vivre sa vie.

Quelle que soit la source, je me souviens aussi qu'on mettait peu l'accent sur l'utilisation des préceptes en tant que partie de notre pratique du Reiki. On nous avait appris qu'en récitant quotidiennement les préceptes ou en suivant l'un des principes d'un bout à l'autre de la journée, notre conscience percevrait des effets remarquables. Par contre, on ne nous a pas enseigné une méthode de méditation sur eux. C'était ainsi qu'on enseignait le Reiki, et à l'époque l'instructeur ne savait pas qu'Usui avait placé les principes spirituels au centre de son système.

L'importance des principes

Les préceptes sont le cœur du Reiki. Mikao Usui les a rédigés comme un guide du voyage spirituel. Tout le reste du système Reiki soutient ces principes. Les praticiens devraient méditer sur eux tous les jours afin de vraiment savoir qu'est-ce que le Reiki et de rester concentrés dessus.

Nombre de variations des principes sont enseignées, mais la traduction à partir des notes de Mikao Usui faite par Chris Marsh (in *The Japanese Art of Reiki* de Bronwen et Frans Stiene), est, selon moi, la plus belle dans sa simplicité, et la plus proche de l'esprit d'Usui. Usui a laissé ces instructions pour leur usage :

Le secret d'inviter le bonheur
à travers quantité de bénédictions,
le remède spirituel de tous maux.

Juste pour aujourd'hui :

Ne te mets pas en colère
Ne t'inquiète pas
Sois humble
Sois honnête dans ton travail
Sois compatissant envers toi-même
et les autres.

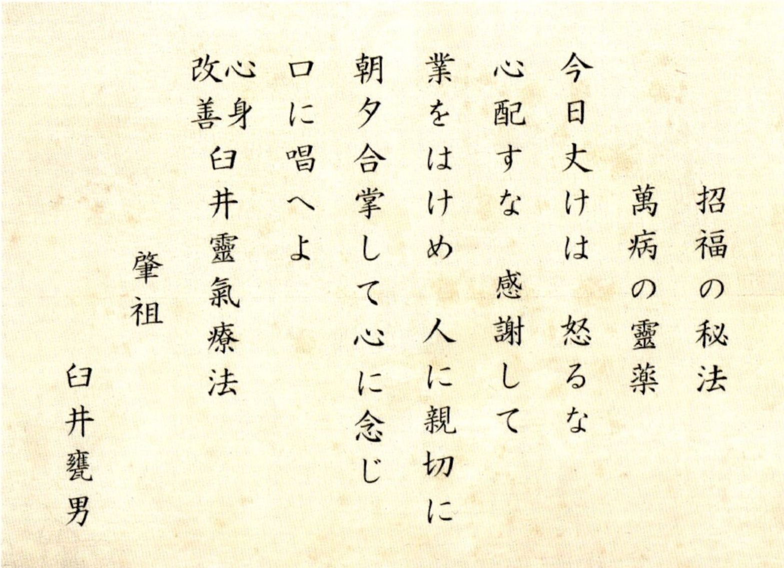

招福の秘法
萬病の靈薬
今日丈けは怒るな
心配すな感謝して
業をはけめ人に親切に
朝夕合掌して心に念じ
口に唱へよ
心身改善臼井靈氣療法
肇祖
臼井甕男

Fais Gasshô chaque matin et soir, garde-le à l'esprit et récite-le. Améliore ton mental et corps.

CI-DESSUS. Cette illustration des cinq principes spirituels en japonais peut être utilisée comme point focal pour une méditation visuelle sur les préceptes.

Usui nous parle en premier des bénéfices que nous tirerons de la méditation sur ces préceptes, qui sont le bonheur et le soulagement des souffrances, qu'elles soient mentales, corporelles ou spirituelles. Il continue par un conseil pratique sur la position de méditation (Gasshô) et suggère de les apprendre par cœur pour pouvoir les réciter avec aisance deux fois par jour. Il finit par affirmer le but ultime de la récitation des préceptes, qui est l'« amélioration du mental et du corps ».

Postures de méditation

Dans ses brèves instructions (voir page 60), Usui dit qu'il y a des bénéfices à tirer de la méditation sur les cinq principes spirituels et du suivi du système du Reiki. Il demande à l'élève de réciter les préceptes deux fois par jour, assis si possible dans la posture japonaise traditionnelle *seiza*, mains dans la position *gasshô*, les deux expliquées et illustrées dans ce chapitre.

Presque chaque pratique spirituelle comporte nombre de postures adoptées par les disciples. Usui a pu être influencé par sa formation bouddhique et par la culture japonaise, comportant une étiquette très précise du corps, visant à montrer le respect. D'autres postures de méditation (comme assis sur une chaise droite ou en tailleur sur le sol) peuvent être utilisées si celle en *seiza* est trop difficile. L'important à se rappeler est la position *gasshô*.

La position *gasshô*

Gasshô signifie « joindre les paumes ». Être dans cette posture joint les deux côtés du corps. En gardant les mains en une position aide à apaiser et à concentrer le mental dans la méditation. C'est aussi une manière de montrer du respect pour ce que vous faites. Utilisez la posture *gasshô* à chaque fois que vous méditez sur les préceptes, comme l'a indiqué Mikao Usui.

1 **Agenouillé, debout ou assis, amenez vos mains au niveau du cœur, paumes jointes comme pour la prière.**

2 **N'appuyez pas fortement les paumes l'une contre l'autre, mais laissez un petit espace les séparer, et gardez vos mains détendues.**

Principes de préparation

Suivez-les lorsque vous méditez sur les principes spirituels et pratiquez les exercices de respiration.

- Apprenez la technique ou le principe spirituel que vous allez utiliser
- Asseyez-vous en *seiza* (voir pages 78 et 79)
- Relâchez la tension du corps
- Concentrez-vous sur le *hara* (voir pages 104 et105)
- Placez les mains en position *gasshô*.

Principe spirituel 1

Avant de méditer sur chaque principe ou précepte, il est important de se souvenir qu'Usui dit de commencer toujours par « Seulement pour aujourd'hui ». Le but de cette instruction est de rester concentré sur le présent. Les Occidentaux ont probablement déjà entendu une instruction similaire, associée au « Programme en douze étapes » pour le traitement des dépendances. Cette instruction nous garde dans le ici et maintenant, mais rend aussi plus facile de croire qu'on peut faire quelque chose pendant une journée que pendant de longues périodes.

Louise Hay explique l'idée d'une perspective légèrement différente dans son livre *Transformez votre vie* : « le point de pouvoir est toujours dans le moment présent ». Les événements de notre vie sont créés par des pensées et convictions acquises au fil du temps. Mais ils sont tous dans le passé et aujourd'hui nous pouvons les remplacer par des pensées et des convictions créant une vie plus heureuse.

Ne te mets pas en colère

Suivez toujours les principes de préparation (voir page 60) lorsque vous méditez sur les principes spirituels et pratiquez les exercices de respiration.

Seulement pour aujourd'hui :
Ne vous mettez pas en colère.

Un élément de la méditation sur ce précepte exige de considérer la nature de la colère. Des souvenirs douloureux des époques où nous avons perdu le contrôle ou des moments où les autres étaient fâchés contre nous monteront, et nous sentirons notre corps se recroqueviller face à la force de leur furie. Nous essayons d'éviter la colère d'autrui, mais évitons parfois moins notre propre colère et nous sentons libres de la déchaîner à volonté.

La colère tend à émerger du sentiment d'avoir perdu le contrôle d'une personne ou d'une situation. Lorsque nous nous fâchons contre autrui, nous avons l'impression d'avoir regagné le contrôle, ce qui est une fausse perception. Nous perdons en fait le contrôle de nous-même.

Si vous observez votre colère à mesure qu'elle monte, vous verrez qu'elle reflète quelque chose à propos de vous qui a besoin d'attention, plutôt qu'un défaut de la personne contre laquelle vous êtes Fâché. Ceux qui entrent dans notre vie sont nos miroirs – regardez ceux qui vous ennuient le plus, car ils reflètent des aspects de vous que vous préféreriez ne pas voir. Devenez un observateur de votre colère avant de l'exprimer, et vous réaliserez qu'il n'y a rien contre quoi se fâcher.

À GAUCHE. Lorsque nous laissons se déchaîner la colère, c'est parce que nous pensons devoir regagner le contrôle sur les autres. Mais en fait c'est le contrôle de nous-même que nous avons perdu.

Principe spirituel 2

C'est une bonne idée de placer une copie des principes spirituels à un endroit où vous pouvez les voir chaque jour, par exemple sur le frigo. Vous pouvez les calligraphier sur un papier spécial, ajouter des illustrations et les encadrer. Vous pouvez les placer à plusieurs endroits dans la maison ou les garder près de vous au travail pour vous en souvenir constamment.

Vous pouvez choisir de réciter à haute voix les préceptes, ou les répéter en silence. Les réciter à haute voix établit une connexion plus forte avec leur signification, juste comme psalmodier les mantras à haute voix aide à bénéficier de la vibration de leur son (voir pages 88 et 89).

Ne vous inquiétez pas

Suivez toujours les principes de préparation (voir page 60) lorsque vous méditez sur les principes spirituels et pratiquez les exercices de respiration.

Seulement pour aujourd'hui :
Ne vous inquiétez pas.

L'inquiétude est partout. Tout un chacun semble inquiet à propos de quelque chose, et certains sont des as de l'inquiétude, voyant uniquement des nuages sombres au-dessus de votre tête, si brillant que soit le soleil. L'inquiétude cause un stress inutile, et quand nous nous inquiétons à propos des autres nous pensons que cela est une manière de montrer que nous sommes concernés. Mais l'inquiétude n'est pas une démonstration d'amour, mais une manifestation de nos peurs intérieures dirigées vers les autres.

Également, quand nous nous inquiétons, nous vivons dans l'avenir, pas dans le présent. L'expression « cela n'arrivera peut-être jamais » a une certaine vérité, mais quand nous nous inquiétons nous sommes certains du contraire. L'inquiétude s'empare du mental paisible et gâche notre temps et notre énergie.

Quand nous nous inquiétons, nous avons perdu la foi. Nous ne sommes plus capables de voir « l'image globale » ou nous fier à ce qui nous arrive. Nous nous inquiétons de l'avenir et essayons de le contrôler afin de nous protéger de la douleur, au lieu de la laisser se dévoiler avec grâce et d'éprouver des expériences encore plus merveilleuses que nous pouvons imaginer.

Nous nous inquiétons surtout parce que nous ne croyons pas que le monde est plein d'abondance, et nous pensons devoir combattre pour tout ce que nous voulons. Choisissez quelque chose qui vous inquiète, et juste pour aujourd'hui n'y pensez pas. Demandez à l'univers de l'aide, et soyez sûr qu'il vous répondra. Ne perdez pas votre temps à vous inquiéter.

À DROITE. Quand nous nous inquiétons, nous vivons dans l'avenir plutôt que dans le présent. Fiez-vous à l'univers, qui vous soutiendra.

Principe spirituel 3

Les principes sont censés nous aider à vivre avec des attitudes justes. Les gens avancés spirituellement intègrent ces principes dans leur vie, et ceux-ci leur deviendront aussi naturels que la respiration. Toutefois, la plupart des gens ont besoin qu'on leur rappelle à quoi ils doivent faire le plus attention. Certains de ces principes résonneront davantage avec l'individu que d'autres. Il est intéressant d'être conscient de ceux qui attirent le plus et de ceux qu'on préfère ignorer. Demandez-vous si ceux auxquels vous pensez devoir vous connecter le moins sont en fait ceux qui exigent le plus d'attention dans votre vie.

Soyez humble

Suivez toujours les principes de préparation (voir page 60) lorsque vous méditez sur les principes spirituels et pratiquez les exercices de respiration.

> Seulement pour aujourd'hui :
> Soyez humble.

Être humble, ou faire preuve d'humilité, a malheureusement des connotations plutôt négatives en français. Elles risquent de venir à l'esprit quand on contemple ce précepte. Une personne qui est décrite comme étant humble est considérée comme modeste, docile ou effacée. Ce terme implique aussi être pauvre ou défavorisé et, peut-être le pire, servile. Ces attributs ne sont pas vraiment appréciés dans une société qui tend à mettre en avant les personnes qui réussissent aux dépens des autres plutôt que celles qui se mettent au service d'autrui.

Par conséquent, nous n'avons pas très envie d'être vus comme humbles, en termes modernes, des « perdants ». Pourtant, si on regarde certains leaders spirituels, philosophes et hommes de science, ainsi que ceux qui travaillent pour le plus grand bien de l'humanité, on admettra probablement qu'ils partagent une qualité d'humilité leur permettant de laisser briller fortement leurs dons.

Être humble ne signifie pas se laisser aller à une fausse modestie ou s'obliger à un comportement effacé, donc à une forme d'égotisme. On doit plutôt considérer la gratitude comme l'essence de la capacité de se montrer humble.

Lorsque vous vous réveillez, dites « merci » pour votre vie et tout ce qu'elle englobe, ainsi qu'à l'occasion de connaître un autre jour. La gratitude envers l'univers pour les aspects bons ou mauvais de votre vie et de la vie des autres, vous confère paix et abondance. Être humble signifie accepter la vérité de votre moi et de la vivre.

À GAUCHE. La gratitude est l'essence de l'humilité. Éveillez-vous tous les jours et soyez reconnaissant pour tout ce que vous avez.

Principe spirituel 4

En introduisant les préceptes du Reiki dans votre vie, pensez à ceux que vous utilisez déjà pour la guider. Êtes-vous réellement conscient d'eux, pouvez-vous les mettre par écrit ? C'est un exercice intéressant, car la plupart des gens croient effectivement à la présence de principes directeurs, sans savoir pour autant quelle part ils jouent dans la vie quotidienne. Nous ne sommes peut-être pas très honnêtes envers nous-mêmes à propos des règles que nous suivons.

Soyez honnête dans votre travail

Suivez toujours les principes de préparation (voir page 60) lorsque vous méditez sur les principes spirituels et pratiquez les exercices de respiration.

> Seulement pour aujourd'hui :
> Soyez honnête dans votre travail.

C'est probablement le principe que les gens ont le plus de mal à comprendre. À première vue, il semble se référer à l'approche d'un emploi. Je pense qu'il exige une interprétation bien plus large, et demande qu'on examine la manière dont on se conduit dans tous les aspects de la vie quotidienne.

En cherchant la signification de ce principe, demandez-vous quelles qualités associées à l'honnêteté sont les plus importantes pour vous ? Considérez comme essentielle l'honnêteté dans la parole et l'action, indifféremment de la manière dont cela affecte les autres. Ce type d'honnêteté s'avère-t-il parfois une sorte de fierté égotiste ?

Plus que tout, ce précepte demande qu'on soit honnête avec soi-même. On laisse trop souvent passer des actions qu'on aurait du mal à tolérer chez autrui. On se trompe et on se vole soi-même en négligeant la pratique du Reiki, par exemple, ou en abandonnant une passion pour faire ce qu'on attend de soi au travail. Considérez toute votre vie comme votre travail, et contemplez les zones où vous pouvez être plus honnête et ce que vous devez faire pour y parvenir.

Travail dans le miroir

Une méthode pratique est le travail dans le miroir. Regardez le miroir et dites à haute voix quelque chose que vous admirez à propos de vous-même, par exemple « Je suis très sympathique ». Quelle sensation cela suscite-t-il ? Vous sentez-vous mal à l'aise en le disant ? Soyez honnête avec vous-même, acceptez ce que vous éprouvez et changez-le si vous en avez besoin.

À DROITE. Il est important d'apprendre à être honnête avec soi-même avant de pouvoir commencer à se montrer honnête avec les autres.

Principe spirituel 5

L'intégration des cinq principes spirituels dans votre vie exige de l'autodiscipline pour développer une pratique quotidienne, ainsi que vous acceptez vous-même avec amour. Lorsque vous percevez des défauts, ne réagissez pas avec culpabilité et honte. Votre côté obscur doit être admis, lui aussi. On préférerait qu'il n'existe pas et on le traite en ennemi. Plus on continue à combattre cet aspect de soi, moins on peut s'aimer soi-même ou aimer les autres. Notez certaines des convictions négatives vous concernant, et demandez-vous d'où vous les tenez et si vous avez une raison valable de vous accrocher encore à elles.

Soyez compatissant envers vous-même et les autres

Suivez toujours les principes de préparation (voir page 60) lorsque vous méditez sur les principes spirituels et pratiquez les exercices de respiration.

> Seulement pour aujourd'hui :
> Soyez compatissant envers vous-même et les autres.

Notez qu'on doit montrer en premier lieu de la compassion envers soi-même. Quand on s'aime soi-même, on est plus capable d'aimer les autres – mais il est souvent difficile de s'aimer, car il y a plein de choses qu'on n'aime pas chez soi. L'acceptation et le pardon de tout ce qui nous semble moins que parfait dans notre vie sont au centre de l'idée de compassion.

Apprécier la contribution que tous les autres font à notre vie nous permet de leur manifester de la compassion. Cela comprend aussi ceux qui posent problème, ceux qui vous mettent en colère ou qui vous inquiètent. Méditer sur le but divin de la douleur et de la joie dans la vie vous permettra de devenir compatissant, et de devenir Un avec tout ce qui existe.

Affirmations

Lorsque nous répétons régulièrement une affirmation nous montrons de la compassion envers nous-mêmes et l'envie de changer en mieux. Réfléchissez à ce que vous voulez changer dans votre vie. Creusez profondément pour découvrir vos convictions qui vous empêchent de procéder à ce changement, puis écrivez une affirmation vous libérant de ces convictions. Par exemple, si vous ne vous sentez pas en sécurité, affirmez que « l'univers me soutient et me protège toujours ».

À GAUCHE. Lorsque nous nous aimons, nous nous pardonnons et nous nous acceptons, il devient bien plus facile de montrer de la compassion aux autres.

Techniques de respiration

La respiration est essentielle pour la vie. Nous pouvons vivre sans eau ou nourriture pendant quelques jours, mais nous ne resterons en vie que quelques minutes sans air. À la naissance, le premier souffle du bébé est aussi la première fois où il tire dans son corps de l'énergie ne venant pas de sa mère. L'air est une source principale d'énergie, et la respiration est le mécanisme l'absorbant. Pourtant, on pense à peine à ce processus, sauf si on a un problème avec lui, de même qu'on ne pense pas à l'effet que la respiration a sur les autres systèmes corporels – c'est quelque chose que nous faisons automatiquement jusqu'à la mort.

L'état du mental et l'état du système nerveux peuvent avoir un effet profond sur la respiration, et vice versa. Lorsqu'on est perturbé ou inquiet, la poitrine se serre et la respiration devient superficielle et rapide. Comme la respiration est superficielle, le corps n'a pas assez d'oxygène, donc on respire encore plus rapidement pour tenter d'en obtenir davantage. Le résultat extrême est l'hyperventilation, suscitant étourdissement ou évanouissement, fréquemment associé à des crises de panique.

L'anxiété affecte aussi la capacité de faire circuler le *ki* sans à-coups autour du corps et d'y attirer plus d'énergie. En ralentissant la respiration par des techniques de méditation, on améliore la circulation du *ki* et on accroît l'énergie.

Les techniques de respiration enseignées par Usui sont les *Kokyu Ho*. La respiration contrôlée est présente au yoga et au chi kung pour l'autoguérison, aux arts martiaux pour élever l'énergie.

Expiration

L'une des procédures de premier secours pour l'hyperventilation est de faire respirer la personne dans un sac en papier qui se gonflera.La raison est que dans ce cas on doit expirer davantage, même si l'instinct pousse à intensifier l'inspiration. Les exercices des pages suivantes placent davantage l'accent sur l'expiration. Dans l'exercice de respiration chi kung (voir pages 76 et 77), l'accent est mis sur l'expiration, action permettant au corps de se détendre. On dit même avoir « un soupir de soulagement » quand le souffle reflète la détente mentale attendue.

À DROITE. Les techniques de respiration sont inestimables en aidant à améliorer la circulation du *ki* et à accroître l'énergie personnelle.

Exercice de respiration 1

Cet exercice de base du chi kung aide à prendre des inspirations plus lentes, à fond. Avant de commencer, déterminez combien d'inspirations vous prenez par minute : en moyenne 16. Après une pratique régulière de cet exercice de respiration, vous arriverez à cinq ou moins. Les débutants et les personnes souffrant de problèmes respiratoires ne doivent pas essayer de forcer les changements de leur respiration. Continuez la pratique et les changements se produiront naturellement à un rythme approprié pour vous. Ne retenez pas votre souffle en tentant de ralentir la respiration.

Pour commencer, placez vos mains sur votre abdomen ou votre poitrine pour percevoir le mouvement de votre souffle. Pratiquez debout, allongé ou en posture *seiza* (voir pages 78 et 79).

Si vous pratiquez régulièrement cette technique, vous constaterez que cette forme de respiration s'installe naturellement sans concentration de votre part

1 Commencez par expirer par le nez. À la fin de l'expiration, contractez les muscles de votre estomac pour aplatir légèrement celui-ci. Ce faisant, vous sentirez les muscles du diaphragme monter, comprimant l'air et le faisant sortir du corps. Poussez autant d'air que possible hors de vous sans forcer, jusqu'à sentir vos poumons vides.

2 En détendant les muscles de l'estomac, inspirez l'air en le faisant descendre vers l'abdomen, qui se dilatera sous vos mains, comme un ballon. Ne forcez pas pour ne pas susciter une tension et gâcher l'effet. Quand votre abdomen semble plein, expirez de nouveau et répétez l'étape 1.

Avertissement

Au début, ne pratiquez pas excessivement cette technique. Commencez par trois respirations à la fois et augmentez progressivement le nombre de répétitions.

1

2

Posture pour la respiration

Respirer le *ki* améliore la distribution des substances nutritives autour du corps, accélère l'élimination des toxines, fortifie le foie, les reins et le système immunitaire. La posture affecte considérablement la qualité de la respiration. Si vous souffrez d'asthme, vous avez dû remarquer la tendance à voûter les épaules et arrondir le dos lors d'une crise. Cela ferme la zone de la poitrine, ce qui restreint encore plus la respiration. Souvent, le corps garde cette posture même après la fin de la crise, ce qui participe à l'aggravation de cette affection.

Ouvrir la zone de la poitrine (en gardant les épaules tombées et en arrière, en adaptant régulièrement la posture *seiza* posture montrée ici ou en pratiquant des exercices étirant ces muscles) est vital pour améliorer la qualité de votre souffle et de l'énergie circulant dans votre corps.

S'asseoir en *seiza*

S'asseoir dans cette posture permet à l'énergie de monter par la colonne vertébrale et au centre du cœur de rester ouvert.

1 Fléchissez légèrement les jambes et placez le genou droit sur le plancher.

1

2

3

2 Placez ensuite le genou gauche sur le plancher, le gros orteil juste l'effleurant. Vos genoux sont écartés d'environ 20 cm.

3 Penchez-vous en avant sur vos genoux, puis asseyez-vous sur vos chevilles. Votre dos doit être droit, vos yeux détendus regardant fixement devant vous.

Posture alternative

Pour beaucoup d'Occidentaux, cette posture est assez difficile à maintenir. Si vos muscles font mal, placez un coussin derrière vos genoux.

Exercice de respiration 2

Le but de cette technique est de concentrer le mental sur le *hara* (voir pages 104 et 105) et d'aider à le fortifier. Cela ne sert à rien de pratiquer ces exercices de respiration ou de méditer de temps à autre. Vous n'en tirerez pas de bénéfices sans suivre une routine régulière, car les effets de chacun de ces exercices changent au fil du temps.

Au début, vous ressentirez des changements sur le plan physique ou émotionnel, suivis par des modifications de votre perception de l'énergie. Celles-ci varient de personne à personne – soyez conscient qu'il n'y a pas de résultat précis à rechercher. Toutefois, ces changements sont le sommet de l'iceberg. C'est uniquement grâce à une pratique régulière que vous saurez ce qu'il y a sous les apparences.

Vous aurez peut-être du mal à visualiser d'abord l'énergie se répandre dans tout le corps. Dans ce cas, je suggère de placer dans votre mental l'intention que l'énergie se répande dans tout votre corps et qu'elle remplisse l'espace physique entourant celui-ci. L'important est de ne pas s'opposer à la visualisation, ce qui détruirait l'effet de l'exercice.

Comme pour les autres exercices, bâtissez lentement la pratique, et si vous éprouvez un étourdissement, faites une pause de 5 à 10 minutes, puis reprenez.

Avant de commencer, rappelez-vous les principes de préparation (voir page 60).

1 Après avoir placé vos mains en position *gasshô* (voir page 62), posez-les sur vos genoux, paumes tournées vers le haut.

2 Commencez par une expiration, comme pour l'exercice de respiration 1 (voir pages 76 et 77). Cela éliminera l'air usé des poumons. Sur l'inspiration, respirez par le nez, faisant descendre le souffle dans l'abdomen, et imaginez-le se remplir d'énergie. L'abdomen se gonflera, comme pour l'exercice 1.

3 Sur l'expiration, visualisez le souffle en tant qu'énergie s'élargissant pour remplir tout votre corps, et quittant votre corps à travers la peau pour remplir l'espace vous entourant. Cela exige de faire moins attention au souffle sortant du corps par le nez et de vous concentrer sur la zone du *hara*, la percevant pour la source de l'énergie sortant de là.

4 Finissez en ramenant vos mains dans la position *gasshô*.

Exercice de respiration 3

Voici une technique de respiration plus avancée. Elle est similaire à certaines des techniques *pranayama* utilisée au yoga, comme la respiration en alternant les narines, car le but de cet exercice est l'union des côtés droit et gauche du corps afin de créer un sens unifié du moi. Il est également très utile pour le développement de la sensibilité de vos mains, près précieuse lorsqu'on travaille avec l'énergie curative.

Commencez en suivant les principes de préparation (voir page 60), qui aident à s'installer dans l'exercice et de comprendre le fait que vous pénétrez dans un espace spécial.

La respiration difficile

Les personnes souffrant de problèmes respiratoires sont trop conscientes de leur respiration.

À l'adolescence, mon père m'a appris les techniques de respiration du yoga pour atténuer mon asthme. À l'âge adulte, mon asthme s'est allégé et après avoir appris les méthodes de respiration du chi kung, où on contrôle et étend l'expiration, l'amélioration s'est poursuivie. Combinés au Reiki, ces exercices aident ces personnes à respirer plus facilement.

1 Assis le dos bien droit, que ce soit en posture *seiza* (voir pages 78 et 79), sur une chaise à dossier droit ou un tabouret, placez vos mains en position *gasshô* (voir pages 62 et 63) et gardez-les là. Descendez votre mental au *hara* (voir pages 104 et 105) et concentrez-vous là.

2 Sur l'inspiration, ne suivez pas la voie du souffle par le nez et vers l'abdomen. En inspirant, visualisez plutôt l'énergie pénétrant par vos mains, montant par vos bras et descendant à travers votre corps dans le *hara*. Après une pratique accrue, vous percevrez aussi l'énergie entrant dans vos mains, en plus de la visualiser.

3 Sur l'expiration, remontez l'énergie du *hara* à travers le corps, le long des bras et sortant par les mains.

Répétez le processus, augmentant progressivement le nombre de répétitions, comme pour les autres exercices. Si vous avez du mal à percevoir le mouvement de l'énergie avec le souffle, ne vous inquiétez pas de savoir si vous le faites correctement ou non – faites confiance à ce que vous êtes.

IMPOSITION DES MAINS

Chacun utilise ses mains pour guérir. Lorsqu'on touche quelqu'un pour le rassurer, quand on le serre dans ses bras ou l'embrasse pour faire disparaître la douleur, on fait appel au réconfort du toucher, mais on transmet aussi à la personne une énergie qui l'aidera à guérir. Toute personne pratiquant un travail énergétique est consciente de ce fait. Toutefois, ceux qui ne sont pas impliqués dans ce genre de travail n'auront qu'une vague idée de l'existence de quelque chose de plus puissant que juste l'inquiétude poussant à toucher une personne ou un animal ayant des problèmes.

Beaucoup de gens sont conscients qu'en plaçant leurs mains sur leur ventre qui fait mal ils apaiseront la douleur et se sentiront mieux après un moment. Leurs mains peuvent devenir plus chaudes, sans qu'ils sachent pourquoi. Ce n'est pas parce qu'ils ont un don particulier – tout un chacun peut transmettre cette énergie lui-même et aux autres en plaçant ses mains sur son corps.

L'imposition des mains, comme on la désigne parfois, pour guérir est une tradition dans pratiquement toute société et culture. Selon certains, les guérisseurs ont un don spécial conféré par Dieu. Il est vrai que certains guérisseurs spirituels et intuitifs sont capables de puiser assez d'énergie directement de la source pour guérir, sans être formés à une pratique telle que le Reiki. Toutefois, la plupart des gens utilisent leur propre énergie lorsqu'ils placent leurs mains sur eux-mêmes ou sur autrui pour guérir. À la longue, cela épuise leur propre réserve de *ki* et risque d'aboutir à la maladie. Voilà pourquoi il est important d'apprendre une pratique comme le Reiki.

À GAUCHE. Souvent, lorsqu'on réconforte quelqu'un en le serrant dans ses bras ou en le touchant, on utilise sans le savoir ses mains pour guérir.

Puisez dans l'énergie rapide

Cette guérison du Reiki par imposition des mains, « guérison avec la paume » – traduction du terme japonais *tenohira* –, n'est pas le seul système de transmission de l'énergie curative, mais est unique par la simplicité d'apprentissage de la méthode. Comparée aux autres pratiques, l'énergie Reiki est immédiatement accessible au praticien. De plus, l'énergie circule rapidement et fort chez la plupart des gens, dès le moment de leur première harmonisation (voir pages 96 et 97). Le praticien qui a l'intention de l'utiliser peut y accéder sur-le-champ, ce qui en fait une pratique idéale pour la majorité des gens.

Guérison traditionnelle Reiki avec la paume

Mikao Usui a ajouté la guérison par imposition des mains à son système de Reiki seulement au cours des dernières années de son développement. Actuellement, cet aspect du Reiki domine la pratique. La guérison avec la paume était une pratique très populaire au Japon à l'époque où Usui concevait son système de Reiki. Selon Bronwen et Frans Stiene (*The Japanese Art of Reiki*), un des élèves d'Usui, Eguchi Toshihiro, était impliqué dans quelques groupes travaillant avec cette forme de guérison. Celui-ci avait publié en 1930 un guide des positions des mains pour la guérison, juste quatre ans après le décès d'Usui. On sait maintenant que d'autres élèves ont aussi publié des manuels similaires.

Lorsque Usui avait commencé à enseigner la guérison avec la paume, il l'a fait d'abord en tant que forme de premier secours. Il se peut que cela reflète sa propre expérience avec l'énergie, comme l'arrêt du saignement de son orteil blessé quand il était descendu de sa retraite dans la montagne. Les Informations obtenues de ses élèves suggèrent assurément qu'il n'utilisait pas à strictement parler une méthode très structurée de positions des mains traitant l'ensemble du corps, mais se concentrait sur la tête et sur des parties nécessitant une guérison au moment respectif. Ses premiers élèves étaient aussi des disciples avancés d'autres pratiques ésotériques et n'avaient donc pas besoin d'une technique structurée.

Les positions des mains

Ce fut quand Usui s'était mis à enseigner à des élèves profanes que le besoin d'une approche plus structurée se fit sentir. Il avait demandé à son élève Chujiro Hayashi d'établir une série de positions des mains traitant systématiquement le corps. Il est probable qu'il avait choisi Hayashi à cause de la formation médicale de celui-ci.

Ces positions des mains ont été modifiées en partie par Hawayo Takata, mais cela n'a pas amoindri l'efficacité du système. La concentration de la guérison sur les chakras à la place du *hara* durant cette guérison n'a été introduite que dans les années 1980. C'est une interprétation purement occidentale du travail avec ce système, bien que non enseigné par Takata.

Les positions des mains varient parfois entre les écoles de Reiki mais, comme le savent les praticiens expérimentés, les règles ne sont qu'un guide – l'essence de la pratique est de laisser la sagesse de l'énergie guider les mains. (Voir Quatrième partie pour un guide pas à pas des positions des mains.)

À DROITE. La guérison par imposition des mains est un ajout tardif au système du Reiki, devenu actuellement un aspect dominant de la pratique.

Mantras

Un mantra est formé de mots ou de sons répétés comme une forme de méditation. Les mantras sont particulièrement associés aux religions orientales ou aux pratiques spirituelles. L'un des plus célèbres mantras, connu par bien des gens, croyants ou non, est *Om mane padme hum*, le principal mantra des bouddhistes tibétains.

Psalmodier un mantra est aussi la base de la méditation transcendantale, pratique très populaire dans le monde entier. Les disciples du bouddhisme japonais Nichiren Shoshu, autre pratique ayant acquis de la popularité en Occident, psalmodient le mantra *Nam myoho renge kyo* en tant qu'Élément de leur rituel quotidien. Le soufisme, branche mystique de l'islam, psalmodie *Allah-hu*.

C'est la combinaison du pouvoir des mots, la concentration sur la psalmodie et l'effet sur la respiration qui suscitent de puissantes transformations chez le praticien. Par une pratique régulière, le mantra leur offre des aperçus spirituels et un sentiment de connexion à l'univers.

Le Reiki a ses propres mantras, enseignés habituellement comme les noms des quatre symboles introduits au Deuxième et Troisième degrés. Toutefois, ce ne sont pas à strictement parler des noms. En japonais, on les appelle *jumon*, « son invoquant une vibration cosmique très spécifique ». Ils sont aussi nommés *kotodama*, « mots véhiculant l'esprit ».

Les mantras du Reiki, désignés ici par CKR (voir pages 166 et167), SHK (voir pages 168 et 169), HSZSN (voir pages 170 et 171) et DKM (voir pages 190 et 191), viennent d'une combinaison d'origines shintoïstes et bouddhiques. Je n'ai pas écrit le nom complet des mantras, car toute personne arrivée à ce niveau de pratique les reconnaîtra et pourra les utiliser quand ils apparaissent dans les exercices.

Psalmodie

Si vous désirez pratiquer la psalmodie des mantras, essayez la procédure suivante. Les mantras sont les plus efficaces psalmodiés à haute voix. Trouvez donc un espace où vous ne serez pas dérangé. Travaillez tour à tour avec un mantra pour une période de 3 à 6 mois, de sorte à vous familiariser avec sa vibration unique et son effet. Répétez cet exercice aussi longtemps que vous vous sentez à l'aise, mais soyez conscient qu'il faut de la patience pour bâtir une pratique de psalmodie et percevoir la vibration intérieure.

Exercice mantra

L'utilisation de la méditation du son est la plus efficace quand le corps est bien droit.

1 Asseyez-vous en posture *seiza* ou sur une chaise, dos droit.

2 Placez vos paumes sur vos genoux pour rester relaxé. Placez vos mains dans la position *gasshô* si vous le préférez.

3 Inspirez par le nez, faisant descendre le souffle vers le *hara*. sur l'expiration, prononcez clairement et correctement le mantra.

Poèmes japonais *waka*

Actuellement, le Japon est mieux connu pour ses voitures, consoles de jeu et *mangas* (bandes dessinées), mais sa poésie est l'un des plus produits culturels d'export les plus durables. Dans les classes supérieures, la tradition de la poésie et la pratique de la calligraphie ont existé au Japon pendant des siècles. Faisant partie de la classe des samurai, Usui a dû grandir imprégné de cette tradition de composer de la poésie pour exprimer des émotions, commémorer un événement ou noter une observation de la nature. Son utilisation d'un style particulier de poésie, le *waka,* pour la méditation était inconnu jusqu'à récemment parmi les praticiens occidentaux du Reiki, mais gagne en popularité.

Usui utilisait un choix de *waka* inspirants de l'empereur Meiji pour aider la croissance spirituelle de ses élèves. Tous ces poèmes peuvent être trouvés dans le livre *Reiki, les plus belles techniques* de Walter Lubeck, Frank Arjava Petter et William Rand. Ci-contre, deux exemples de *waka* rédigés par l'empereur Meiji, traduits du japonais en anglais pr Inamoto Hyakuten.

Ces *waka* peuvent être utilisés en tant que partie de la pratique de méditation à la place des principes spirituels, ou un *waka* peut être psalmodié comme un mantra. Usui encourageait ses élèves à psalmodier les *waka* et à devenir un avec les aperçus qu'ils offrent.

Pour développer votre pratique du Reiki tentez d'écrire vos propres *waka*. Traditionnellement, le *waka* n'a pas de concept de rime, ni même de ligne. La structure du poème est typiquement de cinq lignes de 5, 7, 5, 7 et 7 syllabes, bien que l'exemple ci-contre soit de deux lignes de 8 syllabes.

Tenir un journal du Reiki

Pendant des années, j'ai encouragé les élèves à garder un journal du Reiki, particulièrement pour la période de 21 jours suivant un cours. Rédiger quotidiennement un journal est une forme de méditation, et je conseille à tous de prendre au moins 15 minutes par jour pour relâcher leurs pensées et sentiment sur une page. C'est une manière inestimable d'éliminer les déchets du mental et de laisser l'âme créative s'élever et s'exprimer. Bien qu'il soit parfaitement acceptable d'utiliser tout type de bloc-notes comme journal du Reiki, vous pouvez honorer vos pensées en prenant le temps de trouver un agréable visuellement, qui vous inspirera davantage à écrire.

Asamidori sumiwataritaru ohzorano, Hiroki onoga kokoro to mogana (Ten)
Comme un grand ciel éclairé de vert clair, je voudrais que mon cœur soit aussi vaste (Ciel)

Akino yono tuskiwa mukashini kawarenedo
yoni nakihito no ooku narinuru (Tsuki)
Alors que la lune d'une nuit automnale reste la même que toujours, dans ce monde le nombre des défunts s'est accru (Lune)

D'APRÈS LA TRADUCTION DU JAPONAIS EN ANGLAIS

L'utilisation universelle des symboles

Les symboles ont été utilisés par toutes les cultures depuis l'aube des temps et précèdent l'apparition de l'écriture. Leur pouvoir surpasse les mots, car ils véhiculent une multitude de significations parlant à l'intellect, aux émotions et à l'âme. La plupart des symboles qui ont encore du pouvoir de nos jours ont des origines anciennes, dans les cultures où ils servaient à l'art et au rituel religieux.

Souvent, nous ne pouvons pas dire ce que signifie un symbole particulier, mais nous savons qu'il s'adresse à nous, sentiment ressenti dans le cœur plutôt que dans le mental. Les symboles nous mettent au défi d'aller au-delà de l'évident et souvent le plus simple a les significations les plus complexes.

Certains symboles ont des spécificités culturelles mais, comme pour les convictions religieuses, si on regarde le tissu global, on constate qu'un symbole associé surtout à une culture apparaît aussi dans d'autres, quoi que sous une forme légèrement différente. La croix, apparaissant sous diverses formes, en est un exemple (voir ci-contre).

La croix

La croix est surtout associée au christianisme, et en raison de la propagation de cette religion c'est probablement l'un des plus puissants symboles universels. La croix celtique, forme réunissant la croix et le cercle. Tirant ses origines d'une religion ancienne de la terre, elle représente l'unité du masculin et du féminin ; le cercle représente l'énergie féminine de procréation, la croix, l'énergie masculine. L'*ankh* égyptien représente la clé ouvrant les mystères de la terre et du ciel. Comme pour la croix celtique, sa forme combine les énergies masculine et féminine. Ces deux croix apparaissent avant la croix chrétienne.

La spirale

Un autre symbole qui traverse les cultures et qui a un intérêt particulier pour le praticien du Reiki est la spirale. Les spirales et les nœuds infinis sont très présents dans la décoration celte. La spirale signifie le mouvement de l'énergie, le nœud infini représente l'éternité. De façon analogue, dans la tradition du yoga, l'énergie *Kundalini* conduisant à l'éveil est représentée sous la forme d'un serpent lové, en fait une spirale.

On pense que toute énergie se déplace en spirale, représentant les énergies solaire et lunaire, masculine et féminine. Ce concept ancien de la spirale en tant que force de vie est étayé par la découverte que l'ADN humain est aussi une spirale.

CROIX LATINE

CROIX CELTIQUE

ANKH ÉGYPTIEN

SPIRALE PRÉHISTORIQUE

NŒUDS CELTES EN SPIRALE

Symboles du Reiki

Les symboles utilisés par le Reiki, enseignés à partir du Deuxième degré ont été objet de débat entre les différentes écoles. La publication du *Reiki essentiel* de Diane Stein en 1995 (1997 en français) a été un tournant pour le Reiki occidental. Certains instructeurs avaient conseillé à leurs élèves de ne pas le lire, car il transgressait les règles. Ce point de vue émergeait des notions de secret et de sacralité entourant les symboles.

Les instructeurs traditionnels enseignent les symboles selon la méthode de Hawayo Takata. Cela comporte la mémorisation de tous les symboles durant le cours et la destruction de toutes les feuilles de papier sur lesquelles l'élève a tracé les symboles. En réalité, cela signifie souvent que les élèves oublient le traçage des symboles les plus compliqués et hésitent à demander à leurs instructeurs de le leur montrer une fois de plus, par crainte d'être tenus pour moins parfaits ou manquant d'engagement.

Il est juste de dire qu'au moment où les symboles ont été publiés, la communauté du Reiki était quelque peu élitiste. Selon moi, le débat a forcé cette communauté à réfléchir sur ses attitudes. La publication des symboles était inévitable, en raison de la multiplication des formes de Reiki enseignées, combinés avec l'utilisation accrue de l'internet.

Les quatre symboles principaux

Un autre problème concernant les symboles a vu le jour, découvert lorsque les maîtres formés par Hawayo Takata se sont rencontrés après le décès de celle-ci. Ils ont constaté l'existence des variantes entre les symboles qu'elle leur avait appris. Si Takata n'avait pas enseigné les symboles uniformément, il est probable que de nombreuses variantes ont été transmises de maître à élève. Il y a actuellement de nombreux symboles supplémentaires en circulation, mais la majorité des praticiens se concentre encore sur les quatre principaux.

Après tout ce débat sur les symboles dans les années 1990, on a découvert que Mikao Usui n'avait intégré que tardivement les quatre symboles dans ses enseignements. Il semble qu'à la différence de l'Occident, ils n'étaient pas le point focal de son système. Comme pour les positions officielles des mains, il a introduit les symboles seulement comme aide à la pratique. La troisième partie décrit en détail chaque symbole, ainsi que des manières de méditer sur eux en tant que partie de la croissance spirituelle personnelle, et leur usage pour la guérison.

À DROITE. Mikao Usui avait introduit tardivement les quatre symboles dans ses enseignements, dans l'intention d'en faire un point focal pour la méditation.

Harmonisations

Dans le Reiki occidental, l'harmonisation est une partie intégrante de tout cours de Reiki. Les instructeurs et les écoles varient quant au nombre d'harmonisations qu'ils confèrent à chaque niveau du Reiki et à la méthode utilisée pour la transmission de l'harmonisation, mais personne à ma connaissance n'enseigne le Reiki sans ce processus de chargement en pouvoir.

L'histoire est assez différente pour le Reiki japonais. Mikao Usui offrait une bénédiction spirituelle, un *reiju*, à ses élèves. Celle-ci n'intervenait pas une seule fois, mais était offerte fréquemment. La différence entre un *reiju* et une harmonisation de style occidental est que le premier ne charge pas la personne en énergie de la même manière. Il est presque certain qu'Usui avait l'intention de transférer ou de modifier l'énergie de ses élèves sans aucun rituel. Toutefois, quand ses élèves commençaient à enseigner, ils avaient besoin du soutien d'un rituel structuré, l'harmonisation.

Qu'est-ce qu'une harmonisation ?

La réponse la plus simple est qu'il s'agit d'une forme de chargement en pouvoir spirituel passant à travers l'instructeur à l'élève, qui active la capacité de celui-ci à inspirer plus d'énergie selon ses besoins, et lui permet de devenir un canal plus efficace pour l'énergie Reiki. C'est l'aspect individuel du processus qui fait que l'expérience de chaque personne est différente. C'est également un moyen symbolique d'initier une personne à la vie avec le Reiki. L'harmonisation marque le moment entre la vie sans Reiki et la renaissance spirituelle.

Chaque instructeur a une manière différente de diriger l'harmonisation. Certains initient plusieurs élèves en même temps, d'une manière très simple. D'autres créent des espaces sacrés sophistiqués et initient un élève à la fois. Quelle que soit la méthode, c'est une expérience puissante tant pour l'élève que pour l'instructeur. Souvent, en donnant un cours, je commence sans idée précise du moment où je vais pratiquer l'harmonisation. Je constate d'habitude que je suis poussée par l'énergie Reiki même, et au moment approprié je me sens remplie d'une énergie extrêmement rapide, tout comme la pièce.

Si vous débutez au Reiki, demandez à l'instructeur de vous expliquer le processus en décrivant comment il tournera autour de vous et ce qu'il voudra que vous fassiez, sans en amoindrir la signification.

À GAUCHE. Une harmonisation est une méthode de chargement spirituel en pouvoir qui active la capacité d'une personne à devenir un canal efficace pour l'énergie Reiki.

Énergie et systèmes corporels

Les philosophies orientales expliquent en détail le mouvement de l'énergie à travers le corps et le fonctionnement du corps énergétique, qui ajoute au concept occidental de systèmes corporels.

Le corps énergétique

Le Reiki impose de travailler avec le corps énergétique. Je vais décrire dans cette partie le corps énergétique tel qu'il est compris par le chi kung, ainsi que le système des chakras – car ce dernier est devenu le modèle énergétique prévalent en Occident.

Le travail avec les chakras a été ajouté seulement après la mort de Hawayo Takata. Takata, Hayashi et Usui ne l'utilisaient pas. Ils se focalisaient sur le travail avec le *hara* (voir pages 104 et 105), partie intégrante du travail énergétique japonais et chinois, allant des arts martiaux à la méditation bouddhique.

Le corps énergétique est invisible, mais est perceptible grâce au travail avec l'énergie. Il entoure et pénètre chaque cellule du corps physique, vibrant à une vitesse plus rapide que celui-ci. Le corps physique de chaque personne est unique et a ce qu'on pourrait appeler une signature énergétique, équivalente à la manière dont les empreintes offrent une identification personnelle unique.

J'ai découvert le chi kung quelque 6 ans après le Reiki. J'ai été frappé par les similarités entre l'énergie que je percevais en pratiquant les exercices du chi kung et celle qui apparaissait au Reiki. J'ai mentionné cette sensation à mon instructrice de chi kung, qui a admis la probable existence de similarités. Je lui ai alors demandé pourquoi elle ne se contentait pas de pratiquer le Reiki, bien plus simple. Elle m'a répondu préférer l'itinéraire touristique à l'autoroute. Assurément, beaucoup de ce que j'ai appris grâce au chi kung a apporté une nouvelle dimension à ma pratique Reiki et à ma compréhension du mouvement de l'énergie, ainsi que du corps énergétique.

Les méridiens, les chakras et l'aura

Trois éléments du corps énergétique sont importants pour le Reiki : les méridiens (voir pages 102 et 103), les chakras (voir pages 106 et 107) et l'aura (voir pages 122 à 125). Les deux premiers sont des systèmes différents de compréhension des mécanismes du corps énergétique, qui ont en commun l'aura.

Pour la réussite d'un traitement de Reiki, le praticien ne doit pas avoir une connaissance détaillée des méridiens ou de savoir tout sur les chakras. Toutefois, il est utile de connaître l'emplacement des organes physiques.

Systèmes du corps humain

Nous examinerons deux des systèmes corporels de première importance pour la guérison : le système endocrinien, correspondant aux chakras, et le système nerveux, le centre de communications du corps.

CI-DESSUS. L'aura est un bouclier énergétique en forme d'œuf entourant le corps et capable de se dilater et de se contracter.

Les méridiens

Pour la médecine chinoise traditionnelle, les méridiens sont des canaux énergétiques invisibles parallèles au système anatomique du corps, mais vibrant à une fréquence plus élevée. La science occidentale, tout comme les systèmes scientifiques anciens chinois et hindou, suggère que l'énergie vibrant à une fréquence plus élevée a un effet sur la matière vibrant à une fréquence plus basse. On peut en déduire que si les méridiens sont négativement affectés, le corps physique manifestera des symptômes de maladies. La solution est de traiter le corps énergétique en prévenant son déséquilibre et en le rééquilibrant.

La médecine chinoise traditionnelle connaît 35 méridiens conduisant le *ki* autour du corps. Parmi eux, 12 sont des méridiens principaux, 8 des méridiens extraordinaires et 15 des canaux supplémentaires. Les principaux points d'accupression sont situés le long des méridiens principaux et des Vaisseaux Gouverneur et Conception. Il est utile d'en connaître certains, car ils fournissent un premier secours pratique (voir pages 306 et 307).

Chacun des 12 méridiens principaux est lié à un organe spécifique du corps, plus précisément à sa fonction. Il y a les méridiens du Cœur, du Poumon, du Rein, etc. Chaque méridien est lié par ailleurs aux aspects physique et émotionnel d'une personne, ainsi qu'aux éléments. Par exemple, le méridien de l'Estomac est connecté à l'élément terre, à la couleur jaune, à la compassion, à la douceur, à la chair et à la moiteur.

Pour la médecine chinoise traditionnelle, le courant d'énergie suit les cycles naturels. On connaît les effets du cycle lunaire sur le corps, mais pas autant le rythme circadien du cycle solaire. L'énergie circule constamment autour du corps, 24 heures sur 24, et le courant de *ki* est à son apogée dans chacun des 12 organes principaux deux heures par jour. Par exemple, entre 3 h et 5 h, le courant de *ki* est à l'apogée dans les poumons. Si vous avez des problèmes respiratoires, ils vous réveillent à ces moments en réaction à l'énergie accrue.

Partie du corps	**Apogée de l'énergie**
Cœur	11 h – 13 h
Vésicule biliaire	23 h – 1 h
Intestin grêle	13 h – 15 h
Foie	1 h – 3 h
Vessie	15 h – 17 h
Poumons	3 h – 5 h
Reins	17 h – 19 h
Gros intestin	5 h – 7 h
Péricarde	19 h – 21 h
Estomac	7 h – 9 h
Triple réchauffeur	21 h – 23 h
Rate	9 h – 11 h

Les méridiens

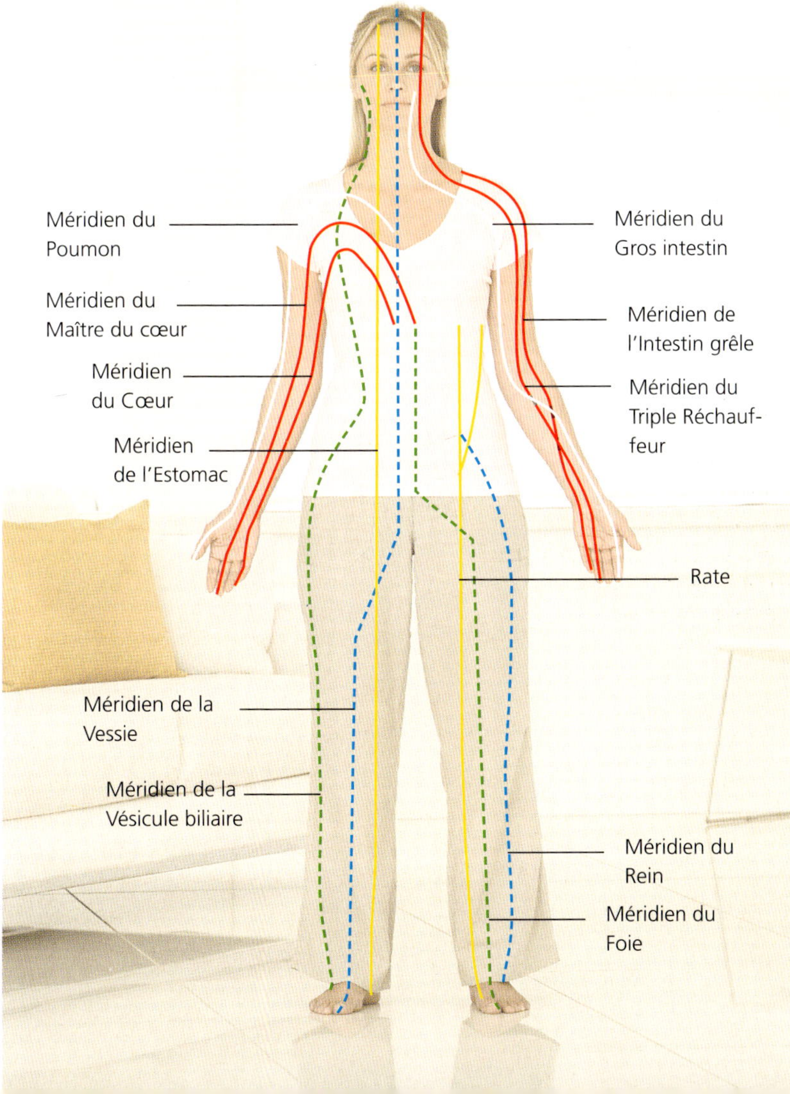

L'orbite microcosmique et le *Tan Tien*

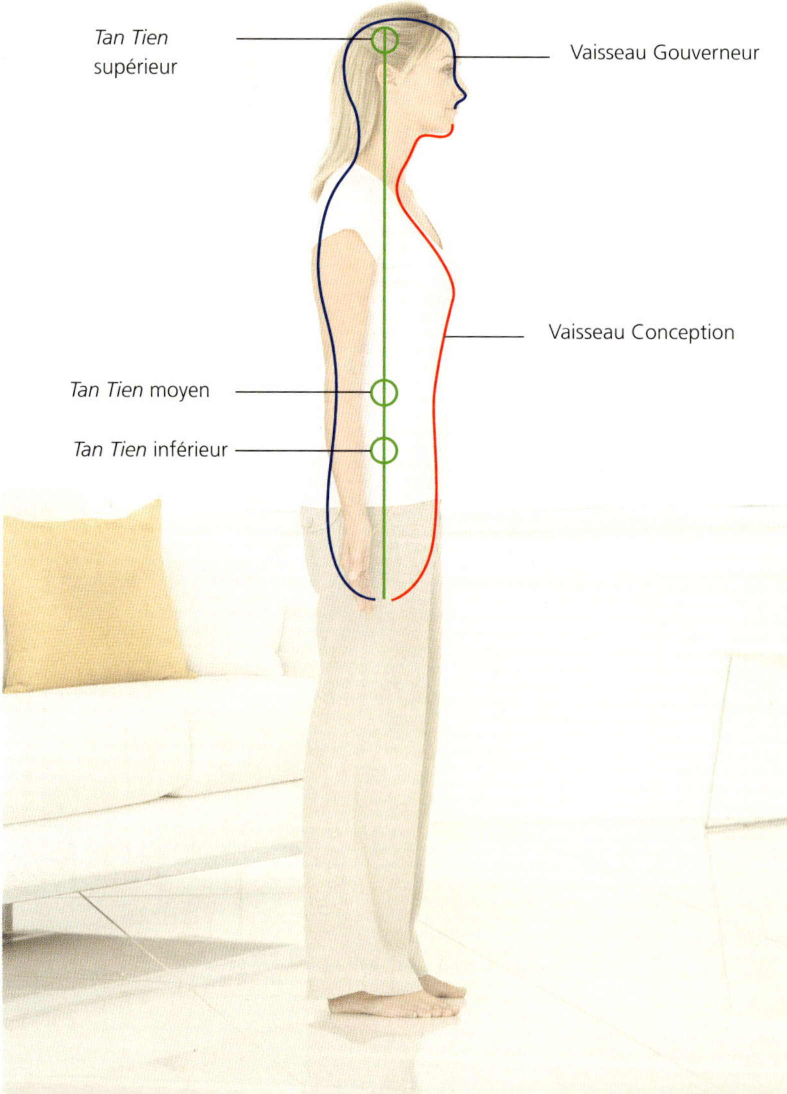

L'orbite microcosmique et centres d'énergie

Faire circuler le *ki* autour des chakras du corps favorise la guérison et accroît la conscience du moi supérieur. Les deux principaux méridiens sur lesquels se trouvent les chakras sont le Vaisseau Gouverneur et le Vaisseau Conception. Le Vaisseau Gouverneur (masculin/yang) monte sur le dos depuis le périnée et passe pardessus la tête et le troisième œil jusqu'au palais. Le Vaisseau Conception (féminin/yin) descend le long de la face antérieure du corps, depuis la langue, à travers le chakra du cœur jusqu'au périnée. Ensemble, ils constituent un circuit appelé l'orbite microcosmique.

Le *Tan Tien* et le *Hara*

Pour la médecine chinoise traditionnelle, le point focal du corps énergétique englobe trois centres d'énergie, le *Tan Tien* inférieur, moyen et supérieur. Ceux-ci sont liés aux Vaisseaux Gouverneur et Conception. Le plus intéressant pour le chi kung et pour les praticiens du Reiki est le *Tan Tien* inférieur, appelé par les Japonais *hara*. Celui-ci est situé juste sous le nombril, et emmagasine l'énergie de l'individu, qu'il ne faut pas confondre avec le *ki*, car il s'agit de l'énergie avec laquelle vous êtes né.

Le *Tan Tien* moyen est situé juste audessus du nombril ; c'est le centre des émotions et du *ki*. Le *Tan Tien* supérieur est concerné par les aspects mental et spirituel. Le chi kung tient pour nécessaire d'apprendre en premier à contrôler le centre inférieur en ancrant l'énergie là avant de commencer à travailler avec les deux autres. Si vous n'apprenez pas d'abord à ancrer l'énergie, vous risquez de devenir déséquilibré, physiquement et émotionnellement.

Les Trois trésors

À un niveau plus élémentaire que les méridiens et le *Tan Tien* il y a les Trois trésors, la fondation de notre composition totale. Ce sont le *jing*, le *chi* et le *shen*.

- *Jing* est l'énergie génétique héritée, associée au *Tan Tien* inférieur (*Hara*). C'est également l'énergie sexuelle qui doit être conservée.
- *Chi* (*ki*) est l'essence vitale dont nous dépendons pour la vie. La qualité du *chi* d'une personne dépend de la qualité de son *jing*. Donc, en fortifiant le *hara*, ce qui permet de puiser dans notre *jing*, nous pouvons améliorer le *chi* qui nous traverse.
- *Shen* est l'esprit ou l'âme, nourri par notre *chi*.

Le système travaille en montant, le *jing* nourrissant le *chi*, le *chi* nourrissant le *shen*. Nous ne pouvons pas changer notre énergie innée *jing*, mais en travaillant avec le *hara* on peut soutenir notre *chi*, qui améliorera notre santé et élèvera notre conscience spirituelle.

Le système des chakras

Chakra est un mot sanskrit signifiant « roue ». Il y a sept chakras principaux dans le corps énergétique, le premier situé à la base de la colonne vertébrale, le septième au sommet de la tête. Les chakras sont traditionnellement représentés par une fleur de lotus qui – associée à l'idée d'une roue – aboutit à une forme circulaire tournant autour de son centre à mesure que les pétales de la fleur s'ouvrent. Chaque chakra a nombre d'attributs, dont une couleur, une relation avec un élément et l'entretien de fonctions spécifiques physiques et émotionnels.

Bien que la plupart des gens ne puissent pas voir les chakras, il est possible de se familiariser avec leur fonctionnement en concentrant l'attention sur leurs emplacements et la perception de ces zones. En plus de travailler avec l'énergie pour influencer les chakras, nous pouvons aussi travailler avec la couleur et le son. Par exemple, à mesure que chaque chakra est associé à une couleur spécifique, on peut méditer ou porter des habits de cette couleur-là pour l'attirer dans le chakra ou fortifier celui-ci. Certains travaillent aussi avec la vibration sonore de chaque chakra.

Chakra	Couleur d'influence	Éléments	Sens
Racine/Muladhara	Rouge	Terre	Odorat
Sacré/Svadisthana	Orange	Eau	Goût
Plexus solaire/Manipura	Jaune	Feu	Vue
Cœur/Anahata	Vert/Rose	Air	Toucher
Gorge/Vishuddha	Turquiose	Éther/Akasha	Ouïe
3e œil/Ajna	Bleu foncé	Esprit	PES*
Couronne/Sahasrara	Violet/or	Esprit	Tous les sens

(*Perception extrasensorielle)

Les sept chakras principaux

Chakra 1

NOM INDIEN : **Muladhara**
NOM OCCIDENTAL : **Racine**

Le chakra racine est le premier des sept chakras principaux. Situé au périnée, entre l'anus et les organes génitaux, ce chakra s'ouvre vers le bas, connectant le corps énergétique à la terre. Associé à la sécurité, à la stabilité mentale, à la survie et à la prospérité.

Il y a de nombreuses manières de travailler avec ce chakra pour le fortifier, mais la principale est la décision de vous honorer vous-même quelles que soient les circonstances, et de vous connecter avec la nature et votre propre sexualité.

Fonction du chakra

Ce chakra nous ancre dans le monde. L'énergie terrestre est tirée vers le haut à travers les chakras secondaires de la plante des pieds et montant par les jambes pour équilibrer ce chakra. Si vous ne vous sentez pas ancré, une solution est de retirer vos chaussures et de vous tenir dans l'herbe ou sur du sable, afin d'absorber plus d'énergie terrestre. (Voir pages 152 et 153 pour un exercice de visualisation agissant sur ce chakra.) l'énergie monte ensuite sur la colonne vertébrale pour équilibrer les testicules (ou les ovaires), parties du système endocrinien associé au chakra racine.

Problèmes de santé physique

Les problèmes associés à ce chakra affectent les pieds, les chevilles et les genoux, le chemin suivi par l'énergie en train de monter. D'autres symptômes de la déconnexion de la terre sont le mal du bas du dos, surtout autour du sacrum, qui risque de vous faire sentir physiquement « non soutenu », et des problèmes des organes sexuels.

Problèmes mentaux et émotionnels

Deux des fonctions du chakra racine sont de conférer confiance en soi et dans le monde. Si on ne le traite pas, le comportement de ce chakra dans l'ensemble de notre vie sera affecté par nos expériences les plus anciennes.

Les personnes nées dans un environnement stable où elles se sentent protégées grandiront d'habitude persuadées qu'il n'est pas dangereux de faire confiance au monde qui les entoure. Elles n'ont pas de mal à se connecter à l'énergie terrestre et sont ouvertes à sa réception. Cela garde leur chakra racine fonctionnant bien par comparaison à une personne ayant subi un traumatisme dans la matrice ou ayant eu une enfance déséquilibrée. Celles ayant un tel départ dans la vie auront un chakra stressé, qui se manifeste sous la forme du manque de confiance dans le monde.

Chakra 2

NOM INDIEN : **Svadisthana**
NOM OCCIDENTAL : **Sacral**

Le chakra sacré est situé juste sous le nombril, dans le même emplacement que le *hara*. L'élément clé de ce chakra est l'eau, associée à notre énergie sexuelle. Cela se réfère à notre énergie soutenant la vie plutôt qu'à l'énergie utilisée pour le sexe, qui vient du chakra racine. Le chakra sacré a également une forte association avec l'inconscient et la pulsion créative.

Fonction du chakra

Dans les enseignements hindous et taoïstes, l'énergie sexuelle associée à ce centre principal peut être transmuée pour développer une conscience spirituelle plus élevée, en la faisant monter à travers les centres énergétiques supérieurs. Ces enseignements ont influencé l'adoption d'une vie de célibat en tant qu'expression d'une spiritualité avancée. Bien entendu, tout le monde n'a pas envie de suivre cette voie, et une tentative d'abandonner la sexualité pour avancer spirituellement peut aboutir à des problèmes psychosexuels.

L'une des principales fonctions du chakra est de nous aider à former des relations émotionnelles et sexuelles saines. L'énergie peut aussi se manifester sous la forme de la créativité et alimente notre enthousiasme et joie dans la vie. La danse et le chant sont d'excellentes activités pour fortifier ce chakra.

Problèmes de santé physique

Les problèmes physiques émergeant du chakra sacré sont connectés aux glandes surrénales régissant notre réaction au stress. Lorsque nous sommes confrontés à une situation stressante, l'adrénaline est secrétée pour soutenir nos capacités physiques et mentales à gérer les choses. Toutefois, si le stress est constant, nous finirons par devenir incapables d'arrêter la sécrétion d'adrénaline, ce qui endommagera le corps.

Le chakra sacré est régi par l'élément eau. Tout mauvais fonctionnement se manifestera comme une affection de l'appareil urinaire et rénal.

Problèmes mentaux et émotionnels

Le mauvais fonctionnement de ce chakra débouche souvent sur l'incapacité de recevoir de l'amour, de nouer une relation avec le sexe opposé. La sexualité peut être insatisfaisante, lorsque l'énergie tente de monter dans les chakras durant un rapport amoureux sans pouvoir dépasser les blocages du deuxième chakra. Sans blocages, ce chakra permet d'éprouver un amour inconditionnel.

Chakra 3

NOM INDIEN : **Manipura**
NOM OCCIDENTAL : **Plexus solaire**

Le chakra du plexus solaire est associé au Soleil et, donc, connecté à l'élément feu. Il est situé au niveau du plexus solaire, au centre de la partie inférieure de la cage thoracique. Habituellement associé au pouvoir personnel, c'est le lieu qui se « noue » quand on a le trac dans des situations affectant notre sentiment de pouvoir de manières tant positives que négatives.

Fonction du chakra

Pensez à ce chakra comme à un soleil présent dans votre corps. Il attire l'énergie solaire, qui permet alors la circulation de l'énergie dans l'ensemble du corps physique. On peut le décrire comme un centre énergétique nourrissant l'énergie le long des canaux appelés *nadis*, similaires aux méridiens.

Le dernier des chakras avant celui du cœur, c'est là qu'on ressent le pouvoir, mais aussi la peur et l'anxiété.

Problèmes de santé physique

Ce chakra est en premier lieu lié à la digestion, mais plus important, au stress. La connexion entre problèmes digestifs et stress est habituellement présente dans les ulcères ou dans les simples troubles gastriques. Parmi tous les chakras, les changements de son fonctionnement sont probablement les plus faciles à percevoir, car tout un chacun a éprouvé les effets du stress dans cette zone. Souvent, ce qui débute ici comme une sensation émotionnelle devient rapidement physique. Le diabète est également associé à ce chakra, qui est lié au pancréas.

L'une des principales manières de fortifier ce chakra est d'utiliser les techniques de diminution du stress. Utilisé régulièrement, le Reiki est parfait, et vous pouvez y ajouter quelques autres pratiques physiques comme le yoga ou le chi kung.

Problèmes mentaux et émotionnels

Le plexus solaire joue un rôle important dans la perception que les autres ont de nous. Plus d'énergie nous sommes capables de tirer à travers ce chakra, plus nous semblerons séduisants aux autres, car nous laisserons briller notre lumière (pas de manière égotiste, mais en tant que manifestation de respect de soi naturel). L'équilibre de ce chakra nous permet aussi d'assimiler la sagesse supérieure dans notre inconscient et y accéder pour la guérison.

Du côté négatif, le mauvais fonctionnement de ce chakra tend à nous rendre malheureux envers la vie et nous rendre arrogants.

Chakra 4

NOM INDIEN : **Anahata**
NOM OCCIDENTAL : **Cœur**

Au centre de l'ensemble de ce système se trouve le cœur. Positionné au milieu de la poitrine, il est connecté à l'élément air et est le siège du moi supérieur. Tenu universellement pour le lieu d'origine de l'amour, ce chakra est associé aux qualités de passion et de dévouement.

Fonction du chakra

Dans le monde entier, le cœur est associé à l'amour et à l'idylle, faisant de lui un objet de révérence. Toutefois, le chakra du cœur n'est pas principalement concerné par l'amour romantique, mais par la génération de l'énergie d'un amour englobant tout, comme l'amour de la création.

Il est également le portail entre les trois chakras inférieurs qui sont plus connectés au corps physique, alors que les trois chakras situés au-dessus du cœur sont associés davantage à certaines émotions plus délicates, la spiritualité et la conscience supérieure.

Problèmes de santé physique

Peu étonnant que ce chakra soit lié au système circulatoire. Les affections cardiaques tuent probablement le plus de gens en Occident, mais elles ne sont pas toujours suscitées par un mode de vie prospère ; le stress, en tant que frustration et colère, est aussi mauvais pour le cœur que le cholestérol.

Nous pouvons prévenir les affections cardiaques en essayant de laisser aller les problèmes retenus dans le chakra du cœur, comme le traumatisme émotionnel, la tristesse et le chagrin.

Problèmes mentaux et émotionnels

La forme la plus élevée d'amour est l'amour inconditionnel. Même l'amour romantique peut être transformé en ce genre d'amour si nous arrivons à nouer des relations respectant les sentiments d'autrui. Nous ne pouvons aimer vraiment une autre personne si nous ne nous aimons pas d'abord nous-mêmes inconditionnellement.

Le mauvais fonctionnement du chakra du cœur se manifeste comme une incapacité émotionnelle d'entretenir les relations ou des amitiés durables. Si nous continuons ainsi, nous finissons par « fermer » l'ensemble de notre organisme, car nous ne recevrons pas d'amour ni n'en donnerons.

Pour soutenir le chakra du cœur, cherchez une thérapie qui diminuera le stress et aidera à laisser aller la colère ou admettre la tristesse dans votre cœur. Aussi, en vous offrant à vous-même un peu de cet amour vous attirerez l'amour de l'univers.

Chakra 5

NOM INDIEN : **Vishuddha**
NOM OCCIDENTAL : **Gorge**

Ce chakra associé à l'élément éther est situé entre le centre des clavicules et le larynx. Comme c'est également l'emplacement des cordes vocales, peu étonnant que ce chakra soit surtout associé à la communication externe et aux manières dont nous exprimons notre moi.

Fonction du chakra

Le chakra de la gorge agit comme une connexion entre le cœur et la tête. Nous disons souvent agir à partir du cœur ou de la tête et exprimons cette action par l'intermédiaire du chakra de la gorge. Dans un autre sens, on peut dire qu'il se trouve entre corps et esprit.

Nous pouvons utiliser notre voix de bien des manières : pour exprimer l'amour, pour apaiser ou louer. D'autre part, nous pouvons exprimer la colère et la négativité. Quand nous utilisons notre voix ainsi, nous créons un déséquilibre dans le chakra.

En tant que guérisseur, vous serez souvent capable de savoir qu'une personne a un problème au niveau de ce chakra juste en l'écoutant parler. Les mots utilisés vous donneront des indices sur leurs problèmes internes, mais si vous écoutez la tonalité de la voix comme si c'était un instrument musical, vous aurez un meilleur aperçu du caractère de cette personne.

Problèmes de santé physique

Typiquement, les affections physiques associées au mauvais fonctionnement de ce chakra sont des problèmes oto-rhino-laringologiques et respiratoires. Comme la thyroïde est située dans cette zone, l'hyperthyroïdisme et l'hypothyroïdisme signalent aussi un déséquilibre.

Quand ce chakra présente une déficience, on devient timide, craintif et on parle doucement. En présence d'un excès d'énergie là, la personne sera bruyante et parlera trop.

Problèmes mentaux et émotionnels

Un blocage de ce chakra peut pousser à couper la communication avec d'autres gens. À son tour, cela peut conduire à une dépression. Les personnes qui ont du mal à exprimer verbalement leurs sentiments intimes seront aidées en trouvant quelqu'un qui fera attention à eux, comme un conseiller habitué à écouter sans porter des jugements. Parler de ses problèmes aide à écarter les blocages.

Chakra 6

NOM INDIEN : **Ajna**

NOM OCCIDENTAL : **Sourcils/Troisième œil**

Le chakra du troisième œil est situé au centre du front, juste au-dessus des sourcils. Comme le chakra de la gorge, il est lié à l'élément éther. C'est le chakra associé au mental, et particulièrement à l'intuition et aux facultés psychiques. Il est également le chakra que nous exploitons quand nous méditons.

Fonction du chakra

Le mental est l'aspect le moins compris de l'être humain. Le mental n'est pas simplement le cerveau, car il est tellement plus que la somme des parties de cet organe. Ce chakra permet d'aller au-delà du mental tel que perçu tous les jours avec son bavardage constant et mouvement incessant des pensées et de puiser dans le savoir et la sagesse intérieure dont nous ne sommes pas conscients.

Un mauvais fonctionnement de ce chakra peut rendre arrogant quant à ses pouvoirs intuitifs ou psychiques spéciaux, et s'en servir pour contrôler les autres.

problèmes de santé physique

Les problèmes physiques associés à ce chakra sont ceux affectant la tête en général et les yeux. Les maux de tête et les migraines sont des symptômes des déséquilibres de ce chakra. On peut les soulager en fortifiant ce chakra grâce à la méditation apaisant le mental et libérant la tension.

La plupart des gens se fatiguent excessivement les yeux en travaillant de longues heures sur ordinateur. C'est là une autre cause majeure du mal de tête. Essayez d'éloigner le regard de l'écran aussi souvent que possible, et de regarder une plante ou jeter un coup d'œil au ciel par la fenêtre. Les couleurs de la nature et l'énergie de la matière naturelle sont curatives en soi.

problèmes mentaux et émotionnels

Par comparaison avec les autres chakras, le chakra du troisième œil n'est pas vraiment lié aux émotions en tant que telles. Toutefois, un déséquilibre présent là peut affecter fortement l'épiphyse, située au centre du cerveau, directement derrière les yeux.

Cette glande est responsable de la production de la sérotonine et de la mélanine, hormones affectant respectivement l'humeur et le sommeil. L'épiphyse est sensible à la lumière – une absence de lumière diminue la quantité de sérotonine secrétée, aboutissant à une dépression saisonnière.

Chakra 7

NOM INDIEN : **Sahasrara**
NOM OCCIDENTAL : **Couronne**

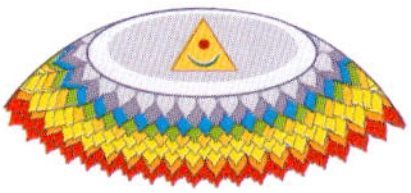

Ce dernier chakra est directement à l'opposé du chakra racine et est situé au sommet de la tête. Tandis que le chakra racine est dirigé vers la terre, le chakra couronne s'ouvre vers le ciel. Il n'est associé à aucun élément, et ne doit être jamais fermé, autrement dit, les guérisseurs doivent faire très attention en travaillant autour de cette zone.

Fonction du chakra

Juste comme le chakra racine connecte à la Terre sur laquelle nous vivons, le chakra couronne connecte à tout ce qui transcende notre état attaché à la terre. Ce chakra nous garde connectés à une conscience universelle. À travers lui, nous pouvons ressentir l'état d'être pur et de conscience transcendantale.

Problèmes de santé physique

Comme pour le chakra du troisième œil, un mauvais fonctionnement du chakra couronne aboutit à des maux de tête, particulièrement suite au déni de sentiments particuliers. Une tendance à devenir obsessionnels est par ailleurs ici une marque de déséquilibre. L'épilepsie est un symptôme associé à ce chakra. Les guérisseurs travaillant avec des gens souffrant d'épilepsie doivent s'assurer que la personne traitée est suivie médicalement.

Problèmes mentaux et émotionnels

Le déni de la vie, l'obsession et le refoulement de la colère – lié aussi au chakra du cœur – sont connectés avec ce chakra. Ces émotions peuvent conduire à une maladie physique comme l'hypertension, associée à la colère. Une maladie dégénérative, comme le Parkinson, est également liée au mauvais fonctionnement de ce chakra – les tremblements caractéristiques peuvent indiquer une peur de la vie. En cas de paralysie, nous nions complètement la vie, car nous sommes incapables de bouger.

Le lotus à mille pétales

Sahasrara signifie « mille pétales ». La fleur de lotus est utilisée comme un symbole de tous les chakras car elle pousse à partir de la vase et monte à travers les eaux pour fleurir à la lumière. Cela reflète la condition humaine : attaché temporairement à la terre, le corps physique est composé d'éléments terrestres. L'eau symbolise nos émotions, que nous devons traiter jusqu'à atteindre la lumière représentée par le Soleil.

Étude de cas : les chakras

Un ami m'a demandé de lui administrer un traitement Reiki, car il avait entendu de bons commentaires à son propos et voulait l'essayer. Il pratiquait une religion de la terre et connaissait le travail avec l'énergie. Il semblait toujours ouvert et confiant, et avait une voix très agréable. Après avoir achevé le traitement, je lui ai dit avoir perçu un déséquilibre dans la zone de la gorge et je lui ai suggéré de porter quelque chose de couleur turquoise ou argent près du chakra de la gorge.

Il m'a dit se sentir très nerveux à l'idée de parler devant les autres étudiants pendant le cours de troisième cycle qu'il venait de commencer. Curieux, étant donné sa personnalité, mais cela confirmait mes perceptions. Après quelques semaines, il est revenu me dire qu'il avait porté une pierre bleue autour du cou et n'avait plus de problèmes pour prendre la parole pendant le cours.

Le système endocrinien et Les chakras

La fonction du système endocrinien est de secréter des hormones dans le corps via le courant sanguin et, ce faisant, de réguler l'action des organes et des tissus.

Le mauvais fonctionnement du système endocrinien aboutit à des problèmes suggérant un déséquilibre, tel que le diabète, l'hyperthyroïdisme et l'infertilité, causés par des taux hormonaux trop élevés ou trop faibles.

Les glandes formant le système endocrinien sont :

- L'épiphyse
- L'hypophyse
- Les thyroïdes et parathyroïdes
- Le thymus
- Les îlots de Langerhans du pancréas
- Les surrénales
- Les gonades (testicules et ovaires).

La principale glande du système endocrinien est l'**épiphyse**, située dans le cerveau, tout comme l'**hypophyse**. L'hypophyse coordonne toutes les autres glandes et produit également les hormones influençant la croissance.

Les **thyroïdes**, dans le cou, contrôlent le métabolisme. Les **parathyroïdes**, rattachées aux thyroïdes, sont essentielles pour l'entretien de la santé des os, des nerfs et des muscles, en plus d'équilibrer le calcium et le phosphore dans le corps.

Le **thymus**, situé près du cœur, entretient la santé du système immunitaire.

Les **îlots de Langerhans du pancréas** sont responsables de la sécrétion d'insuline et de glycogène maintenant des taux corrects de glucose dans le sang. Lorsqu'il n'y a pas assez d'insuline, le taux de glucose monte, provoquant un diabète.

Les **surrénales** se trouvent au-dessus des reins et produisent deux types d'hormones. La couche externe est la source de stéroïdes équilibrant la concentration de sel, de sucre et d'eau dans le corps, la couche interne fournit l'adrénaline nécessaire pour stimuler le réflexe « de battre ou se sauver » face aux situations stressantes.

Les **gonades** (testicules et ovaires) secrètent les hormones nécessaires à la reproduction. Les femmes présentant un déséquilibre de la sécrétion hormonale des ovaires ont des symptômes allant de l'infertilité à la menstruation irrégulière et au syndrome prémenstruel.

Familiarisez-vous avec ce système

Comme vous le verrez sur le diagramme de la page 119, ce système a des correspondances avec le système des chakras. Les personnes engagées dans le travail énergétique doivent se familiariser avec le système endocrinien afin de comprendre les diverses affections.

Le système endocrinien

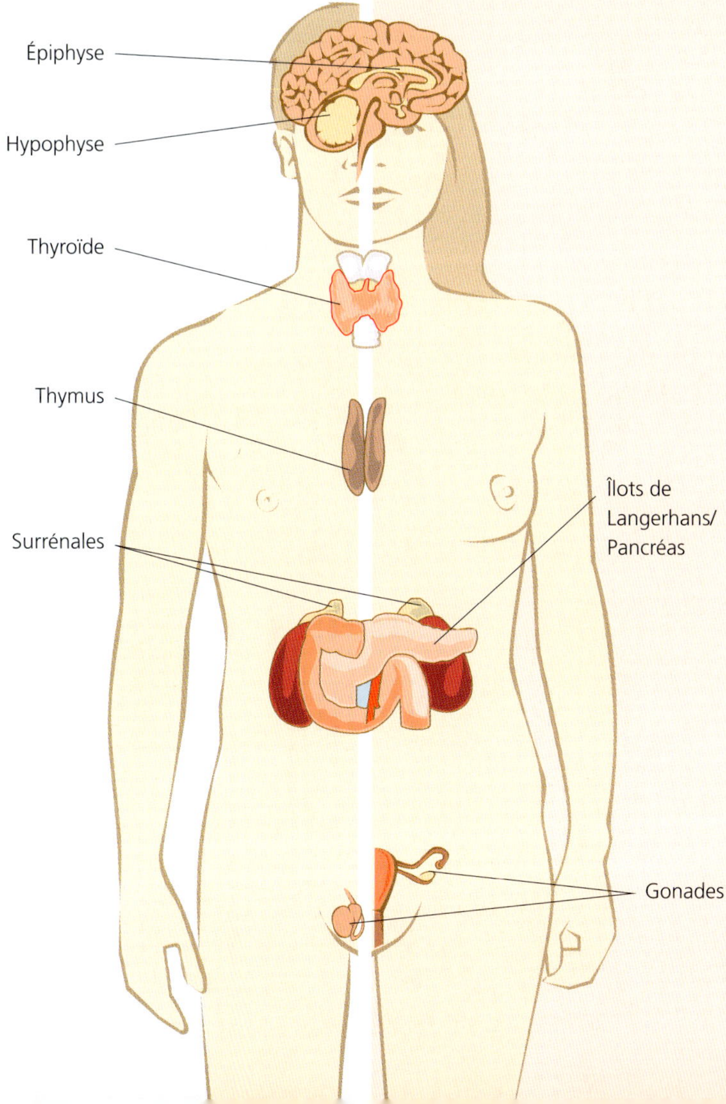

Chacun des sept chakras principaux correspond à une ou plusieurs glandes endocrines (voir pages 114 et 115).

Le chakra racine

Lié aux ovaires chez la femme et aux testicules chez l'homme. Les ovaires secrètent l'œstrogène et la progestérone. L'œstrogène est associé au cycle menstruel, la progestérone prépare l'utérus à la réception de l'ovule fertilisé. L'hormone des testicules est la testostérone, favorisant les caractéristiques masculines et la production de sperme.

Le chakra sacré

Connecté aux surrénales situées au-dessus des reins et produisant l'adrénaline et le cortisol. L'adrénaline prépare le corps à régir au stress en élevant le rythme cardiaque et la pression sanguine. Le cortisol est un anti-inflammatoire naturel. Les traitements à base de cortisone de la médecine occidentale traitent des symptômes incluant l'inflammation, comme ceux associés à l'arthrite.

Le chakra du plexus solaire

Associé aux îlots de Langerhans, qui secrètent de l'insuline abaissant le taux de sucre sanguin et des glycogènes élevant ceux-ci. Le diabète et l'hypoglycémie émergent d'un mauvais fonctionnement de cette glande.

Le chakra du cœur

Lié au thymus, le centre de contrôle du système immunitaire qui dirige les défenses contre les infections de type viral et les germes aériens, comme la grippe et le rhume.

Le chakra de la gorge

Lié à la thyroïde, qui secrète la thyroxine et l'iodothyronine, hormones contrôlant la croissance humaine et responsables de la réparation cellulaire. Les problèmes thyroïdiens résultent de l'excès ou de la déficience de ces hormones.

Le chakra du troisième œil

Associé à l'épiphyse et à l'hypophyse. L'épiphyse secrète de la sérotonine et de la mélatonine, responsable de l'humeur et du sommeil. L'hypophyse est particulièrement sensible à la lumière et a une structure similaire à celle de la rétine.

Le chakra couronne

Comme le chakra du troisième œil, associé à l'épiphyse et à l'hypophyse. L'hypophyse coordonne toutes les autres glandes de l'organisme, et en tant que telle secrète nombre d'hormones. Manifestement, tout problème avec cette glande a un effet renversant sur l'ensemble du système endocrinien.

Les glandes endocrines et les chakras

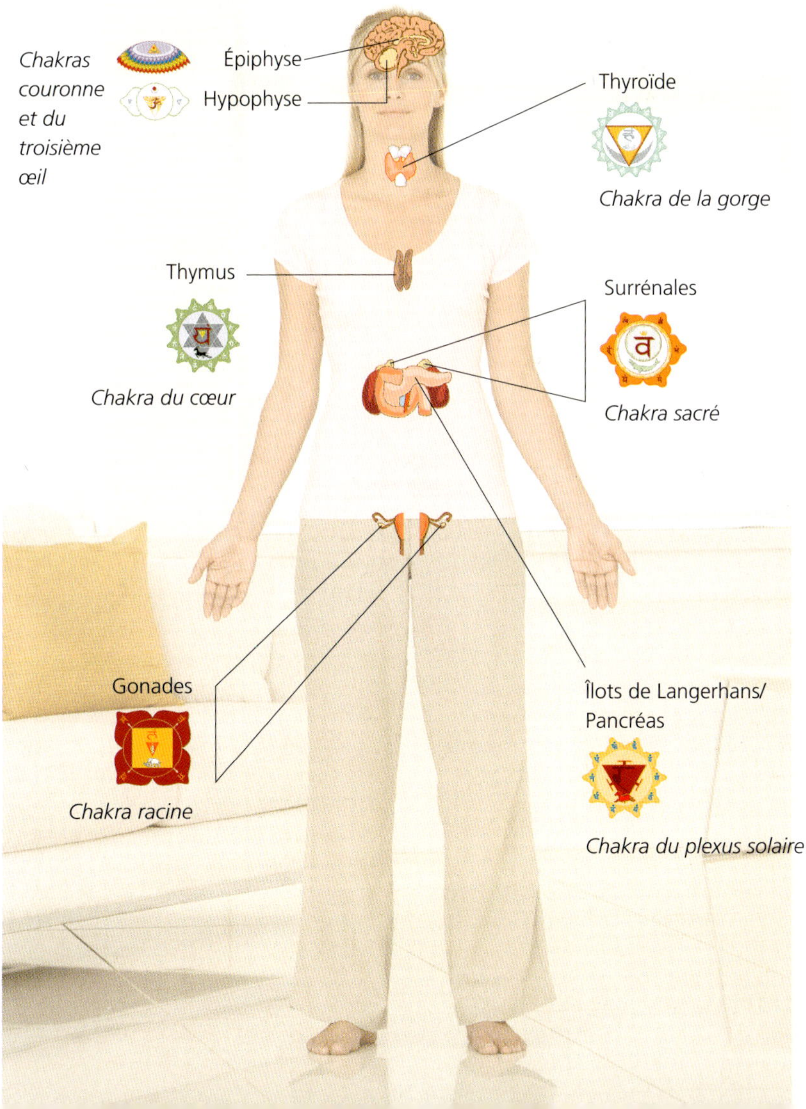

Le système nerveux

Alors que le système endocrinien orchestre les hormones, le système nerveux est le centre de contrôle et des communications du corps. Le système nerveux central est situé dans le cerveau et la moelle épinière et contrôle les fonctions conscientes et inconscientes. Le système nerveux périphérique, formé de nerfs sensoriels et moteurs, envoie des messages à ce système central.

Les problèmes habituels associés au système nerveux sont ceux liés à la zone du cerveau, comme les apoplexies ou les hémorragies cérébrales. La migraine en est un autre, tout comme la méningite. Les troubles psychologiques tels que la dépression, l'anxiété et l'insomnie sont également associés au système nerveux et peuvent être causés par des déséquilibres chimiques dans le cerveau.

Le système nerveux autonome

Tous les systèmes du corps sont interconnectés, de sorte qu'il travaille harmonieusement. Le système démontrant cette connexion et interdépendance, d'un intérêt particulier pour les thérapeutes de l'énergie, est le système nerveux autonome. Celui-ci inclut des parties du système nerveux périphérique et central et contrôle les fonctions se produisant sans effort conscient.

Plus important, le système nerveux autonome est composé de deux parties : le système sympathique et le système parasympathique. Ceux-ci sont responsables des pulsations régulières du cœur, de la pression du sang, du rythme de la respiration et de la température du corps, parmi d'autres choses. Des parties de ce système réagissent aussi au stress émotionnel. Le système sympathique gère les fonctions involontaires du corps, comme la respiration. Il active les surrénales en réaction au stress. Inversement, le système parasympathique est le plus actif quand le corps est détendu. Il aide le corps à se remettre des épisodes stressants.

Ces deux systèmes doivent être en équilibre pour une bonne santé. Si le système sympathique est constamment abusé, comme c'est souvent le cas dans la vie moderne imposant un stress de plus en plus considérable, il s'opposera aux efforts de maintenir l'équilibre. Si on n'arrive pas à se servir du système parasympathique pour revenir à un état relaxé, il s'affaiblira, et (comme un muscle inutilisé) aura besoin de temps pour récupérer son fonctionnement parfait. La méditation régulière, le yoga, le chi kung et le Reiki sont d'excellentes manières d'équilibrer cet important système corporel.

Le système nerveux

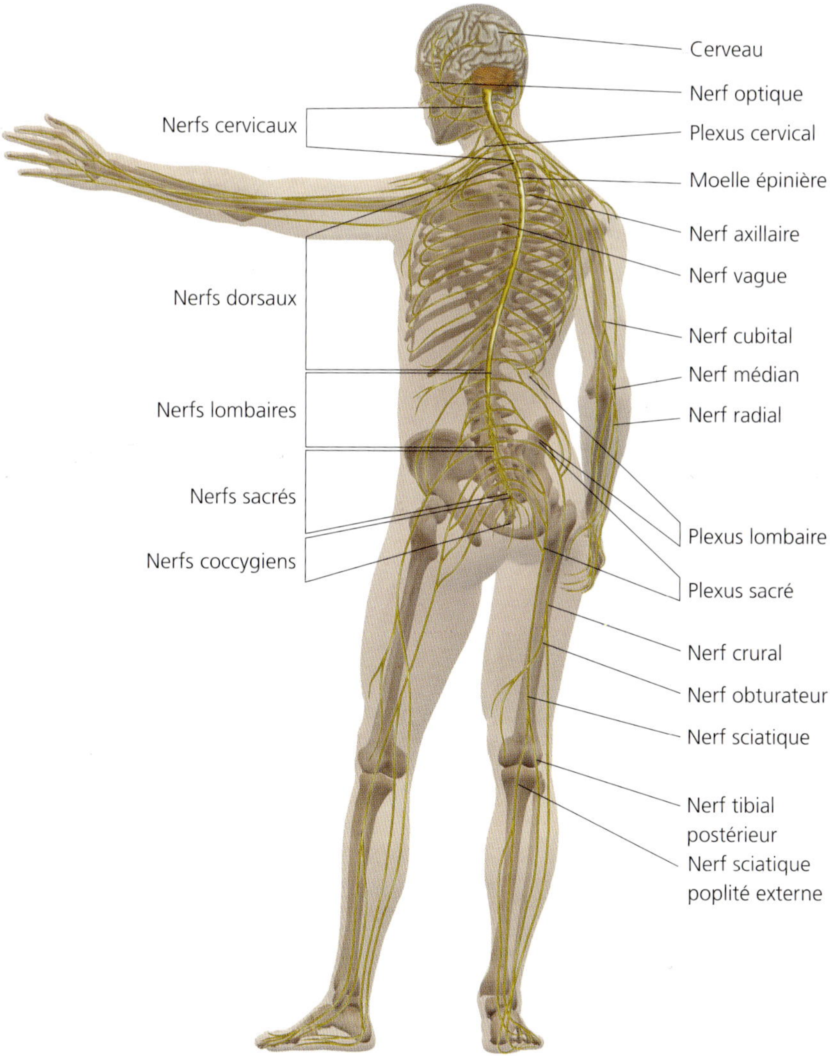

L'aura

Le dernier élément du corps énergétique, commun aux méridiens et aux chakras, est l'aura. L'aura est un champ d'énergie en forme d'œuf entourant complètement le corps humain, allant jusqu'en dessous des pieds. Il est parfois décrit comme un « arc-en-ciel de lumière », car il englobe toutes les couleurs de celui-ci, tout comme les chakras (voir page 106).

Ce champ énergétique soutient la croissance du corps physique. De cette perspective, il est pareil à un réseau énergétique existant avant le corps. Autrement dit, il se forme au moment de la conception, mais ne peut pas être détecté après la mort.

Tout comme les couleurs de l'arc-en-ciel, l'aura a sept couches (voir page 101).

Couche	**Couleur**	**Aspect du corps énergétique**	**Qualité**
1	Rouge	Corps éthérique	Les cinq sens
2	Orangé	Corps émotionnel	Toutes les émotions
3	Jaune	Corps mental	Activité intellectuelle
4	Vert	Corps mental supérieur	Interaction avec les gens, les plantes, les animaux ; relations en tout genre
5	Bleu	Corps spirituel	Connexion avec le divin
6	Indigo	Corps causal	Expérience du monde spirituel
7	Violet	Corps kétherique	Connexion avec le moi supérieur et la superconscience

La première couche d'énergie, la plus proche du corps, a les vibrations les plus basses, qui deviennent progressivement plus hautes et plus rapides à mesure que les couches s'éloignent du corps. La première couche est rouge, également la couleur du chakra racine. La deuxième couche est orangé, correspondant au chakra sacré – et ainsi de suite, la dernière couche étant violette, couleur associée au chakra couronne. Chacune des couches est connectée à un aspect du corps énergétique (voir table ci-contre).

Voir l'aura

L'aura peut être perçue par certains, et bon nombre de cultures ont été conscientes de sa présence, car les champs énergétiques entourant le corps sont représentés dans l'art de nombreuses civilisations. En Occident, le halo est la représentation la plus habituelle, symbolique du caractère spirituel de la personne.

Les personnes capables de voir l'aura sont parfois nées avec cette faculté, qui peut par ailleurs être développée. Elles affirment que l'aura est constamment en train de changer, en fonction de l'humeur, de la santé et du degré de développement spirituel de son propriétaire. La taille de l'aura d'une personne se modifie aussi. Elle peut s'élargir jusqu'à englober la pièce et toucher toutes les autres auras présentes, ou se rapprocher beaucoup du corps pour lui servir de bouclier protecteur.

Cette dilatation et contraction de l'aura signifient qu'on peut saisir des informations à partir des auras des gens se trouvant à proximité. On peut se sentir inexplicablement attiré vers quelqu'un, par exemple, signe probable de la présence de quelque chose dans son aura résonant avec soi. De même, l'aura peut

CI-DESSOUS. L'aura a été longtemps représentée dans l'art religieux, souvent comme un halo, signalant que son existence était connue.

se contracter si on sent quelque chose qu'on n'aime pas.

Pratique de la perception de l'aura

On connaît trois méthodes simples de voir l'aura. Pour toutes, laissez vos yeux se relaxer, de sorte à ne pas les tirer avec les muscles alors que vous regardez directement la personne ou la plante. Ne vous attendez pas à voir clairement dès le début l'énergie de l'aura – détendez-vous et laissez-vous apercevoir un chatoiement autour de l'objet regardé.

Méthode 1 Asseyez-vous dehors et regardez une plante ou un arbre dont la silhouette se dessine contre la toile de fond du ciel clair. Les arbres ont des champs énergétiques très forts.

Méthode 2 Levez la main contre le ciel et écartez largement vos doigts. Regardez entre eux et autour du contour de la main.

Méthode 3 Demandez à un ami de se tenir ou de s'asseoir contre un mur blanc. Gardez la lumière voilée et

Méthode 3

observez ce que vous pouvez voir autour du corps.

Purifier l'aura

Utilisez un bâtonnet de fumigation et une plume pour purifier votre aura et l'espace de guérison (c'est plus facile si quelqu'un d'autre peut le faire pour vous).

1 Allumez un bâtonnet de fumigation et ayez à portée de main un bol résistant au feu rempli de sable ou de terre pour l'éteindre.

2 En déplaçant le bâtonnet de fumigation autour du corps, utilisez la plume pour disperser la fumée à travers l'aura. Cela écarte tout élément nuisible de l'aura.

Vivre avec le Reiki

Le Reiki guérit chaque aspect de notre vie. C'est une pratique soignant tous nos maux, apaisant nos émotions et nous permettant de créer la vie que nous voulons.

Raisons de pratiquer le Reiki

Chacun suit sa propre voie quant au travail avec le Reiki. Le désir qu'a l'âme pour quelque chose de plus peut conduire à une rencontre avec le Reiki où le moi dira : « Voilà de quoi j'ai besoin ». Il se peut qu'une personne voyage avec le Reiki pour une brève période, pourtant la beauté de la pratique est que cette énergie restera toujours avec elle, et elle sera toujours capable d'y revenir.

Il y a bien des raisons de pratiquer le Reiki, la plus habituelle étant le désir de guérir les autres. Certains le choisiront pour sa qualité de système de guérison. Les deux raisons sont valables. Il semble égoïste de vouloir se guérir soi-même en premier, alors qu'on devrait s'occuper du reste du monde. Bien entendu, cette idée est erronée. On doit se guérir en premier lieu avant de pouvoir aider autrui.

Bénéfices du Reiki

Indifféremment de la motivation de chaque personne de vouloir faire entrer le Reiki dans sa vie – et les raisons de chaque individu sont justes pour lui et ne doivent pas être jugées ou comparées avec celles des autres – la pratique apporte de considérables bénéfices. Avant tout, ceux-ci seront ressentis sur un plan physique et émotionnel. Le Reiki soutient la capacité du corps à se guérir soi-même et rétablissant son équilibre énergétique. Il fortifie le système immunitaire, de sorte qu'il résiste à tous les types de maladies ou du moins s'en remette rapidement. Il peut aussi être utilisé pour traiter nombre d'affections (voir Huitième partie) et c'est l'un des plus efficaces atténuateurs de stress susceptibles dont l'individu est susceptible de se servir sans avoir à chercher un traitement ailleurs. Il peut aussi être utilisé de concert avec d'autres thérapies (voir Neuvième partie).

Une fois en meilleur état physique, on est plus capable de faire attention aux problèmes moins tangibles. Sur un plan émotionnel, le Reiki favorise le sentiment d'être en paix avec soi-même et peut aussi révéler, parfois douloureusement, la cause des sentiments et du comportement. Si difficile que soit le processus de purification, le Reiki enseigne toujours que rien ne reste pareil. Ce qui semble aujourd'hui de désespoir, se transformera en soulagement demain, à mesure qu'on se débarrasse du fardeau émotionnel.

Le Reiki offre aussi l'occasion de se développer spirituellement. Il est bien davantage qu'une thérapie, c'est une pratique à facettes multiples qui, utilisée quotidiennement, nourrit l'âme.

À GAUCHE. L'envie de l'âme pour quelque chose de plus conduit à une rencontre avec le Reiki, où on identifie celui-ci comme étant ce « quelque chose ».

Le Reiki et vous

Vous êtes le seul responsable de votre vie. Toutefois, étant donné la manière dont la plupart d'entre nous ont été introduits dans la société, pour beaucoup l'accepter s'avère plus difficile qu'on aurait pu le croire. Nous ne sommes pas encouragés à assumer la responsabilité pour notre vie, mais habitués à faire ce que d'autres veulent que nous faisions. Si nous n'entrons pas dans cette « norme », nous sommes poussés à croire que nous ne récolterons pas les bénéfices que la société nous offre. Si nous ne « jouons pas le jeu », nous serons marginalisés jusqu'à ce que nous nous reprenions.

Dès la naissance, nous sommes éduqués à nous conformer aux désirs des autres, pas aux nôtres. Les parents, les professeurs, même les amis, nous imposent leurs convictions, principalement avec les meilleures intentions, et aussi parce qu'ils ne connaissent pas une autre manière de nous guider. En résultat, il nous est difficile de savoir clairement qui nous sommes et ce que nous croyons. Se retrouver parmi ce conditionnement culturel exige du recul et un peu d'introspection.

Cela ne veut pas dire s'écarter du quotidien, bien que nombreux ont été ceux ayant fait ce choix au fil du temps en cherchant le réconfort d'une vie monastique. Pour rester dans le monde et trouver notre vérité intérieure, nous avons besoin d'une aide nous fournissant les outils nécessaires pour avancer dans la vie d'une manière équilibrant notre corps, mental et esprit.

Les religions se sont posées comme cette aide et l'ont fournie en grande mesure à beaucoup de gens. Toutefois, ce qui a suffi à nos ancêtres ne suffit pas toujours actuellement. La soif d'aller au-delà des enseignements des religions orthodoxes est apparente même parmi leurs fidèles. Cela a poussé bon nombre de personnes à étudier les aspects plus ésotériques des principales religions du monde et à les intégrer dans leur vie.

Le Reiki pour tous

Le Reiki est l'un des outils utilisables en tant que guide à travers la vie. Sa simplicité le rend accessible à tout un chacun et son absence de dogme signifie qu'il peut être pratiqué par tous, quelles que soient leurs convictions religieuses. Le Reiki favorise la santé physique, la clarté mentale, l'avancée spirituelle et peut être intégré dans tout mode de vie. De plus, on peut pratiquer le Reiki partout. On n'est jamais séparé de lui.

À DROITE. Le Reiki nous permet d'assumer la responsabilité pour notre vie et de nous charger en pouvoir. Qui plus est, son pouvoir curatif est disponible à tout moment et en tout endroit.

Le Reiki dans la vie quotidienne

Il faut de l'audace pour pratiquer le yoga ou le chi kung en allant en train vers son travail. Toutefois, un praticien du Reiki peut toujours pratiquer un autotraitement où qu'il soit, et nul ne le remarquera. Assis tranquillement, mains sur les cuisses ou dans son giron, on peut employer le temps quotidien de transport comme une occasion pour se soigner soi-même. On peut utiliser le Reiki de la même manière discrète au travail pour stimuler son énergie en train de s'affaiblir ou pour se calmer lors d'une situation stressante. On peut même envoyer le Reiki vers les conflits de travail. C'est là un des bénéfices de l'intégration du Reiki dans la vie quotidienne.

Flexibilité

Le système est si souple, avec tellement de manières de l'incorporer dans le mode de vie, qu'on pourra toujours trouver une approche appropriée. Il n'y a pas de règles enjoignant de « faire » une chose ou une autre, mais l'individu est aux contrôles. On peut inclure des méditations et des psalmodies, en plus de se soigner soi-même, mais c'est à l'individu de décider quand et où. Le Reiki n'impose rien. On assume la responsabilité pour sa pratique et on développe celle-ci à son propre rythme.

De plus, le Reiki peut être appliqué à un extraordinaire nombre de facettes de la vie. On peut administrer le Reiki à tous les membres de sa famille, y compris à ses animaux de compagnie, comme le montrent les chapitres suivants. On peut administrer le Reiki à sa nourriture, qu'on soit dans un restaurant ou à la maison. Cela élèvera les vibrations des aliments et améliorera leur valeur nutritionnelle. La maison peut aussi subir des traitements de Reiki, de même que les équipements ménagers, comme le lave-linge ou l'ordinateur. Toute personne et tous objets de l'environnement immédiat peuvent être inclus dans cette pratique.

L'individu est au centre

Il est important de se souvenir de rester au centre de la pratique. Se fortifier soi-même changera la manière dont on perçoit le monde. Les relations familiales s'amélioreront ou se régleront d'elles-mêmes pour le plus grand bien de tous. Les problèmes disparaîtront à mesure du changement de la perspective à leur sujet. On dispose maintenant d'un outil de travail, de sorte qu'en étant confronté à un problème, si banal soit-il, on aura la confiance de croire que le résultat sera parfait pour sa vie.

À DROITE. Le Reiki est un système flexible, qui place l'individu au centre, et qu'on peut développer à son propre rythme.

Douche énergétique

L'exercice suivant est l'un de mes préférés du chi kung, mais peut être utilisé par les praticiens du Reiki pour stimuler et purifier leur énergie tous les jours en quelques minutes. Le chi kung l'appelle « Douche de lumière ». C'est une merveilleuse manière de purifier votre corps avec de l'énergie, après l'avoir nettoyé avec de l'eau. Les praticiens du Reiki doivent avoir l'intention que l'énergie Reiki circule à travers leurs mains lorsqu'ils pratiquent cet exercice.

1 Tenez-vous debout, colonne vertébrale droite, épaules tombées et corps détendu. Bras sur les côtés, tournez vos paumes vers l'extérieur et vers le haut. En inspirant, commencez à lever lentement vos bras, toujours sur les côtés.

2 Continuez à lever les bras jusqu'à les porter au-dessus de votre tête. Gardez-les détendus et arrondis tout ce temps. (C'est mieux si vous arrivez à achever les étapes 1 et 2 sur l'inspiration. Toutefois, si vous n'y parvenez pas dès le début, mieux vaut expirer quand vous avez besoin, au lieu de retenir votre souffle.)

1

2

3

4

5

3 Quand vos bras sont au-dessus de la tête, percevez la connexion avec l'énergie Reiki à travers vos paumes, et imaginez que davantage d'énergie pénètre dedans en venant du ciel.

4 En expirant, posez lentement vos mains, paumes tournées vers l'intérieur, sur le sommet de votre tête, devant votre visage et devant la poitrine, jusqu'à arriver au nombril.

5 Visualisez l'énergie éliminer toute énergie nuisible. Répétez l'ensemble de la séquence de 4 à 6 fois.

Le Reiki et la médecine occidentale

Le Reiki est en essence un complément de la médecine occidentale, autrement dit, il agit de concert avec elle pour soutenir les traitements conventionnels. On n'a pas à choisir l'un ou l'autre. En tant que praticien du Reiki, attention à ne jamais suggérer que celui-ci est un substitut du traitement médical, indifféremment de vos convictions personnelles.

Vous ne devez pas non plus tenter de poser un diagnostic médical. Même si je suis convaincue qu'il est important pour un praticien du Reiki d'avoir des connaissances médicales de base, ainsi qu'être familiarisé avec l'anatomie et la physiologie, nous ne sommes pas qualifiés pour dire à autrui qu'il est malade, même si cela est évident. Si un praticien pense que son client souffre d'une affection non diagnostiquée, il doit trouver un moyen de suggérer à celui-ci, sans l'alarmer, de consulter un médecin.

Affections et traitements spécifiques

De même, si une personne demande un traitement pour une affection spécifique, découvrez si elle suit un traitement médical, et dans le cas contraire, suggérez-lui de consulter d'abord un médecin. Bien que les praticiens du Reiki ne soient pas obligés de noter les histoires médicales détaillées de leurs clients comme le font les autres thérapeutes, c'est une très bonne idée de discuter, spécialement à propos des affections chroniques telles que le diabète, car le traitement Reiki peut affecter le taux d'insuline.

Si le client prend des médicaments, vérifiez leur action et leurs possibles effets secondaires. Toutefois, vous ne devez jamais discuter la justesse du traitement ou conseiller une modification du dosage. Si vous traitez régulièrement des gens, achetez un bon guide des médicaments et familiarisez-vous avec ceux le plus souvent prescrits pour les affections ordinaires.

Travailler avec les hôpitaux

Ces dernières années, le Reiki s'est frayé un chemin dans les hôpitaux de plusieurs pays, et certains médecins connaissent les bénéfices qu'il peut offrir aux patients souffrant d'affections chroniques et de maladies en phase terminale, ainsi qu'à ceux se remettant après une opération. Il est merveilleux de voir des guérisseurs employés par les services de santé. Toutefois, comme cette approche est encore limitée, les praticiens du Reiki peuvent toujours travailler bénévolement.

À DROITE. Bien que les praticiens du Reiki ne posent pas de diagnostic médical, il est intéressant de noter l'histoire médicale de base du client.

TROISIÈME PARTIE

Les trois degrés du Reiki

Le Premier degré

Faire le premier pas de votre voyage avec le Reiki ouvre un nouveau monde d'expériences de guérison, allant de l'autoguérison et de la guérison des autres à la guérison de votre maison et du monde entier.

Choisir un maître de Reiki

Dans la plupart des cas, les gens choisissent leur maître de Reiki sur la recommandation d'amis. C'est là une manière tout à fait fiable, mais on doit se souvenir que les besoins et les convictions des amis ne sont pas les mêmes que les vôtres. Beaucoup de gens trouvent leur instructeur grâce à un certain synchronisme les conduisant à la bonne personne au bon moment. Comme pour d'autres voies spirituelles, ce genre de « coïncidence » arrive tout le temps avec le Reiki.

Ma propre expérience quant à trouver un maître de Reiki comporte un fort élément de synchronisme. Une amie m'a prêté un livre de Reiki qu'elle venait de recevoir de sa sœur qui vivait en Inde. C'était *Empowerment through Reiki* de Paula Horan, l'un des premiers livres traitant du Reiki. Je l'ai lu et j'ai su immédiatement que je voulais apprendre cette pratique. Toutefois, ni moi ni mon amie ne savions pas où trouver un instructeur dans notre région. J'étais sûre d'en trouver un, même si aucun répertoire ne les mentionnait.

Deux semaines plus tard, en entrant dans la pharmacie locale comportant un département de remèdes naturels, mon regard a été attiré par un magazine. Je l'ai acheté et dans les petites annonces j'ai trouvé celle d'une maître de Reiki proposant des traitements et des cours. J'ai pris immédiatement un traitement avec elle. Je n'ai pas suivi ses cours de Premier degré, car certaines de ses convictions me gênaient, mais j'ai continué à chercher un instructeur. En appelant diverses organisations, j'ai fini par trouver mon premier instructeur.

Pratiquez chez vous

Si vous cherchez un instructeur de Reiki, il est important de regarder les nombreuses approches différentes du système de Reiki, et de décider lequel vous convient. Il est également important de parler à l'instructeur avant de suivre ses cours. Un instructeur que vous pensez pouvoir respecter et auquel vous fier sera toujours meilleur pour vous qu'un autre, qui vous met mal à l'aise. Vous devez vous sentir en sécurité lors du voyage dans lequel vous êtes sur le point de vous embarquer. Il n'y a pas de raison de choisir un instructeur ne vous convenant pas seulement parce que quelqu'un vous a dit qu'il est le meilleur. Vous trouverez le meilleur instructeur pour vous en tant qu'individu – ou, comme on dit, « le maître trouvera le disciple ».

À DROITE. En choisissant un instructeur de Reiki il est important de vous sentir à l'aise avec lui et de vérifier que ses convictions sont compatibles avec les vôtres.

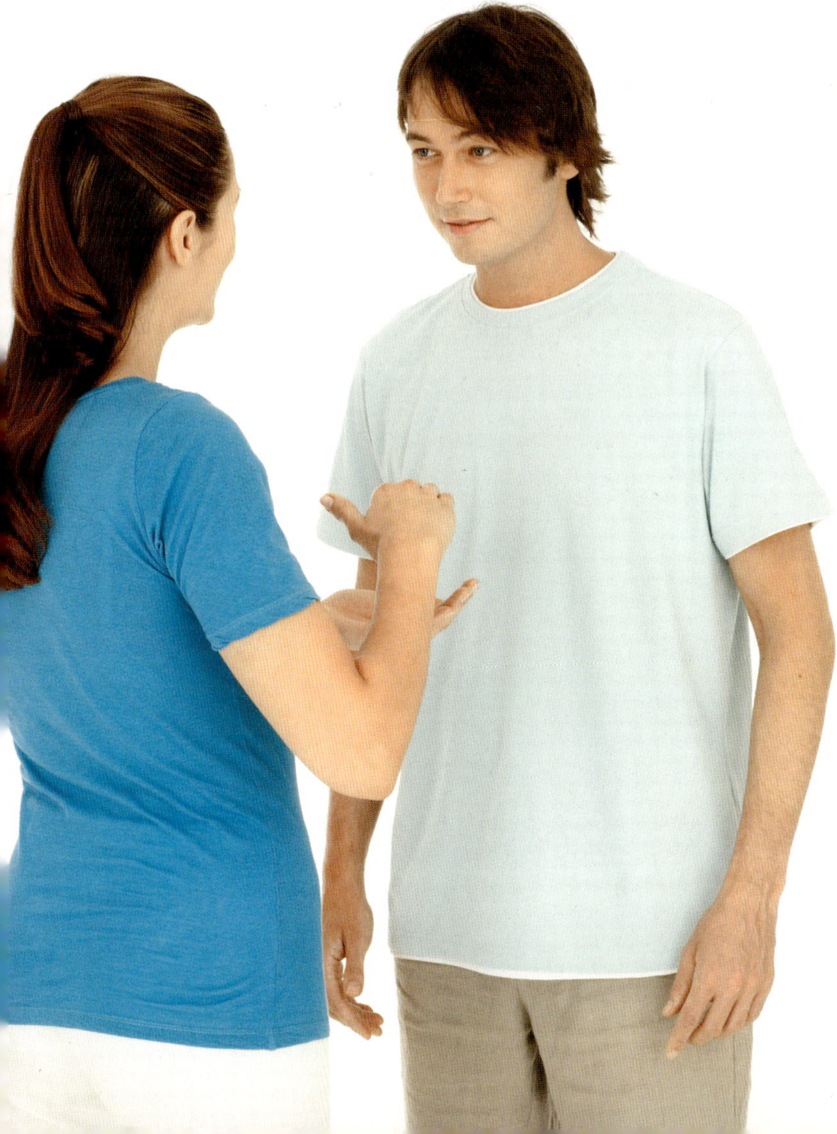

Expériences de guérison et réactions

L'expérience du traitement Reiki d'une personne et la manière dont elle réagit lui sont spécifiques. Donc, si vous débutez quant aux traitements à administrer aux autres, ne vous attendez pas à voir une réaction uniforme. Ne vous attendez pas non plus à ce que votre expérience de channelling de l'énergie soit identique à chaque fois.

Ma première expérience des variations de l'énergie a pris place quand mon instructrice a demandé des volontaires pour l'aider à administrer le Reiki lors d'un salon. Je travaillais avec une praticienne expérimentée quand un homme s'est approché du stand et a demandé un traitement. Lorsque j'ai mis les mains sur ses épaules pour me connecter avec son énergie, j'ai pensé que la forme de celle-ci était différente de toutes celles que j'avais connues auparavant. Quand j'ai visualisé l'énergie, j'ai vu des pics irréguliers, alors que chez d'autres j'avais toujours visualisé des ondes arrondies. J'ai parlé ensuite à l'autre praticienne. Elle m'a demandé s'il s'agissait du premier homme auquel j'avais administré le Reiki, ce qui était le cas. Selon elle, je voyais une énergie masculine très intense, qui contrastait fortement avec l'énergie féminine à laquelle j'étais habituée.

Tous les gens ne percevront pas de la même façon la différence entre l'énergie masculine et l'énergie féminine. Mon expérience m'a assurément été utile en m'enseignant que je devais m'attendre à trouver des différences entre les gens et entre les traitements.

Certains semblent absorber l'énergie et circuler avec elle durant un traitement, chez d'autres vous percevez une résistance et une opposition. Nombre de personnes ont des expériences visuelles extraordinaires, d'autres éprouvent de fortes sensations physiques. Certains voient des couleurs changeantes, d'autres ne se souviennent pas de ce qu'ils ont ressenti. Quelle que soit l'expérience, vous pouvez être certain que la personne reçoit une guérison – peut-être pas de la manière que lui ou vous attendez, car même si on ne doit pas avoir des attentes quant au processus, très souvent on le fait.

Les attentes limitent la guérison. Dans l'enfance, on apprend en utilisant le mental logique : si on touche quelque chose de chaud, on sera brûlé, donc on évite de répéter l'expérience. Quand on en vient à la guérison, on ne peut pas appliquer la même logique. Supposez que vous traitez une affection spécifique et observez une réaction particulière. La tentation de la logique est de chercher une réaction similaire la fois suivante que vous traitez le même état. Toutefois, la guérison est unique à l'individu et exige de garder le mental ouvert.

À DROITE. Quand vous administrez le Reiki à quelqu'un, mieux vaut ne pas avoir d'attentes sur la manière dont il réagira.

CI-DESSUS. L'histoire de Rose illustre la guérison spectaculaire dont certaines personnes font l'expérience.

Étude de cas : l'histoire de Rose

Chez certaines personnes, l'expérience de guérison est immédiate et spectaculaire, apparaissant souvent comme une révélation. L'histoire de Rose est un exemple.

Rose, la soixantaine, avait élevé une famille pratiquement seule. Elle visitait sa fille, propriétaire d'un salon de beauté où j'avais une salle de traitement. Un jour, je lui ai demandé si elle voulait essayer un traitement. Elle ne savait rien sur le Reiki, mais encouragé par sa fille, avait accepté de faire un essai. Elle m'avait expliqué souffrir d'un problème de la hanche qui devait être opéré bientôt.

Quand je suis arrivée derrière son chakra du cœur, j'ai perçu un brusque changement de l'énergie. En gardant mes mains là, j'ai senti quelqu'un derrière moi m'entourer de ses bras et placer ses mains sur les miennes. À ce moment-là, je me suis sentie absolument sûre que ces mains appartenaient à Jésus. Tout d'un coup, il y a eu une très intense sensation de libération de l'énergie, et je me suis sentie guidée à continuer le mouvement de mes mains.

En arrivant à la dernière position des mains, une main sur la hanche de Rose, l'autre sur la plante de son pied, sa hanche m'a semblé se dissoudre sous mes mains et j'ai eu l'impression que ma main la traversait carrément. À la fin du traitement, nous n'avons pas parlé de ce qui était arrivé et Rose est allée se reposer.

Environ une heure plus tard, la fille de Rose est venue me raconter ce qu'avait senti sa mère. Lorsque mes mains reposaient sur l'arrière de son chakra du cœur, elle avait ressenti un pardon complet envers son mari qui l'avait quittée. Toute la colère et l'amertume l'avaient quittée à ce moment-là.

Rentrée à la maison, elle s'était mise en quête d'un cours de Reiki. Qui plus est, sa hanche ne lui posait plus les mêmes problèmes. En un seul traitement, Rose avait transformé sa vie et puisé, selon moi, dans ses convictions catholiques pour recevoir l'énergie curative de Jésus.

Voilà comment chaque personne attire précisément ce dont il a besoin du Reiki. C'est aussi un exemple de la manière dont il travaille avec les autres systèmes de croyances.

Utiliser le Premier degré

Le Premier degré de Reiki peut être utilisé de bien des manières. La seule chose impossible à ce niveau est l'envoi de la guérison à distance (apprise au Deuxième degré). Par conséquent, pour beaucoup le Premier degré est suffisant en soi.

Le Premier degré de Reiki peut servir à :

- l'autoguérison
- la guérison d'autres personnes
- la guérison des animaux et des plantes
- amener l'énergie autour de vous
- charger en énergie aliments et boissons.

Autotraitement

L'autoguérison est le plus important premier pas au Reiki, car sans vous guérir vous-même vous ne pouvez pas guérir les autres. Vous administrer quotidiennement un traitement Reiki est une partie essentielle de ce processus. Je demande toujours aux élèves de le faire chaque jour pendant les 21 premiers jours suivant leur cours de Premier degré. Bien entendu, ce serait bien qu'ils continuent ces autotraitements quotidiens après cette période, mais je comprends que tous n'ont pas le temps pour ce faire. La période de 21 jours après un cours est la plus importante pour éliminer l'énergie usée et se rééquilibrer soi-même.

Les positions des mains pour un autotraitement sont présentées dans la Quatrième partie. Chaque position doit être maintenue pendant environ 3 à 5 minutes. Si vous devez maintenir une position pendant plus longtemps, laissez-vous guider par votre intuition. Si vous n'avez pas le temps pour un traitement quotidien complet, un peu de Reiki vaut mieux que pas de Reiki du tout. Plus vous vous administrez du Reiki, plus cette énergie et la durée de maintien de cette position vous deviendront familières.

Soyez à l'aise en vous administrant un traitement. Votre lit ou le canapé conviennent très bien. Certains aiment se traiter avant de sortir du lit, d'autres préfèrent le faire avant de s'endormir. Tout dépend de ce qui vous convient. Cependant, si vous choisissez l'autotraitement le soir, il se peut que vous vous endormiez avant de l'avoir achevé.

Les effets de l'autotraitement sont cumulatifs. Plus votre pratique est régulière, plus vous en ressentirez les bienfaits. À certains moments, vous n'aurez pas envie à vous administrer du Reiki. C'est normal, mais si cette attitude persiste, prenez un moment à réfléchir à ce que cela cache. Il se peut que vous pensiez ne pas mériter d'avoir du temps pour vous ou que vous laissez la vie vous dicter un rythme

À DROITE. Les autotraitements peuvent vous charger en énergie et vous guérir. Ils aident aussi à mieux comprendre l'énergie.

que vous préféreriez ne pas suivre, mais dont vous n'arrivez pas à sortir. Quelle qu'en soit la raison, ne vous sentez pas coupable – admettez-la et reprenez la pratique.

Objets inanimés et problèmes personnels

Deux aspects du travail avec le Premier degré, probablement moins abordés que les autres, sont les objets inanimés et les problèmes personnels. Ce dernier est traité davantage au Deuxième degré, mais on arrive à travailler avec lui au Premier degré.

Reiki pour des objets inanimés

Les gens tendent à rire si vous parlez d'administrer le Reiki à votre ordinateur ou réfrigérateur. Mais cela fonctionne, et n'est pas bizarre si on pense à la nature de l'énergie présentée dans la Première partie. Tout vient de la même énergie, y compris les composantes d'un lave-linge. Elles vibrent juste à un taux différent de la matière animale.

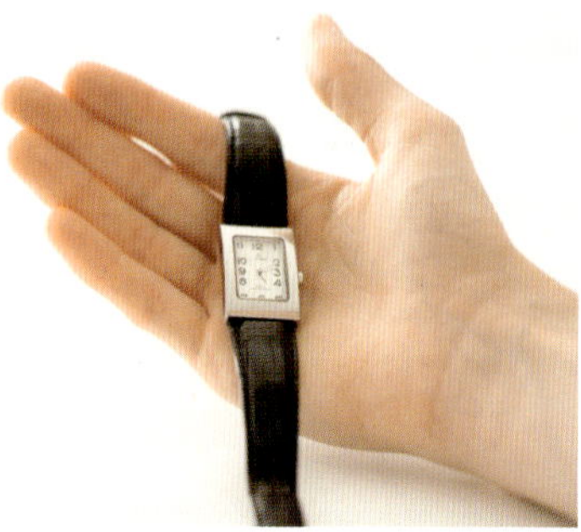

Si l'un de vos appareils ménagers tombe en panne, placez vos mains dessus et laissez circuler le Reiki. Essayez d'envoyer cette énergie avec gratitude pour le service rendu, pas avec colère pour la panne. Vous devez administrer le Reiki sans attendre un résultat particulier. Bien entendu, l'objet devra être réparé ou remplacé, mais quelque part dans la situation une guérison prend place.

Reiki pour des problèmes personnels

À une réunion suivant mon cours de Premier degré, l'une des élèves m'a raconté qu'elle essayait de vendre sa maison depuis des mois, sans résultat. Maintenant, après avoir administré le Reiki aux murs, elle avait quelques acheteurs potentiels.

L'instructeur de Reiki nous a dit que même au Premier degré nous pouvons administrer le Reiki aux problèmes, en notant ceux-ci sur un bout de papier tenu à la main. Soyez précis et positif dans cette affirmation. Par exemple, écrivez toujours « Je veux » au lieu de « Je ne veux pas ». Vous devez aussi être ouvert. Si vous voulez une nouvelle relation, ne précisez pas la personne concernée. J'ajoute toujours à la fin : « Que cela ou quelque chose de mieux arrive maintenant de manière harmonieuse pour le bien de tous ceux concernés ».

À GAUCHE. En administrant le Reiki à un objet, envoyez l'énergie avec gratitude pour le service rendu.

À DROITE. Notez le problème sur un bout de papier et envoyez le Reiki à la situation avec l'intention que celle-ci soit guérie.

Ancrer votre énergie

En travaillant avec l'énergie, il est important de savoir comment ancrer votre énergie. Si vous enseignez aux autres ou administrez des traitements, vous devez pouvoir montrer comment le faire. Vous devez aussi être capables de voir quand autrui a besoin d'ancrage.

L'un des symptômes du manque d'ancrage est une sensation d'étourdissement ou une impression de sortir de son corps. Tout cela est causé par la connexion déficiente à l'énergie terrestre. Une manière de s'ancrer est de se tenir dans l'herbe ou sur le sol pieds nus, aussi souvent que possible (voir pages 108 et 109). Toutefois, après avoir administré un traitement Reiki ou reçu une harmonisation, cela peut ne pas suffire.

Exercice de visualisation

J'utilise l'exercice suivant pour s'ancrer et je l'enseigne dans mon cours de Reiki. Lisez plusieurs fois attentivement les instructions ou demandez à un ami de vous les lire pendant vos premières tentatives, ou enregistrez-les pour pouvoir les écouter en pratiquant. Ne vous inquiétez pas si vous ne pouvez pas « voir » tout tel que décrit.

1 Trouvez une chaise à dossier droit ou un tabouret permettant de vous asseoir, pieds à plat sur le sol. Retirez vos chaussures, mais gardez vos bas si vous avez froid.

2 Fermez les yeux et respirez à fond trois fois. Visualisez une corde tombant de l'extrémité de votre colonne vertébrale, traversant le plancher et pénétrant dans le sol à travers des strates de roches, jusqu'au centre de la terre. Ancrez là votre corde.

3 Imaginez qu'il y a deux trous dans la plante de vos pieds, par lesquels sort une boue épaisse, brun rougeâtre, circulant dans la partie inférieure de votre corps jusqu'à la taille. Laissez cette énergie circuler jusqu'à ce que votre corps semble plus lourd.

4 Visualisez un point éloigné dans le ciel depuis lequel descend un rayon de lumière blanche pour se connecter avec un point situé au sommet de votre tête. Percevez cette lumière pénétrant par ce point dans votre tête et dans la partie supérieure du corps, le purifiant et le faisant sembler plus léger.

5 Percevez les deux énergies différentes circuler simultanément. Finissez en touchant le plancher de vos mains et laissant tout excès d'énergie revenir dans le sol.

Guérir votre maison avec le Reiki

C'est seulement en arrivant au Deuxième degré que j'ai vraiment réalisé toutes les possibilités de l'utilisation du Reiki dans la maison. Je l'avais déjà utilisé sur les objets inanimés, comme ma montre et mon ordinateur, mais je ne savais pas comment m'en servir pour remplir mon environnement, en dehors des techniques suggérées au Premier degré, qui ne m'avaient pas beaucoup aidée à réaliser ce que je voulais.

J'ai lu des livres traitant de l'espace sacré et des techniques de purification de l'espace. Une fois le Deuxième degré atteint, j'ai créé des manières de combiner certaines de ces techniques avec les symboles Reiki en tant qu'éléments de mes tâches ménagères quotidiennes, avec d'excellents résultats. Toutefois, plus j'ai travaillé avec l'énergie, plus j'ai réalisé que je n'avais pas besoin du Deuxième degré

À DROITE. Le sel sert à la purification dans de nombreuses cultures. Utilisez-le pour purifier votre maison et votre aura.

CI-DESSOUS. Pour guérir une pièce, tracez les symboles Reiki en son centre et ses coins, ou visualisez votre maison remplie de cette énergie.

pour purifier l'énergie de ma maison, et que je pouvais y parvenir parfaitement avec le Premier degré.

Après avoir nettoyé physiquement la maison, vous pouvez la nettoyer énergétiquement. Pour ce faire, parcourez chaque pièce et tracez le symbole CKR (voir pages 166 et 167) dans tous les coins. Si vous le désirez, tracez aussi le symbole au centre de la pièce et visualisez tout l'espace se remplissant de Reiki. Parcourez chaque pièce avec un bâtonnet de fumigation, en faisant attention à ses coins où l'énergie tend à se bloquer. C'est une technique similaire à la purification de l'aura avec un bâtonnet de fumigation (voir pages 124 et 125).

Si vous n'avez pas atteint le Deuxième degré, utilisez l'intention et la visualisation pour remplir votre maison de Reiki. Levez la paume dans les coins de la pièce et imaginez l'énergie circuler depuis votre main, purifiant la zone.

Utiliser le sel marin

Une autre pratique contribuant à la purification de l'énergie parsème les coins de la pièce de sel marin pur (la pièce est nettoyée d'abord). Le sel doit être balayé par la suite et jeté. Si vous regardez le sumo japonais, vous avez dû voir que les adversaires jettent du sel dans l'espace de combat afin de le purifier et éliminer toute vibration négative des combats précédents. Le sel est connu pour ses qualités purifiantes. Versé dans le bain, par exemple, aide à purifier l'aura, l'ancre et guérit les blessures ouvertes.

Guérir le monde avec le Reiki

Il y a toujours des troubles quelque part dans le monde. Les guerres et la famine prennent des milliers de vies tous les jours, et seule une minorité de la population mondiale n'en fait pas l'expérience directe durant sa vie. Néanmoins, même ceux qui ne sont pas directement affectés vivent dans un climat de peur. Des messages quotidiens sont transmis par divers médias à propos de la menace du terrorisme, de la récession économique et du désastre environnemental. Le dommage de l'environnement est le seul que nous pouvons contrôler dans une certaine mesure par des efforts individuels pour arrêter la profanation de la planète.

Nous pouvons faire une contribution positive à la résolution de tous ces problèmes que le monde affronte en leur envoyant l'énergie de guérison, quel que soit le degré de Reiki pratiqué. Si vous avez le Premier degré, utilisez la même méthode que celle pour les problèmes personnels. Notez la situation sur un bout de papier, tenu à la main. Visualisez la situation et pensez à l'intention que la guérison apparaisse et offre une solution pour le plus grand bien de tous. Ne demandez pas un résultat particulier, qui risque de ne pas bénéficier à tous. Bien qu'il puisse sembler contraire à la logique que la perte de vies est un bienfait, nous ne pouvons pas essayer d'anticiper l'univers. Nous pouvons seulement aider en envoyant l'énergie soutenir le meilleur résultat possible. Si vous avez atteint le Deuxième degré, utilisez le symbole CKR (voir pages 166 et 167) pour intensifier l'énergie, de concert avec le symbole HSZSN (voir pages 170 et 171), qui ajoutera une autre dimension à la guérison.

Une autre solution est de former un groupe avec d'autres praticiens du Reiki et d'envoyer régulièrement le Reiki aux situations globales et locales. Les groupes de thérapeutes travaillant avec la lumière ou l'énergie se rencontrent régulièrement sur toute la planète pour lui envoyer une guérison, et cela depuis des années. Nous pouvons tous faire partie de ce réseau énergétique qui soutient avec amour le monde.

La Grande invocation

Bien que l'invocation ci-contre ne soit pas, à strictement parler, une partie du Reiki, elle exprime le merveilleux sentiment que nous devons guérir le monde avec de l'énergie. Cette variante de la prière a été canalisée par Alice Bailey, ésotériste, dans les années 1940. Même si elle se réfère au Christ, celui-ci représente tous les maîtres spirituels – n'appartenant donc à aucune religion en particulier.

À DROITE. En se réunissant en groupes et en envoyant le Reiki aux problèmes du monde, nous pouvons jouer un rôle dans la résolution des conflits et soutenir avec amour le monde.

À partir du point de lumière de l'esprit de Dieu
Laisse la lumière se déverser dans le mental humain
Laisse la lumière descendre sur la Terre.

À partir du point d'amour du cœur de Dieu
Laisse l'amour se déverser dans le cœur humain
Puisse le Christ revenir sur la Terre.

À partir du centre où la volonté de Dieu est connue
Laisse l'objectif guider la volonté humaine
L'objectif que les maîtres connaissent et servent.

À partir du centre que nous appelons la race humaine
Laisse le plan de l'amour et de la lumière se dérouler
Et puisse-t-il sceller la porte de la demeure du mal.

Laisse l'amour, la lumière et le pouvoir rétablir le Plan sur la Terre.

D'après la Variante d'Alice Bailey

Le Deuxième degré

Le désir d'avancer votre pratique du Reiki vous met davantage en contact avec les mystères de l'énergie et les manières dont il transcende nos idées de temps et d'espace.

Développer votre pratique

Le désir d'avancer et d'en savoir plus est naturel. Le Reiki est enseigné à trois niveaux, mais la décision d'avancer, et quand, doit être prise par l'élève et l'instructeur.

Dans l'idéal, la décision de progresser du Premier au Deuxième degré reflète l'engagement de l'élève de s'impliquer davantage avec le Reiki et de changer sa vie. Autrement dit, ce doit être une décision consciente, pas automatique, car l'harmonisation fait passer les gens par des processus fortement connectés à leur être mental et émotionnel, et ils entrent dans un processus de purification à ce niveau. Ce n'est pas toujours une expérience agréable. L'instructeur doit aussi être capable de soutenir les élèves qui constatent que des blessures et une colère depuis longtemps refoulée émergent et les submergent. Cette purification en profondeur est très bénéfique à long terme, mais les élèves doivent être préparés et guidés à travers elle. C'est l'une des raisons des périodes passant entre les degrés, bien que nombre d'instructeurs ne respectent plus cette convention, qui me semble nécessaire.

Prenez votre temps

Beaucoup d'instructeurs, toutefois, ont des règles sur l'harmonisation au Deuxième et au Troisième degré. Par exemple, quand j'ai découvert le Reiki en 1992, les instructeurs du Usui Shiki Ryoho insistaient sur une période d'au minium trois mois entre le Premier et le Deuxième degré. Actuellement, il est assez habituel de procéder aux deux dans le même week-end, mais toutes les écoles de Reiki ne s'y prêtent pas.

Bien que je travaille comme instructrice « indépendante » de Reiki, je pense qu'il y a une bonne raison de suivre certaines des règles les plus orthodoxes et de respecter cette période minimale. D'abord, elle laisse le temps de s'adapter à la nouvelle énergie et d'apprécier les changements. Ensuite, cela donne le temps de comprendre davantage la manière dont travaille l'énergie avant d'approfondir le processus.

Nous vivons dans un monde rapide et nous attendons des résultats instantanés. Si on pense aux années de formation de Mikao Usui avant qu'il arrive à la création du système Reiki, cela devrait faire réfléchir à notre besoin de solutions express et au besoin de laisser la pratique du Reiki s'intensifier lentement mais sûrement.

À DROITE. Dans un monde de solutions express, il est plus efficace de développer la pratique Reiki à une allure plus lente.

La signification des symboles

La deuxième partie a présenté l'utilisation universelle des symboles, ainsi que des aspects du débat des écoles de Reiki à propos de ces symboles (voir page 94). Dans cette partie, nous examinerons chacun des symboles, ainsi que la manière de les utiliser et de méditer dessus.

Les symboles ne faisaient à l'origine pas partie du système de Reiki de Mikao Usui. Selon les sources japonaises, celui-ci a introduit les symboles seulement lorsqu'il avait commencé à enseigner le Reiki à des personnes qui ne suivaient aucune pratique spirituelle, autrement dit, en tant qu'aide au développement spirituel. Ils devaient agir comme point focal du mental, d'une manière similaire aux mantras. Les symboles d'Usui combinent une concentration visuelle et orale, bien que dans la tradition occidentale l'accent aille davantage sur l'aspect visuel.

Les instructeurs des diverses écoles ont des opinions différentes sur la signification des symboles. Le principal enseignement est que les symboles accroissent le pouvoir du Reiki qu'une personne canalise. Une vision plus proche de l'intention originale de Mikao Usui est que les symboles n'ont pas de pouvoir propre mais agissent comme point focal de l'intention de l'individu.

Utiliser les symboles

Nous devons nous connecter à chaque symbole et à l'aspect de l'énergie Reiki qu'il manifeste. Si ce processus est combiné avec une compréhension interne de la vibration de son mantra, nous pouvons nous dispenser des symboles et nous concentrer simplement sur la manifestation de l'énergie connectée à chacun d'entre eux. C'est assez compliqué et un praticien devra parfois passer des années de méditation sur chaque symbole avant d'y parvenir. Quatre symboles principaux sont enseignés par la majorité des écoles. Beaucoup de nouveaux symboles sont apparus, canalisés par les fondateurs de certains nouveaux systèmes Reiki.

Secret des symboles

Comme mentionné en page 94, une notion de secret entoure les mantras et les symboles, si bien qu'ils ne sont pas publiés ici. Toute personne harmonisée au Deuxième degré doit connaître les symboles et les mantras et sera capable de suivre les instructions d'utilisation des pages suivantes.

À DROITE. Les symboles agissent comme un point focal pour le mental et sont donc une aide au développement spirituel.

Percevoir l'énergie des symboles

Cet exercice vous aidera à travailler avec les symboles en méditant. Si vous vous sentez étourdi ensuite, vous devez ancrer votre énergie. Vous pouvez utiliser l'exercice des pages 152 et 153, ou toute autre technique qui fonctionne pour vous. Vous devez pratiquer cette méditation pour des périodes plus brèves si elle perturbe votre ancrage.

D'habitude, les symboles sont tracés de la main, paume tournée vers l'extérieur. Certains préfèrent utiliser leur index, ou l'index et le médius joints pour les dessiner dans les airs. Vous pouvez aussi les visualiser sans aucun mouvement des mains, ou les tracer sur le palais avec la langue. Ces deux dernières techniques sont manifestement utiles quand vous voulez utiliser les symboles discrètement, peut-être simplement parce que vous vous trouvez dans un lieu public.

Finalement, vous pouvez visualiser les symboles en couleur quand vous méditez dessus. La couleur peut apparaître spontanément. Il est intéressant de tenir un journal (voir page 90) où noter la relation entre les changements de couleur et les qualités de l'énergie.

1

1 Asseyez-vous en une posture de méditation et respirez dans le *hara* jusqu'à ce que votre corps se détende complètement.

2 Levez la main droite, paume plate tournée vers l'extérieur. Tracez les symboles dans l'air et répétez à haute voix trois fois le mantra du symbole. Visualisez les symboles là où vous les avez tracés, ou mentalement. Continuez à répéter le mantra sur l'expiration. Pratiquez de 5 à 10 minutes, augmentant peu à peu la durée de concentration.

2

Symbole 1 – CKR

La forme de ce premier symbole, du moins en partie, est présente dans des cultures extérieures au Japon. Une de mes élèves m'a amené dans une célèbre cathédrale d'Angleterre, datant du Moyen Âge, pour me montrer ce symbole gravé sur des parties de la maçonnerie intérieure. Le symbole est aussi visible dans les cultures hindoue et celte.

La caractéristique de l'énergie associée au symbole est le pouvoir dans les écoles occidentales et point focal dans les enseignements japonais. Rappelez-vous que ce que nous tenons pour le nom du symbole est en fait le mantra associé. Répété, celui-ci manifestera la même vibration que le symbole visuel. Ce symbole n'a pas de nom et on doit s'y référer comme étant le Symbole 1.

Dans les enseignements japonais ayant influencé Usui, ce symbole est aussi associé à l'énergie de la Terre dans laquelle nous devons être ancrés. C'est également l'énergie trouvée dans le *hara*, unique à la personne depuis le moment de sa conception. C'est sa connexion avec la force de vie universelle. Vous connecter à ce symbole en méditant dessus vous aidera à accroître cette énergie.

Ce premier symbole est probablement le plus largement utilisé et le plus polyvalent des trois symboles enseignés au Deuxième degré. Cela est dû au fait qu'il concentre l'énergie Reiki sur un objectif d'une manière l'intensifiant. Son action peut être comparée au fait de pointer un rayon lumineux ou un laser sur quelqu'un.

Vous pouvez visualiser le symbole de toute taille. Par exemple, je le visualise couvrant toute ma maison pour la protéger, spécialement quand je sors.

Le symbole peut être utilisé indépendamment, de même que les autres. Certains enseignements suggèrent qu'il est nécessaire de se servir de ce symbole pour activer les autres, mais ce n'est pas le cas. Il peut, bien entendu, être utilisé en combinaison avec les autres.

Le mantra – CKR

Lorsque vous utilisez le mantra en conjonction avec le symbole, répétez-le toujours trois fois. Inutile de connaître la signification littérale du mantra, car le pouvoir se trouve dans la vibration du son émis quand il est récité à haute voix. Effectivement, connaître la signification est une distraction mentale. Toutefois, pour répondre aux questions concernant sa signification, les traductions varient de « accroissement du pouvoir » à « esprit venant directement de l'existence suprême ».

À DROITE. Le premier symbole connecte à la force de vie universelle à travers l'énergie de la Terre et l'énergie du *hara*.

Symbole 2 – SHK

Comme le Symbole 1, celui-ci est pur et associé au bien-être émotionnel et mental dans les enseignements occidentaux et à l'harmonie dans la tradition japonaise. Les deux le décrivent bien, car il confère paix au mental et équilibre émotionnel.

À la différence du Symbole 1, celui-ci puise dans l'énergie du ciel, qu'on pourrait aussi appeler lumière. Utiliser cette énergie aide à développer des facultés intuitives et psychiques, signe de son association avec le mental. Il connecte aussi à l'énergie du moi supérieur ou de l'esprit supérieur.

Il est bénéfique de tracer et de visualiser ce symbole quand vous avez besoin de plus de clarté mentale à propos d'une situation. On le trace sur le chakra du troisième œil tant pour l'autoguérison que pour traiter les autres gens. C'est ainsi qu'il est enseigné traditionnellement. Lorsqu'on envoie une guérison à distance, il est utile de se concentrer davantage sur ce symbole quand la personne le recevant semble affligée mentalement ou émotionnellement.

L'énergie de ce symbole est plutôt subtile et sera plus difficile à discerner que celle des deux autres symboles enseignés là. Pour cette raison, les élèves risquent de ne pas lui accorder assez d'attention. Toutefois, persévérer avec ce symbole apporte sa propre récompense en fonction de ce dont vous avez besoin au moment voulu. On peut l'utiliser de concert avec le Symbole 1 si vous voulez intensifier le processus de purification émotionnelle.

À GAUCHE. Le deuxième symbole est associé à l'énergie du ciel/lumière et connecté au moi supérieur.

Le mantra – SHK

Comme déjà mentionné, en utilisant le mantra avec le symbole, répétez-le trois fois. Si vous désirez travailler seulement avec le mantra, vous pouvez le psalmodier à répétition comme décrit aux pages 88 et 89.

Les traductions du mantra varient de « j'ai la clé » à « habitude mentale », en passant par « la terre et le ciel se rejoignent ».

Il est important de prononcer correctement les mantras, juste comme il est important de tracer les symboles aussi précisément que possible, selon la forme que vous avez appris. La justesse n'est pas requise en tant que telle, mais parce qu'elle reflète l'attention accordée à ce que vous faites. Tracer un symbole ou psalmodier un mantra a peu d'effet ou aucun, si vous le faites en pensant à autre chose. L'énergie est dans l'intention et l'énergie ira là où votre mental la conduit.

Symbole 3 – HSZSN

Le Symbole 3 n'est pas un symbole dans le même sens que les Symboles 1 et 2, car il est formé de cinq *kanji* japonais qui peuvent être lus comme une phrase. Celle-ci forme le mantra du symbole.

Dans le Reiki occidental, le symbole envoie de manière caractéristique l'énergie à distance, dans le système japonais, elle est tenue pour une connexion. Les deux ne sont pas si dissemblables, car lorsque nous envoyons l'énergie curative à travers le temps et l'espace, nous nous connectons vraiment à l'univers et l'un à l'autre. Si on regarde les choses selon cette perspective, nous n'envoyons pas la guérison comme si nous étions distincts de la personne que nous espérons aider, mais devenons Un avec elle pour qu'elle s'autoguérisse.

Effectivement, en travaillant avec ce symbole sur une autre personne, vous aurez l'impression de devenir une partie de celle-ci, d'être dans son corps ou mental et de percevoir le monde à sa manière. Cela finit dès que le traitement est achevé. En utilisant le symbole, il est très important de purifier la connexion à la fin, comme vous le faites pour l'aura à la fin d'un traitement physique.

L'intérêt de ce symbole est qu'il connecte non seulement avec les gens à distance, mais aussi avec vous-même à tout moment du passé, du présent et de l'avenir, vous permettant de guérir des aspects de votre vie pour lesquels vous pensiez ne rien pouvoir faire. Par exemple, beaucoup connaissent une guérison remarquable des relations avec des parents décédés, écartant les sentiments de culpabilité et de colère et leur permettant d'avancer librement dans leur vie.

Le mantra – HSZSN

Même si ce mantra est formé de véritables *kanji*, nombre de traductions existent. À la différence de l'alphabet romain, chaque *kanji* a plusieurs significations, si bien qu'établir une traduction uniforme dans une autre langue est pratiquement impossible.

Certaines traductions disent « je suis la conscience juste », signifiant que dans un état de conscience juste nous atteignons l'Unité. D'autres traductions plus New Age sont « pas de passé, pas de présent, pas d'avenir » et « je suis uni à Dieu ».

À DROITE. Le Symbole 3 incarne la capacité d'envoyer l'énergie curative à travers le temps et l'espace, en devenant Un avec les autres personnes, où qu'elles soient.

Reiki et rituel

Le rituel a bon nombre de significations. C'est une chose effectuée régulièrement, mais qui a une signification spéciale pour la personne la réalisant, ou une cérémonie pratiquée à certaines étapes de la vie. Quoi qu'il en soit, le rituel marque un moment ou un événement.

Vous buvez une tasse de thé ou de café le matin quand vous vous levez. C'est votre rituel marquant le début du jour. Vous priez chaque soir avant de vous mettre au lit, rituel tirant une ligne sur la journée. Chaque grande religion est bâtie autour d'une diversité de rituels, les trois communs étant les rituels de naissance, de mariage et de mort. Le rituel, ordinaire ou spirituel, confère structure à notre vie.

Le Reiki englobe une série de composantes rituelles aidant à structurer la pratique. Par exemple, les positions des mains pour les traitements, bien que souples, nous offrent justement une telle structure rituelle à observer tous les jours. Les méditations sur les mantras et les symboles sont un autre élément que vous pouvez choisir de développer dans un rituel personnel.

À GAUCHE. Le rituel sous toutes ses formes, spirituelles ou ordinaires, confère structure à notre vie et est souvent une manière de célébrer des événements particuliers.

Rituel d'harmonisation

Le rituel probablement le plus important associé au Reiki est celui de transmission de l'harmonisation (voir aussi pages 96 et 97). Il définit un moment singulier de changement dans la vie d'un élève. Je ne peux pas penser à une autre pratique spirituelle disposant d'un acte équivalent, engendrant un changement si profond dans un laps de temps aussi bref.

Le rituel entourant le processus d'harmonisation varie d'un instructeur à un autre. Certains aiment préparer un espace sacré avec de l'encens, des fleurs, des bougies et des photos de Mikao Usui, de Chujiro Hyashi et de Hawayo Takata, d'autres préfèrent la simplicité exempte de symbolisme New Age ou religieux. Chaque élève trouvera l'instructeur dont le style lui conviendra le mieux. La décoration de l'espace importe moins que l'intention avec laquelle l'instructeur approche le rituel de transmission de l'harmonisation.

Le rituel d'harmonisation semble venir du bouddhisme Tendai. Mikao Usui n'utilisait probablement pas les mouvements physiques connus par les instructeurs, étant capable de diriger ce processus énergétiquement. Toutefois, la plupart des gens ont besoin du rituel physique pour soutenir le processus énergétique d'ouverture de l'espace intérieur de l'élève et de l'espace l'entourant pour laisser entrer l'énergie Reiki.

Guérison à distance

L'une des nombreuses raisons pour lesquelles les gens veulent progresser au Deuxième degré du Reiki est la perspective d'être capables de transmettre la guérison à distance. Ces jours-ci, la famille et les amis sont souvent éparpillés dans le monde entier, et quand ils sont malades ou ont un problème, il est merveilleux de pouvoir leur offrir de l'aide s'il n'est pas possible d'être avec eux en personne. Effectivement, bon nombre de mes élèves expliquent leur envie d'apprendre la technique de par leur désir d'aider un parent qui doit subir une opération ou qui souffre d'une affection chronique.

Au Deuxième degré, vous apprendrez à utiliser le Symbole 3 (HSZSN) pour vous connecter avec la personne qui a besoin de guérison, et utiliser le Symbole 1 (CKR) pour l'intensifier. Il est important de se souvenir de réciter le mantra de chaque symbole en l'utilisant, le répétant trois fois. Il est simple d'envoyer une guérison à distance, mais vous devez trouver un endroit où vous ne serez pas dérangé pendant 20 à 30 minutes.

Demander la permission

Avant d'envoyer une guérison à distance, vous devez toujours vous rappeler l'éthique concernée. Il est important d'avoir la permission de la personne pour administrer un traitement. Envoyer le Reiki sans le consentement de l'autre personne c'est comme se précipiter sur quelqu'un et placer les mains sur lui avec l'intention d'administrer le Reiki sans demander la permission au préalable. En cas d'urgence, où vous ne pouvez pas demander la permission, visualisez la personne, tracez le Symbole 3 sur cette visualisation et demandez-lui sur le plan spirituel si elle veut la recevoir. Vous percevrez sa réponse. Si celle-ci semble négative, arrêtez le traitement et visualisez-la entourée d'une lumière curative bleue la protégeant. Respectez toujours son choix sans porter de jugement.

Timing

Si possible, choisissez un moment pour la séance de guérison, de sorte que la personne traitée puisse trouver un lieu pour se détendre et s'accorder à l'énergie. Les bienfaits du traitement seront accrus, tandis que si vous la traitez lorsqu'elle est engagée dans une autre activité, elle aura du mal à se concentrer. Le processus peut aussi s'avérer dangereux, car l'énergie la grisera – il est déconseillé de conduire une voiture ou de diriger des machines en recevant un traitement.

Comment effectuer une guérison à distance

On enseigne quatre méthodes principales de guérison à distance. Chaque méthode est extrêmement facile à utiliser d'un point de vue pratique, et vous n'avez pas besoin d'équipement pour la réaliser. Bien qu'il soit plus facile d'envoyer la guérison depuis un espace calme, les méthodes peuvent aussi être utilisées discrètement en public.

Méthode 1 Notez le nom de la personne sur un bout de papier et tracez les symboles dessus, en le serrant dans vos mains.

Méthode 2 Tracez les symboles sur votre main gauche et visualisez tenir la personne dans cette main. Recouvrez-la de votre main droite pour l'entourer.

Méthode 3 Tracez les symboles sur une photo de la personne, enfermant cette photo dans vos mains.

Méthode 4 Utilisez un substitut pour représenter la personne ; tracez les symboles et utilisez les positions des mains sur l'objet.

Ma préférence va à l'utilisation d'une photographie, si possible, car celle-ci m'aide à me concentrer mieux que les autres méthodes. Quand une photo n'est pas disponible, j'utilise la visualisation.

Pendant le traitement, il est vital de ne pas imposer votre propre « besoin » que la personne soit guérie durant la séance. Le traitement est plus efficace quand vous laissez le Reiki circuler pendant que vous restez neutre et permettez à la personne de prendre ce dont elle a besoin, juste comme pour un traitement physique.

Vous pouvez soit visualiser pratiquer toutes les positions des mains d'un traitement standard, soit visualiser la personne aspirer le Reiki dans tout son corps. Expérimentez avec différentes méthodes jusqu'à trouver celle vous permettant de vous concentrer le mieux.

Finissez le traitement en lissant mentalement l'aura de la personne et en traçant le Symbole 1 (CKR) dessus. Personnellement, je me déconnecte en soufflant trois fois entre mes mains. Une alternative est de frapper trois fois dans vos mains. Suivez la routine habituelle pour achever un traitement et purifier votre aura.

Ma distance - expériences de guérison

Je dois admettre qu'initialement j'étais un peu sceptique quant au pouvoir de la guérison à distance de délivrer un traitement aussi efficace que celui par imposition des mains. Je n'ai apprécié sa puissance avant de l'avoir éprouvée moi-même.

J'avais attrapé la varicelle de mon fils et je m'administrais des traitements plusieurs fois par jour, ce qui a atténué le pire des symptômes. Toutefois, j'étais très faible et j'étais en retard dans l'organisation d'un atelier pour un instructeur de Reiki venant d'Inde. Il m'a téléphoné pour me demander comment j'allais et je lui ai expliqué la situation. Il m'a promis de m'envoyer du Reiki pendant les trois jours suivants. Cette nuit-là, j'ai senti une brûlure intense autour de mes reins. La deuxième et la troisième nuit ont été pareilles, mais le matin du quatrième jour j'ai constaté que tous mes symptômes avaient disparu, comme si je n'avais jamais été malade.

Cela à accru ma confiance dans l'utilisation de cette guérison sur autrui, et en réaction l'univers m'a envoyé des gens qui voulaient guérir leurs amis et leur famille.

Étude de cas : le musicien

Le fils d'une de mes élèves avait été agressé et blessé assez gravement à la tête. Bien que la blessure ait guéri, il était déprimé et craignait de sortir. Sa mère m'a demandé de lui envoyer des traitements, ce qu'il avait accepté.

Lors du premier traitement, j'ai eu l'impression d'avoir affaire à une personne immergée dans l'eau, tête comprise. Cette impression a subsisté au cours des quelques traitements suivants, un sentiment de colère émergeant aussi. Puis, un jour je l'ai « vu » sortir du lit et assis à un bureau. Il écrivait sur un papier à musique. Je ne savais rien à propos de ses intérêts personnels, mais j'ai senti que cette activité était la clé de sa guérison.

J'ai appelé sa mère et je lui ai demandé si son fils s'intéressait à la musique. Elle m'a répondu qu'il était le premier de son cours de musique en composition et en interprétation, mais qu'il ne s'en était pas occupé depuis l'attaque. Étant praticienne du Reiki et peintre, elle comprenait que l'encourager à se concentrer sur son talent musical dissiperait sa dépression et lui donnerait de nouveau de la confiance. Cela lui donnait aussi une raison de sortir du lit, venant du fond de son âme. Le Reiki avait offert cet aperçu si nécessaire, montrant les nombreuses manières dont se produit la guérison.

Préparer un espace pour traiter les gens

Avant de traiter d'autres personnes, vous devez vous préparer vous-même énergétiquement, et préparer un espace de travail. Ce dernier est particulièrement important si vous êtes un professionnel du Reiki.

Dans l'idéal, utilisez une table de massage pour les traitements. Vous pouvez utiliser un lit ou une couverture sur le sol, mais seulement si vos traitements ne sont pas fréquents, sinon vous finirez par avoir des problèmes du dos. Si vous utilisez une table, couvrez-la d'un drap d'examen comme ceux utilisés par les masseurs. Vous aurez aussi besoin d'une couverture légère, car le corps se refroidit quand il est détendu. Ayez une boîte de mouchoirs à portée de main, car un traitement peut être une expérience très émotionnelle pour certains.

Créez une ambiance détendue

Si vous travaillez chez vous, choisissez la pièce qui vous semblera la plus relaxante pour des traitements. Dans un monde idéal, vous aurez une pièce réservée au Reiki – comme c'est impossible pour beaucoup, choisissez celle qui a besoin du minimum de travail pour être préparée. Le plus important, quelles que soient les circonstances, est que la pièce soit propre, calme, chaude et confortable.

Aérez bien la pièce avant une séance et brûlez un peu d'encens. Certains, surtout ceux souffrant de problèmes bronchiques, sont gênés par l'encens, qui tend à sécher l'air. Vous pouvez aussi parfumer la pièce avec un brûleur d'huile, par exemple de lavande favorisant la relaxation. Purifiez la pièce énergétiquement par les méthodes des pages 154 et 155. Pensez au bruit. Bien qu'il puisse être agréable de travailler la

À GAUCHE. Il est conseillé de brûler l'encens avant le début du traitement, car certains sont gênés par l'arôme. Brûler de l'huile est une meilleure solution.

CI-DESSUS. Une salle de traitement doit être propre, confortable, calme, préparée avec soin et respect.

fenêtre ouverte, trop de bruits extérieurs peuvent devenir une distraction pour le patient. De même, mettez le téléphone sur répondeur.

La musique est un complément du traitement. Toutefois, gardez le volume à un niveau où la musique soit audible, sans être gênante. Chaque praticien a ses préférences musicales, mais j'aime faire jouer de la musique instrumentale relaxante, qui ne perturbera pas les personnes que je reçois.

Préparation à traiter d'autres gens

L'une des premières priorités avant d'administrer un traitement est de faire attention à votre hygiène personnelle. Vos vêtements doivent être nets, vos mains lavées, vos dents, brossées, pour éliminer toute odeur gênante, comme l'ail ou le tabac. Vous devez aussi enlever votre montre et tout bijou, surtout bracelets et bagues ; gardez votre alliance si vous le désirez. Lorsque je me lave les mains juste avant de commencer le traitement, j'aime les enduire d'une goutte d'huile essentielle de rose.

L'étape suivante est de vous nettoyer énergétiquement. La méthode ci-après vient du chi kung, mais est très similaire à la technique récemment découverte par les praticiens japonais du Reiki pour éliminer l'énergie toxique.

Massage des méridiens

L'intention de cet exercice est de purifier l'énergie bloquée et le *ki* négatif. L'exercice exige au moins six répétitions des étapes, arrivant à un total de 36. Une fois cette technique maîtrisée, vous arriverez à un rythme fluide qui facilitera la réalisation de ce nombre de répétitions. Il n'est pas nécessaire de le faire à chaque traitement si vous en administrez plusieurs par jour. Le pratiquer au début et à la fin des séances multiples suffira.

1 En position debout, placez votre main gauche sur l'épaule droite et levez le bras droit.

2 Massez la face externe de votre bras droit en le faisant osciller en descendant et à travers votre corps.

3 Quand votre main gauche arrive au bout des doigts, votre main droite se met à masser la face interne du bras gauche jusqu'à l'épaule, à mesure que vous portez celui-ci au-dessus de votre tête.

4 Lorsque votre main droite arrive à l'épaule gauche, faites-la balayer en descendant la face externe du bras gauche jusqu'au bout des doigts, faisant osciller celui-ci en même temps. Maintenant, la main gauche masse la face interne du bras droit jusqu'à l'épaule, qui se trouve dans la position de départ.

1
2
3
4

Affections et Reiki

Comme déjà mentionné, le Reiki peut être utilisé pour toute affection. À la différence d'autres thérapeutes, le praticien du Reiki n'est pas obligé de noter l'histoire médicale, car il ne manipule pas physiquement le corps ni ne le touche avec des substances auxquelles la personne risque de réagir, comme des huiles. Toutefois, bien que l'un des principaux bénéfices du Reiki soit l'action de l'énergie pour le bien du receveur, il y a des moments où la prudence s'avère nécessaire.

Fractures

Ne traitez pas l'emplacement d'une fracture avant que les os aient été remis en place, car vous risquez que l'énergie se mette à réparer les os à des angles incorrects. Cela peut susciter le besoin de les briser de nouveau. Administrez à la personne du Reiki pour le choc (voir pages 308 et 309), mais n'approchez pas vos mains de la fracture. Une fois la fracture plâtrée, administrez autant de Reiki que possible à son emplacement.

Parties du corps sectionnées

Le Reiki accélère la guérison. Quand un accident où une partie du corps, comme un doigt, a été tranchée, il faut se montrer prudent, car les tissus et les terminaisons nerveuses doivent être reconnectés chirurgicalement. Administrer du Reiki directement sur la zone de la blessure peut induire un début de fermeture avant l'opération, causant des problèmes pour un rattachement réussi. Traitez la personne pour le choc et la douleur, vous concentrant sur le chakra du cœur.

Pacemakers

Vérifiez avant tout si la personne porte un pacemaker, car l'effet du Reiki sur cet appareil est imprévisible. Bien que je sois persuadée que le Reiki ne fait pas de mal, j'admets la logique de ce conseil, car le pacemaker travaille avec des courants électriques et un pic d'énergie peut affecter le rythme. Le cas échéant, discutez de la question avec votre instructeur de Reiki et avec le client.

Diabète

Prudence en cas de diabète, car le Reiki peut affecter le taux d'insuline du corps. Vous devez conseiller à tout client diabétique de surveiller de près son taux d'insuline après un traitement et d'adapter le dosage selon ses besoins.

À DROITE. Bien que ce soit la nature du Reiki de ne jamais faire du mal au receveur, il est conseillé d'être conscient que certaines affections exigent de la prudence.

Le Troisième degré

Suivre l'envie d'enseigner le Reiki aux autres est une vocation et exige l'engagement à guider les autres dans leur voyage spirituel et à les aider à réaliser leur potentiel plénier.

Devenir maître de Reiki

Le Troisième degré prépare l'élève à devenir maître et instructeur de Reiki. Les approches de cette formation diffèrent entre les écoles traditionalistes et les nouvelles écoles indépendantes. En essence, l'envie de devenir maître de Reiki concerne le désir d'aider autrui à réaliser son potentiel. Chaque personne doit examiner ses besoins et convictions et choisir la formation la plus appropriée pour elle.

Approche traditionaliste

Dans les écoles traditionnelles, comme le Usui Shiki Ryoho, les maîtres n'accepteront qu'un petit nombre d'élèves à ce niveau, préférant d'habitude enseigner à un élève à la fois. Ce n'est pas là une approche élitiste, mais une approche reposant sur l'idée que toute personne désirant devenir instructeur doit avoir une profonde compréhension du Reiki, acquise par une pratique régulière et un engagement fort.

Cette attitude a de bonnes raisons d'exister. Un instructeur doit faire preuve d'une attitude mature et responsable envers le développement de la pratique spirituelle et être capable d'assumer la responsabilité de sa vie en général – il guidera les autres à travers un processus où ils devront atteindre le même niveau de maturité et de responsabilité. Par conséquent, les élèves doivent être capables de démontrer leur aptitude à leur maître de Reiki.

Les élèves seront donc censés avoir pratiqué le Reiki pendant un bon moment. Il incombe au maître de Reiki d'évaluer chaque élève individuellement. Il acceptera l'élève s'il pense que celui-ci est prêt et, plus important, s'il est sûr que c'est bon pour lui.

La formation prend habituellement place au fil d'une année, période durant laquelle l'élève assistera le maître aux cours de Premier et de Deuxième degré et s'occupera d'autres tâches, comme l'organisation des groupes de partage du Reiki et le travail administratif. Cette période est très similaire à un apprentissage – il apprendra aussi à enseigner.

Approche indépendante

L'approche des instructeurs indépendants diffère de celle des traditionalistes sur trois points : (1) ils sont moins rigoureux dans le choix de leurs élèves ; (2) la formation peut durer un seul jour ; (3) les coûts sont bien moindres, car selon eux le prix élevé exclut beaucoup de gens qui seraient d'excellents instructeurs et guérisseurs.

À DROITE. Les personnes désirant devenir des maîtres du Reiki ont dans l'idéal un engagement à la guérison et un fort désir d'aider les autres à atteindre leur potentiel.

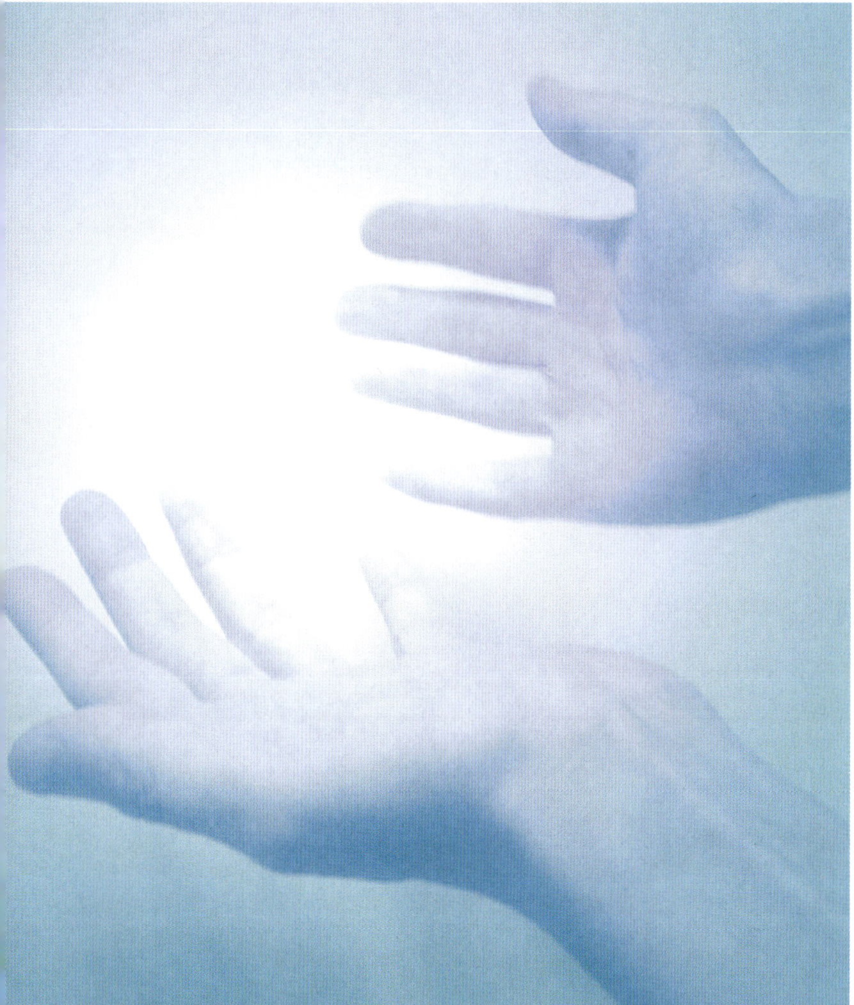

CI-DESSUS. En vous préparant pour le Troisième degré, vous devez vous exercer à élever votre vibration énergétique sur tous les plans.

Préparation à changer sa vie

Une fois la décision de devenir maître de Reiki prise, vous devez commencer à préparer le changement de votre vie. Si votre intention est réfléchie, vous comprendrez que le Reiki ne sera plus une sorte d'accessoire spirituel dans votre vie – il *sera* votre vie. Être maître de Reiki n'est pas un travail mais une vocation où vous serez celui que vous êtes vraiment. Être maître de Reiki n'est pas se montrer un bon instructeur et conférer des harmonisations, c'est aussi savoir « partir en voyage » avec la personne que vous enseignez, et agir comme son guide.

Vous pouvez faire un certain nombre de choses pour vous préparer à la formation de maître, quel que soit le chemin choisi. Cela vous aidera à élever votre vibration énergétique sur tous les plans, du physique au spirituel, en préparation pour l'harmonisation finale que vous recevrez.

Pratique régulière

Concentrez-vous sur la régularité de votre practique. Pratiquez tous les jours des autotraitements et des méditations. Vous devez aussi pratiquer autant d'échanges de traitements avec les autres praticiens que possible. Cela signifie que vous recevrez régulièrement le Reiki d'autres sources que vous-même et que vous l'administrez à des personnes plus expérimentées, ce qui accroîtra votre compréhension de l'énergie en plus d'élever vos vibrations. Il est aussi important de méditer sur les symboles et les mantras pour améliorer la compréhension que vous en avez et votre connexion avec eux.

Utiliser le savoir et le savoir-faire

Réfléchissez aux autres connaissances et savoir-faire que vous pouvez apporter à la qualité de maître. Essayez d'autres pratiques, comme le yoga et le chi kung, qui vous aideront à apprécier l'approche physique du travail avec l'énergie. Les connaissances de diverses philosophies et religions vous offriront des aperçus sur la connexion des systèmes de croyances. Lire des livres traitant d'une large gamme de méthodes de guérison vous aidera à comprendre les diverses affections et des moyens de les traiter. Tout cela contribuera à un bagage de connaissances qui, bien que facultatives, feront un maître de Reiki plus complet.

L'harmonisation est le début

Pour finir, il est important de rappeler que la réception de l'harmonisation faisant de vous un maître de Reiki est seulement le début de votre voyage, mais pas sa fin.

Symbole 4 – DKM

Le symbole du maître, DKM, n'est pas un symbole en tant que tel. Comme le HSZSN (voir pages 170 et 171), il est formé de trois *kanji* constituant une phrase, qui est également le mantra connecté avec lui. Le symbole est utilisé comme élément du processus d'harmonisation pour tous les degrés du Reiki, mais n'est enseigné qu'au Troisième degré.

La caractéristique associée à ce symbole dans les enseignements occidentaux est celle de maîtrise, et dans les enseignements japonais, responsabilité. Une de ses fonctions est d'établir une connexion directe avec le maître intérieur, la partie du moi déjà éveillée mais cachée, attendant d'être découverte par le voyage de nombreuses pratiques spirituelles. Autrement dit, le Reiki n'est pas unique en aidant à accéder à la lumière intérieure, il est simplement une voie à suivre.

Effectivement, le Symbole 4 est originaire de la tradition bouddhique, plus précisément d'un texte *mikkyô* du bouddhisme Tendai pratiqué par Mikao Usui. C'est un élément d'un rituel ésotérique où le praticien devient Un avec la nature originelle de Bouddha, arrivant ainsi à faire se manifester la lumière intérieure, énergie naturelle. Cette connaissance nous permet de comprendre pourquoi Usui avait choisi ce symbole pour suprême dans le développement de la pratique du Reiki.

Le symbole du maître absorbe l'énergie à vibration élevée aux qualités curatives intensifiées. Il peut être utilisé avec tous les autres symboles pour intensifier leur pouvoir et purifier l'intention qui les étaie. Ce symbole éclaire toutes les situations, physiques, mentales ou spirituelles, et élimine tout blocage empêchant de régler des problèmes, si refoulés soient-ils.

La méditation sur ce symbole développe la conscience de soi et charge en pouvoir la croissance spirituelle. Le symbole doit être tracé par la même méthode que les autres – avec la paume ou les doigts, ou le visualisant mentalement. Il est multidimensionnel : en plus de la hauteur, de la largeur et de la profondeur, il a d'autres dimensions opérant dans l'espace et le temps. Une méthode de méditation conseillée avec ce symbole est de le tracer et pénétrer en lui comme si c'était un hologramme. Pendant la méditation, il semble fréquemment avoir différentes couleurs, le violet étant le plus souvent ressenti. Vous pouvez aussi le visualiser intuitivement d'une certaine couleur en l'utilisant lors d'une situation particulière pour intensifier son énergie.

À DROITE. Le symbole du maître permet d'accéder à la partie du soi déjà éclairée, mais cachée à sa conscience.

Le mantra – DKM

Il y a plusieurs traductions de ce mantra, dont « maison du trésor du grand rayon de lumière » ou « grande lumière brillante ». La lumière est la caractéristique commune des traductions. Concentrez-vous sur ce concept en psalmodiant le mantra, avec la même technique que celle décrite aux pages 88 et 89.

Exercice pour équilibrer le *ki* 1

Les instructeurs de Reiki doivent être capables d'équilibrer leur énergie. Cet exercice chi kung est excellent pour favoriser l'équilibre énergétique quotidien et peut être utilisé par les praticiens du Reiki de tout niveau.

Ouvrir et clore le *ki*

L'aspect le plus important de cet exercice est la concentration sur la résistance. Lorsque vous poussez l'énergie vers le bas, vous pouvez vous visualiser pousser un flotteur sous l'eau, quand vous la tirez vers le haut, imaginez le dos de vos mains attaché au plancher par un ruban élastique.

1 Tenez-vous debout, pieds écartés de la largeur des épaules, genoux légèrement fléchis. Le regard est fixé droit devant, épaules tombées. Vous devez avoir l'impression que les chakras couronne et racine sont alignés (au chi kung, ce sont les points *bai hui* et *hui yin*). Placez le bout de la langue contre le palais, juste derrière vos dents. C'est important pour aider le *ki* à effectuer un circuit complet du corps.

2 En inspirant, amenez vos bras devant le corps, paumes vers le haut.

1

2

3 En continuant sur cette inspiration, levez les bras à hauteur de poitrine. Le bout de vos doigts n'est pas en contact, et pointent l'un vers l'autre. Vos mains sont légèrement fléchies, doigts écartés.

4 Tournez vos bras vers l'intérieur, de sorte que les paumes sont tournées vers le bas.

5 En expirant, appuyez lentement vos paumes vers le bas. Ce faisant, laissez votre corps se pencher un peu. Continuez à pousser vers le bas jusqu'à ce que vous arriviez à la région du nombril.

Répétez la séquence de 4 à 6 fois. Attention à ne pas porter vos mains au-dessus de la hauteur de la poitrine, car élever l'énergie plus haut que ce niveau peut provoquer un déséquilibre mental. Le secret est d'équilibrer l'énergie autour du nombril (*hara*).

3 4 5

Exercice pour équilibrer le *ki* 2

L'exercice suivant est particulièrement utile pour les instructeurs, certains l'utilisant comme élément du processus d'harmonisation. Voici une variante simplifiée d'un exercice de chi kung avancé. Vous aurez probablement à le pratiquer plusieurs fois avant qu'une sensation d'énergie parcoure l'ensemble du circuit. Une manière de régler cela est de conduire mentalement l'énergie autour de vous pour percevoir la sensation physique.

L'orbite microcosmique

Vous pouvez vous asseoir ou vous tenir debout. Pour moi, la posture debout rend l'exercice plus facile jusqu'à ce que vous vous familiarisiez avec lui.

1 Tenez-vous debout, pieds écartés de la largeur des épaules, genoux légèrement fléchis, comme si vous étiez perché sur une chaise haute. Les yeux regardent droit devant et vos épaules tombent. Vous devez avoir l'impression que les chakras couronne et racine sont alignés (au chi kung, ce sont les points *bai hui* et *hui yin*). Placez le bout de la langue contre le palais, juste derrière vos dents. C'est important pour aider le *ki* à effectuer un circuit complet du corps. Gardez les yeux mi-fermés ou fermés pour percevoir l'énergie.

2 Conduisez d'abord l'énergie du point juste sous le nombril à votre périnée, le point situé entre l'anus et les organes génitaux, et contractez-la ici. Autrement dit, contractez les muscles, pour avoir l'impression qu'ils montent à l'intérieur du corps. (Les femmes peuvent connaître cette technique s'ils ont fait ce genre d'exercice dans le cadre d'un cours préparant à l'accouchement.)

3 Conduisez l'énergie du périnée à la base de votre colonne vertébrale, qu'elle monte, passant derrière le cœur sur le cou et par l'occiput jusqu'au sommet de la tête. Visualisez l'énergie descendre depuis le sommet de la tête vers la langue qui, placée contre le palais, connecte les deux circuits. L'énergie peut maintenant revenir par le centre du corps jusqu'au périnée.

Répétez d'abord ce circuit de 4 à 6 fois. Si l'énergie se bloque dans la région de la tête, causant mal de tête ou étourdissement, faites-la descendre jusqu'à vos pieds et laissez-la s'écouler dans le sol.

CI-DESSUS. Le processus d'accord reconnecte l'élève à l'énergie universelle pour le reste de sa vie.

Conférer des harmonisations

L'une des principales fonctions de l'instructeur de Reiki est de réaliser le rituel d'initiation des élèves en leur conférant l'harmonisation (voir pages 96 et 97). Les rituels d'initiation sont présents dans beaucoup de traditions spirituelles et ont une signification plus ou moins importante, mais sont un aspect fondamental du Reiki, car les élèves ne peuvent pas le pratiquer sans cette harmonisation. Les harmonisations sont censées reconnecter l'élève à l'énergie spirituelle de l'univers, et en même temps élever leur énergie personnelle. Cette élévation de l'énergie aide la personne à devenir un canal plus fort pour l'énergie Reiki.

Méthodes pour conférer des harmonisations

Les instructeurs se servent de méthodes différentes pour les harmonisations. Par exemple, les instructeurs de la Reiki Alliance confèrent quatre harmonisations distinctes au Premier degré, une au Deuxième degré et une au Troisième degré. Les instructeurs d'autres écoles confèrent en général une harmonisation par degré.

Il y a également de nombreuses variations de la méthode physique utilisée. Dans toutes les méthodes, l'élève est assis, yeux fermés, mains en position de la prière. Certains instructeurs touchent son corps, tournant autour d'arrière en avant et finissant en arrière, d'autres ne procèdent à aucun toucher. Toutes les méthodes ne prennent que quelques minutes.

L'important à se rappeler est qu'il n'y a pas de bonne ou de mauvaise manière de conférer les harmonisations – toutes fonctionnent tant que l'intention du maître de Reiki est claire.

La pratique rend parfait

En tant qu'instructeur, vous devez pratiquer la technique d'harmonisation qui vous a été enseignée jusqu'à l'accomplir automatiquement. La confiance dans votre technique physique vous permettra de vous concentrer davantage sur l'aspect énergétique du processus quand vous donnez un cours. Si vous faites une erreur, comme oublier des traits d'un symbole, je conseille de continuer avec l'intention que l'erreur soit corrigée, au lieu de vous arrêter et recommencer. Selon moi, si votre intention est de conférer l'harmonisation, et si vous effectuez le processus avec respect, l'élève la recevra et attirera à lui l'énergie dont il a besoin. C'est aussi bon de se rappeler que l'énergie perçue lors d'une harmonisation ne dépend pas du « pouvoir » de l'instructeur mais des besoins de l'élève.

Pas de retour

Une fois l'initiation reçue, elle ne peut pas être écartée. Il n'y a pas d'harmonisation temporaire – une fois conférée, elle l'est pour la vie.

Pratique professionnelle

Certains élèves décident de devenir praticiens professionnels de Reiki. Le Troisième degré n'est pas nécessaire, pas plus que le Deuxième à strictement parler, bien que ce soit assurément bénéfique d'avoir atteint ce niveau, car votre expérience avec l'énergie améliorera vos traitements.

Il est sage de commencer à petite échelle, combinant votre pratique professionnelle avec un emploi régulier. Vous vous constituerez ainsi peu à peu une clientèle et découvrirez en même temps si vous aimez pratiquer le Reiki à plein temps. Il y a des avantages considérables à garder le mi-temps, car ainsi vous avez deux professions. Je connais un avocat couronné de succès qui transforme chaque soir un de ses bureaux en salle de traitement Reiki, à la perplexité de ses associés. Ainsi, sa vie s'épanouit, et il est capable de demander des honoraires très bas, bénéficiant ainsi à ses clients.

Trouver un lieu pour pratiquer

Installer un cabinet de travail dans votre maison pour commencer est une bonne idée, si la famille l'accepte. Programmez les traitements pour qu'ils n'interfèrent pas avec les engagements familiaux. Vous pouvez aussi traiter les clients à leur domicile. Bien que cette solution semble prometteuse, pensez que vous ne pourriez pas préparer l'espace de la même façon que vous le feriez ailleurs et que vous aurez très peu de contrôle sur l'environnement, comme le bruit, les animaux de compagnie, le téléphone, qui s'opposeront à une expérience relaxante.

Vous pouvez aussi louer pour quelques heures par semaine une salle dans un cabinet de thérapies alternatives ou un salon de beauté, partageant les coûts avec les autres praticiens (sinon, cela risque d'être assez cher). Dans l'idéal, vous devez vous constituer une bonne clientèle à l'avance, sinon vous payerez pour des heures inutilisées. Examinez d'abord la réussite des cabinets existants et passez un peu de temps dans la place, pour percevoir son ambiance. La pièce où vous allez travailler doit émaner une énergie positive. Si vous avez des doutes à ce propos, suivez votre instinct, même si la solution semble par ailleurs bonne.

Honoraires du Reiki

Décider des honoraires est un problème que plus d'un professionnel a rencontré. Une approche est de se souvenir que l'argent n'est qu'une méthode commode utilisée par la société pour l'échange de

À DROITE. Bon nombre de décisions doivent être prises quand on débute une pratique professionnelle. Suivez votre intuition et votre cœur en les prenant.

biens et de services. Demander des honoraires confère une valeur au Reiki et à vous-même, ce que le client respectera. Pour sa part, payer pour le Reiki montre aussi le respect de soi, si bien qu'en donnant et en recevant le système est équilibré

Étudiez les honoraires des autres praticiens du Reiki de votre région, ainsi que ceux des masseurs, des aromathérapeutes et des réflexologues. Cela vous donnera une idée des sommes concernées. C'est une erreur de descendre en dessous des honoraires des autres praticiens de la région.

CI-DESSOUS. Faire payer le Reiki permet aux deux parties de montrer du respect et équilibre l'énergie de don et de la réception.

D'abord, cela ne vous apportera pas forcément plus de clients, car cela risque de soulever des questions sur les raisons de vos prix. Ensuite, cela ne vous gagnera pas d'amis parmi les praticiens locaux, qui peuvent vous adresser des clients.

Choisissez des honoraires couvrant les dépenses de la pratique, qui ne vous mettent pas mal à l'aise et correspondant à ceux d'autres thérapeutes. Si vous sentez le besoin d'offrir des traitements « gratuits », faites-le là où ils seront les plus bénéfiques, comme dans les hospices.

Le marketing de votre pratique

Faire régulièrement de la publicité dans les journaux locaux revient cher. Mieux vaut chercher un professionnel, mais même dans ce cas les coûts risquent d'être très élevés. L'internet est une option plus efficace et meilleur marché de faire de la publicité pour votre affaire. Vous n'êtes pas obligé d'avoir votre propre site, il suffit de faire ajouter vos coordonnées sur l'un des répertoires professionnels déjà existants.

Un outil essentiel de marketing est un prospectus bien conçu présentant le Reiki, votre formation, durée du traitement, honoraires et détails pour être contacté. Les prospectus peuvent être distribués dans des lieux attirant les clients potentiels : magasins bio, centres de loisirs, cafés, librairies. Une carte professionnelle est également utile quand vous participez à des rencontres de travail et à des événements sociaux.

Assurances et comptabilité

Quelques outils de base pour la pratique Reiki sont à acheter, dont la table de traitement et les matériels de prospection. Vous devez aussi vous assurer, même si vous travaillez chez vous. Les organisations de Reiki de votre pays vous renseigneront à ce sujet.

La tenue d'une comptabilité est aussi nécessaire, selon les règles en cours.

QUATRIÈME PARTIE
Positions des mains au Reiki

Tapotement et caresse

Quand Mikao Usui s'était mis à montrer à ses élèves comment utiliser le Reiki sur eux-mêmes et sur les autres, il n'avait pas suivi le système structuré actuel des positions des mains. C'est Chujiro Hayashi qui a formalisé celles-ci, à la demande d'Usui. En administrant un traitement, Usui se servait des techniques de tapotement et de caresse. Vous aurez peut-être envie de les utiliser lors des traitements et des cours en plus des positions des mains. Ces techniques facultatives sont incluses ici pour vous offrir une idée plus détaillée de la manière dont le Reiki était pratiqué.

Tapotement (*Uchite chiryô-hô*)

Cette technique peut être utilisée sur les zones où l'énergie semble bloquée et favorise la circulation. Similaire à la technique chi kung tapotant le corps pour relâcher l'énergie stagnante qui tend à s'accumuler dans les articulations.

La main à plat, commencez à tapoter doucement et rythmiquement la zone, accroissant progressivement la force jusqu'à donner des claques pas trop fortes. Continuez ainsi jusqu'à percevoir la libération de l'énergie.

Tapotement

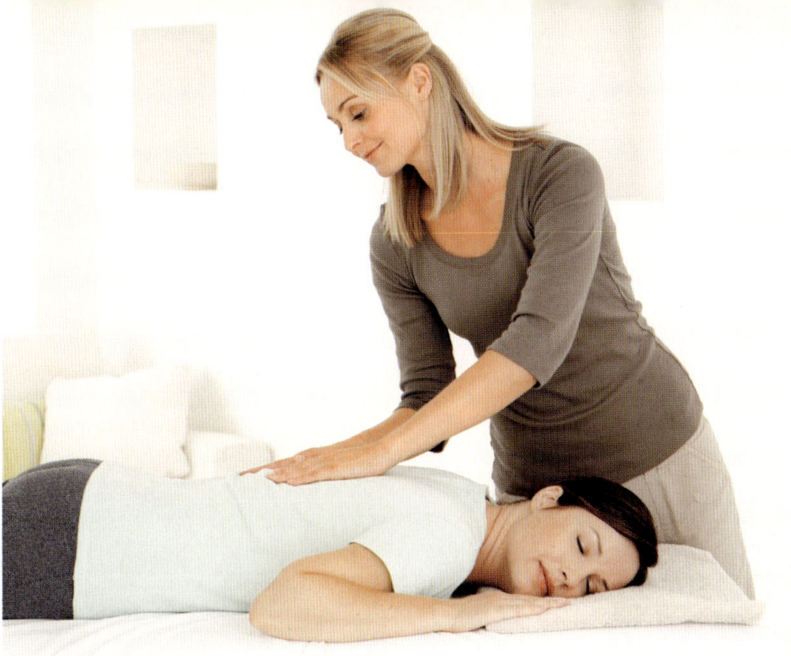

Caresse

Caresse (*Nadete chiryô-hô*)

Cette technique encourage la circulation de l'énergie autour du corps et est aussi utilisée pour accroître le courant de Reiki dans le corps et à travers celui-ci.

Vous pouvez utiliser cette technique sur la face postérieure et la face antérieure du corps, mais assurez-vous de travailler toujours dans un mouvement descendant. Par exemple, vous pouvez travailler en descendant depuis les épaules par les bras, puis des épaules vers la taille. Ensuite, vous pouvez travailler de la taille jusqu'aux orteils. Évitez les seins ou les organes génitaux.

Placez vos mains à plat sur le corps de la personne traitée. En appliquant assez de pression sur chaque caresse pour empêcher la sensation de chatouillement, faites descendre vos mains sur le corps dans des touchers brefs plutôt que longs, avec l'intention que le courant d'énergie s'intensifie.

Positions des mains pour l'autotraitement

La simplicité du système pour l'autotraitement vous permet d'y recourir où que vous soyez. En voyage ou à la maison, vos mains sont toujours disponibles.

Autotraitement

Que vous vous traitiez assis ou allongé, assurez-vous d'être confortablement installé. Si possible, éteignez le téléphone portable et écartez toute distraction potentielle.

Les positions pour l'autotraitement sont présentées ci-après. Vous devez suivre l'ordre montré ici. Si vous avez parfois envie de vous concentrer sur une zone spécifique, rien de mal, bien que ce soit toujours mieux de traiter l'ensemble du corps aussi régulièrement que possible. Similairement, si vous n'avez pas le temps de vous traiter entièrement, vous concentrer sur la zone des reins et de la tête suffira à vous rafraîchir.

Les débutants s'inquiètent souvent du maintien des positions pour la durée marquée dans les instructions. Plutôt que de vous occuper du temps, faites plus attention à ce que vous disent vos mains et suivez-les. Si vos mains semblent collées sur un point, gardez-les en position aussi longtemps que vous percevez cette sensation. Vous constaterez probablement que la durée de l'autotraitement varie – en règle générale, elle tourne autour de 45 minutes.

Vous constaterez aussi que si vous vous administrez un traitement de Reiki avant de vous endormir, vous achevez la moitié de la séance de traitement. Ce n'est pas un problème et n'affecte pas les bénéfices offerts par le Reiki. Toutefois, si vous voulez vous assurer d'avoir un autotraitement complet, mieux vaut l'administrer le matin.

À GAUCHE. Vous administrer du Reiki chaque jour est une manière de montrer du respect à vous-même, ainsi que de vous maintenir en bonne forme. Où que vous soyez, quoi que vous faites, placez vos mains sur vous et bénissez-vous avec l'énergie Reiki.

Position 1

Assurez-vous d'être dans une position confortable et de ne pas être dérangé avant de commencer l'autotraitement.

Placez vos mains sur votre visage, paumes sur les yeux et le haut des joues. Le bout de vos doigts est juste au-dessus de la ligne d'implantation des cheveux, doigts et pouces joints. Maintenez la position pendant au moins trois minutes.

Position 2

Cette position convient en cas de mal d'oreille ou de problèmes dentaires.

Placez vos mains en coupe sur vos oreilles, les doigts toujours joints. Maintenez la position jusqu'à ce que vous vous sentiez prêt à avancer. Si vous avez mal aux dents, placez vos mains en coupe sur la mâchoire.

Position 3

Cette position peut être pratiquée facilement assis. Si vous êtes allongé, impose moins d'effort aux bras.

Prenez l'occiput dans la coupe de vos mains placées à l'horizontale à travers le crâne. Vos doigts sont dirigés dans des directions opposées.

Position alternative 3

Utilisez vos mains jointes, doigts dirigés vers le haut, paumes à la base du crâne.

Position 4a et 4b

La position 4 ne peut être pratiquée qu'avec le Deuxième degré du Reiki, car elle exige de tracer les Symboles 1 et 2 (CKR et SHK) sur le front.

Position 4a Gardez votre main gauche sur l'occiput, dans une position confortable n'exigeant pas de tordre le poignet. Tracez les symboles au centre de votre front, de la main droite.

Position 4b Placez ensuite cette main sur votre front, le couvrant entièrement.

Position 4a

Position 4b

Position 5

Il y a deux variantes de cette position pour traiter la zone de la gorge. Utilisez celle qui vous semble la plus confortable, et maintenez la position jusqu'à ce que soyez prêt à avancer.

En gardant les doigts joints, placez votre main gauche autour de votre nuque. Placez la main droite un peu en coupe autour de la zone de votre gorge, pouce dirigé vers l'oreille droite. Vous pouvez inverser la position si vous le désirez.

Position alternative 5

Maintenez cette position en plaçant vos mains en coupe sur la face avant du cou, bout de vos doigts passant derrière et sous les oreilles.

Positions 6a et 6b

Ces deux positions traitent l'estomac, la rate et le foie. Utiles en tant que telles si vous avez mal au ventre ou si vous pensez que la rate et le foie ont besoin d'aide pour éliminer les toxines du corps.

Position 6a Pour la première position du corps, placez vos mains à travers la zone du plexus solaire, paumes tournées vers le bas et bout des doigts se touchant en son centre. N'oubliez pas de garder les doigts joints.

Position 6b Lorsque vous avez fini d'administrer le Reiki là, déplacez vos mains plus bas, les gardant dans la même position, de sorte que vos médius se trouvent juste au-dessus de votre nombril. Administrez le Reiki à cette zone.

Position 7

Position 7

Cette position traite la zone pelvienne et la zone des organes de reproduction, ainsi que ceux-ci. C'est une bonne position pour les femmes au début du cycle menstruel, car elle aide à atténuer toute douleur.

Placez la base de vos paumes sur chaque hanche, doigts dirigés vers le bas et au milieu, afin que leur bout se touche. Gardez les pouces près des mains ou écartez-les, formant un cœur entre vos mains.

Position 8

Position 8

La dernière des positions sur la face avant du corps aide à équilibrer l'énergie. Je m'en sers avant d'administrer un traitement Reiki à une autre personne.

Placez une main sur le *hara* ou la zone du chakra sacré, juste en dessous du nombril, l'autre sur le chakra du cœur, proche du cœur physique.

Positions 9a et 9b

Impossible de traiter l'ensemble de votre dos tout seul. L'autotraitement du dos se concentre donc sur les reins et les glandes surrénales situées juste au-dessus de ceux-ci. Pour ces deux positions, placez vos paumes de chaque côté du dos, doigts dirigés vers la colonne vertébrale. Si votre dos n'est pas large, le bout de vos doigts se touchera.

Position 9a Pour couvrir les glandes surrénales, placez le tranchant de vos mains un peu sur le bas de la cage thoracique. Vos mains se mettront ainsi naturellement en place.

Position 9b Pour couvrir les reins, faites descendre vos mains en les glissant d'une largeur de main pour qu'elles reposent sur le bas de la taille.

Position 10

Position 10

Les épaules sont la seule autre partie du dos assez accessible. Comme ils accumulent beaucoup de tension, c'est une bonne idée de leur administrer du Reiki à chaque fois que possible. Bonne position à utiliser quand vous faites une pause en travaillant sur ordinateur ou en regardant la télé.

La position peut être pratiquée de deux manières. Croisez vos bras devant vous et placez vos mains sur l'arrière de chaque épaule.

Position alternative 10

Au lieu de croiser les bras, placez votre main droite sur l'arrière de l'épaule droite et votre main gauche derrière l'épaule gauche, doigts vers la colonne vertébrale.

Positions 11 et 12

Ces positions sont supplémentaires et ne sont pas enseignées par les maîtres traditionnels. Faciles à pratiquer dans le bain ou comme partie d'un massage du pied ou d'un traitement de réflexologie du pied.

Position 11 La première administre le Reiki à vos genoux. Les genoux accumulent de l'énergie stagnante et de la peur, et sont des zones à problème pour les personnes souffrant d'arthrite et de rhumatisme. Je les ai incluses dans l'auto-traitement complet, mais elles peuvent être utilisées séparément. Placez vos mains sur vos genoux et maintenez la position pendant trois minutes.

Position 12 Similairement, vos pieds et vos chevilles qui travaillent beaucoup peuvent être traités en plaçant simplement les mains autour d'eux de manière confortable.

Position 11

Position 12

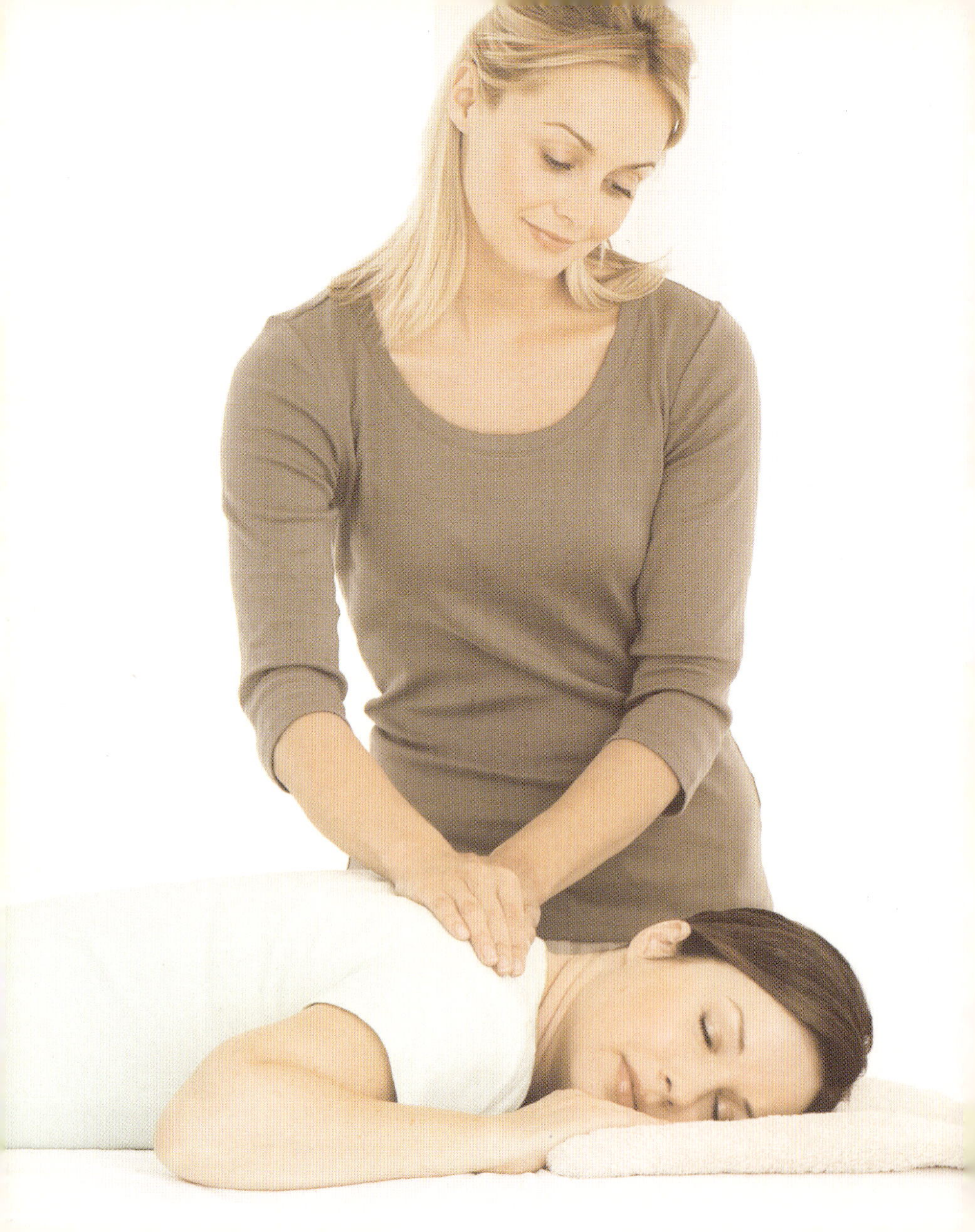

Positions des mains pour traiter les autres

Traiter les autres est de bien des manières un privilège et une expérience intense. Utiliser votre intuition et écouter vos mains est plus important que le suivi précis des positions des mains.

Traiter les autres

Un traitement Reiki typique administré à une autre personne dure environ une heure si chaque position des mains est maintenue pour au minimum trois minutes. Il y a des moments où vous aurez envie de passer plus de temps sur un traitement, si la personne n'est vraiment pas bien, si vous sentez intuitivement que c'est nécessaire ou si vous voulez vous concentrer sur une zone particulière.

Si vous administrez un traitement pour la première fois, réservez plus de temps avant la séance pour en discuter avec la personne traitée et répondre à ses questions. Je réserve souvent une demi-heure de plus lors d'un premier traitement sur un nouveau client, pour discuter avant et après de toute inquiétude ou sensation ressentie.

Importance de la tête

Les cinq premières positions sont sur la tête et la zone de la gorge. Je peux passer plus de la moitié du traitement à travailler sur la tête de certains clients, spécialement lors des quelques premiers traitements. Puisque la tête est l'emplacement des chakras centrés sur l'esprit, de l'intellect et des principales glandes du système endocrinien – l'épiphyse et l'hypophyse – il est logique qu'elle exige davantage d'attention. Toutefois, cela varie selon les besoins de chaque personne traitée.

Mouvements fluides

La pratique régulière d'administration des traitements aux autres assure que la transition entre les positions des mains est fluide. La confiance en soi et le contrôle de la respiration vous aideront à fluidifier vos mouvements. L'expérience sera ainsi plus relaxante pour les deux.

À GAUCHE. Réservez du temps pour la discussion avant et après un traitement Reiki.

Positions 1a et 1b

Ces positions vous aident à vous accorder à l'énergie d'une autre personne.

Position 1a La personne traitée s'allonge sur le dos confortablement sur la table de traitement, mains sur les côtés. Asseyez-vous derrière sa tête. Pour commencer, reposez doucement vos mains sur ses épaules pendant quelques instants. Cela vous aide à vous accorder à leur courant d'énergie.

Position 1b Placez vos mains jointes, face latérale des pouces se touchant, paumes tournées vers le bas, à quelques centimètres au-dessus de la tête de la personne traitée. Abaissez lentement vos mains sur son visage. Assurez-vous que vos pouces sont au centre de son front, légèrement sur le haut de l'arête nasale. Placez ensuite vos paumes sur ses yeux, doigts reposant légèrement sur ses joues. Maintenez la position pendant trois minutes.

Position 1a

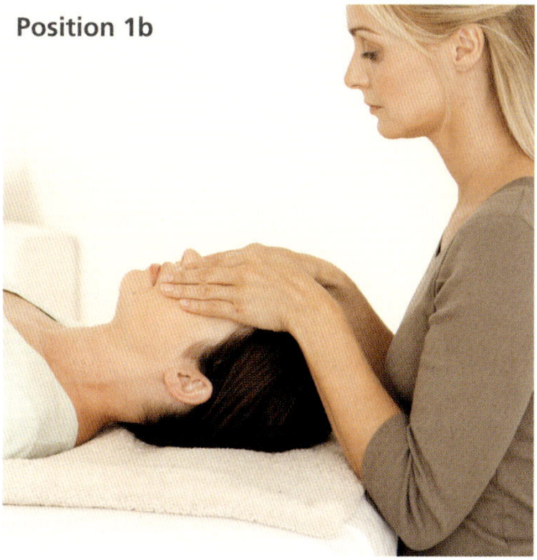

Position 1b

Position 2a

Position 2b

Positions 2a et 2b

Certaines positions ont des variantes, selon la préférence du maître. Voici deux variantes de la deuxième position, qui m'ont été enseignées par des maîtres traditionnels. La première position est celle de Hawayo Takata, la deuxième, une variante très connue.

Position 2a Placez vos paumes sur les oreilles de la personne traitée, pouces devant celles-ci. Vos doigts tombent dans une position naturelle derrière la mâchoire et le cou.

Position 2b Placez la base de vos paumes au-dessus de ses tempes, paumes recouvrant celles-ci. Vos doigts longent les côtés du visage, les auriculaires reposant devant chacune des oreilles de la personne traitée.

Position 3a

Positions 3a, 3b, et 3c

Il faut un peu de pratique pour placer gracieusement vos mains dans ces positions. Respirez dans votre centre et ne vous pressez pas. Beaucoup de personnes sont tendues lorsque vous les manipulez en cette position et incapables de vous laisser soutenir complètement leur tête et leur cou. Encouragez-les de vous laisser soutenir le poids de leur tête, sans insister trop pour qu'elles ne deviennent pas plus conscientes. Détendue ou non, cette position est préférée par beaucoup, probablement parce qu'elle rappelle la manière dont une mère tient la tête de son bébé. Après un traitement, certains ont désigné cette position comme étant celle qui les fait se sentir « très protégés ».

Position 3a Glissez votre main droite sur l'oreille de la personne traitée jusqu'au côté de son visage. Placez votre main gauche sur le côté gauche de son visage et poussez lentement la tête vers la droite, de sorte que le dos de votre main droite touche maintenant la table.

Position 3b

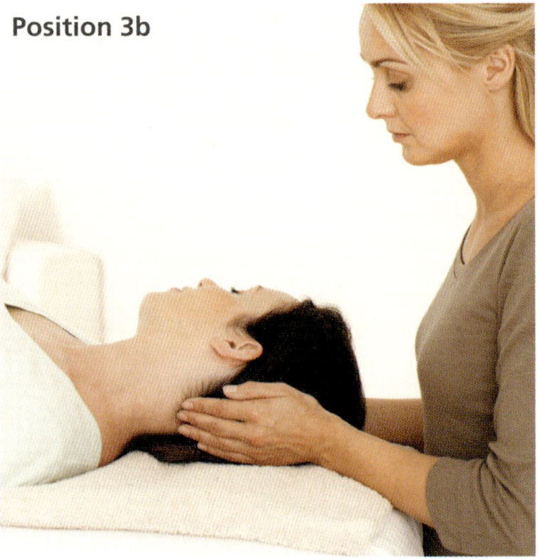

Position 3b Placez maintenant votre main gauche sous l'occiput, doigts dirigés vers le bas et sur une partie du cou.

Position 3c

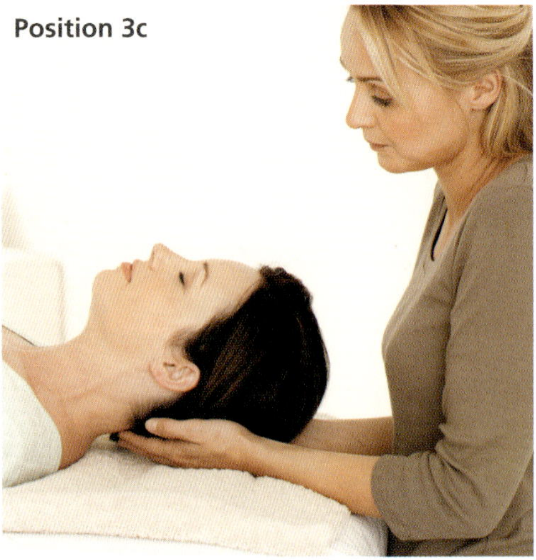

Position 3c Faites rouler lentement la tête de la personne traitée vers la gauche, de sorte que le dos de votre main gauche touche la table et sa tête est soutenue sur votre paume gauche. Amenez votre main droite sous son occiput, afin que vos mains tiennent délicatement sa tête et sa nuque. Assurez-vous que vos mains sont confortables et que la tête de la personne traitée est équilibrée et en sécurité.

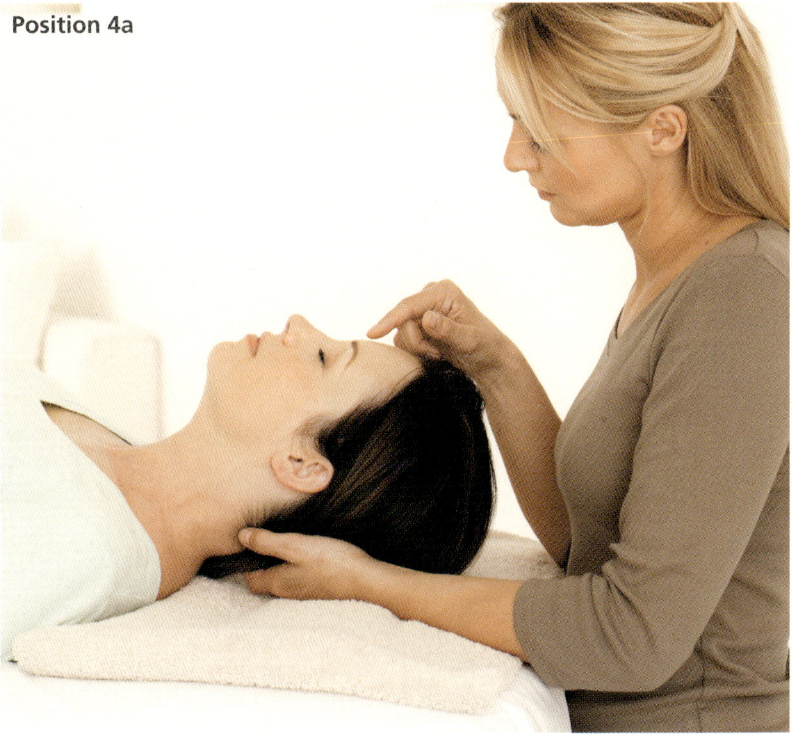

Positions 4a et 4b

Cette position permet d'utiliser les symboles pour la guérison mentale, comme enseigné au Deuxième degré. Les symboles sont tracés sur le centre du front. Les mains sous la tête de la personne traitée comme pour la position 3c (voir page 221), choisissez la main que vous utiliserez pour tracer les symboles.

Position 4a À partir de la position 3c, glissez la main choisie sous la nuque de la personne traitée pour la soutenir, votre autre main passant sous le centre de son occiput. Une fois sa tête soutenue, retirez la main choisie et tracez les symboles sur le centre du front.

Position 4b

Position 4c

Position 4b Placez vos doigts joints sur le front de la personne traitée, doigts dirigés latéralement, de sorte que votre main couvre son front.

Position 4c Après avoir maintenu la position 4b pendant 3 à 5 minutes, écartez d'abord votre main de son front et glissez-la sous son cou. Cela fournit un support pendant que vous retirez lentement votre autre main de sous sa tête, en la faisant glisser et en la tirant vers vous.

La personne traitée est susceptible de lever de nouveau sa tête pour vous aider lors de ce mouvement; dites-lui doucement de se détendre et de vous laisser faire le travail.

Positions 5a et 5b

Certains sont mal à l'aise si les mains d'une autre personne sont trop proches de leur gorge. Pensez-y en décidant de la manière de traiter cette zone. Rappelez-vous aussi que chez beaucoup de gens, la gorge est une zone accumulant une énorme quantité de problèmes émotionnels. Durant le traitement, des images, des émotions et même une douleur très intense peuvent émerger.

Position 5a Posez d'abord vos coudes des deux côtés de la tête de la personne traitée (pas trop près) et portez vos mains à environ 7,5 cm devant la zone de la gorge. Entrelacez vos doigts et le bout de vos pouces s'effleurant à peine (peu importe s'ils n'y parviennent pas) et prenez en coupe la mâchoire et la zone de la gorge. Il existe des variantes de cette position. Placez vos mains de chaque côté de la mâchoire de la personne traitée, vos pouces juste au-dessus, doigts dirigés l'un vers l'autre, mais pas entrelacés. Cette variante rapproche vos mains de la gorge, alors que dans la position montrée vos mains sont à une certaine distance de la gorge.

Position 5b Finissez en séparant vos doigts et en écartant vos bras dans un arc jusqu'à ce qu'ils atteignent le bord de la table.

Position 5a

Position 5b

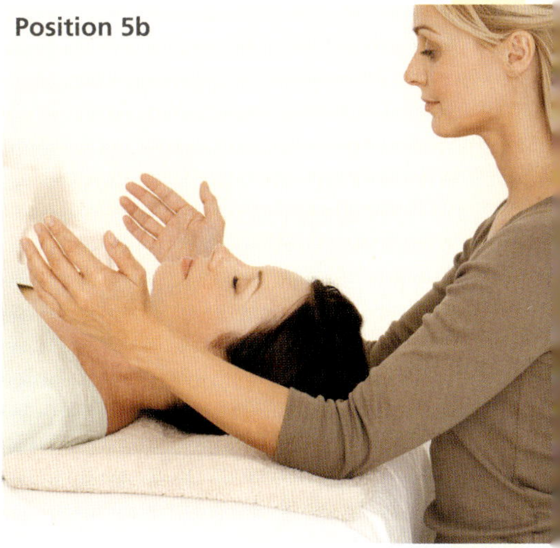

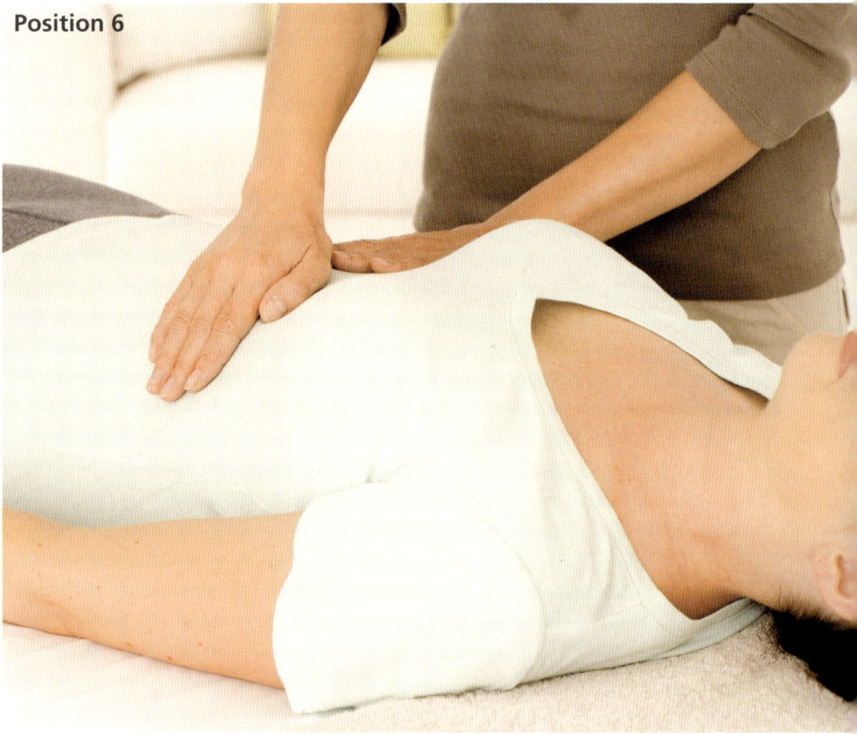

Position 6

Après avoir traité la tête et la gorge de la personne, traitez le reste de son corps. Pour pratiquer ces positions, vous devez vous tenir debout, sauf si vous disposez d'un siège à roulettes.

Pour la première position du corps, placez vos mains l'une derrière l'autre sous la zone de la poitrine (chez la femme, juste sous les seins), en travers des côtes. Maintenez la position pendant trois minutes.

Position 7

Utilisez la variante qui vous semble la plus appropriée.

Pour passer de la Position 6 à celle-ci, tenez vos mains soit dans la même position et faites-les descendre de 2,5 à 5 cm en les faisant glisser sur le corps de la personne traitée, soit glissez la main la plus éloignée vers vous en descendant sur le corps, tout en glissant la main la plus proche vers l'autre côté. Utilisez cet entrecroisement sur le dos et l'avant du corps.

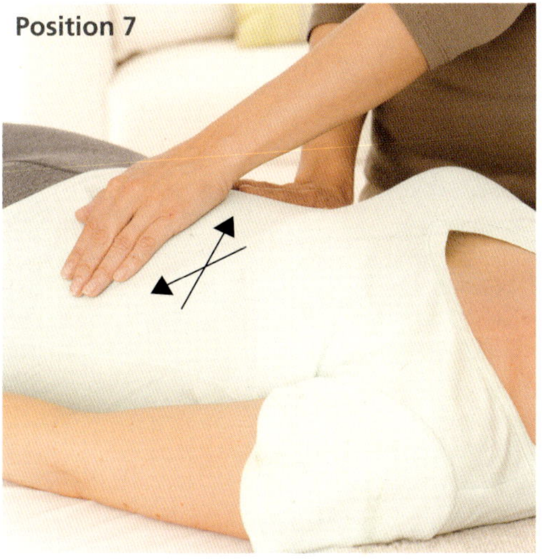

Position alternative 7

Une manière alternative de pratiquer les positions 6 et 7 est de commencer en plaçant vos mains jointes sur un côté du corps de la personne traitée, maintenant la position pendant trois minutes. Glissez ensuite vos mains sur l'autre côté du corps. Pour les deux méthodes, il est important de traiter les chakras et les organes principaux.

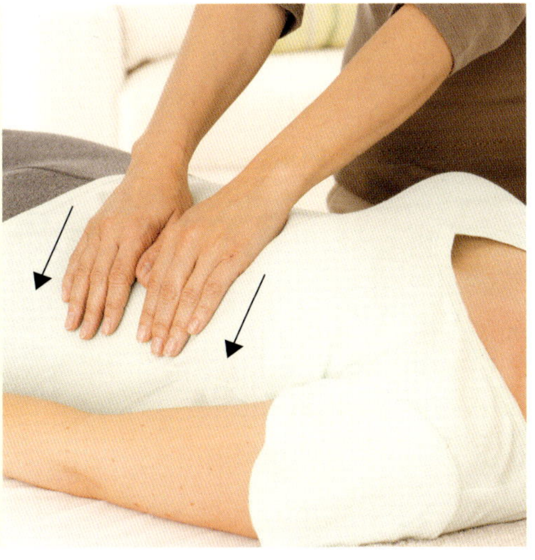

Position 8

Cette position traite la zone pelvienne. Comme vous travaillez près des organes génitaux, vous devez faire preuve de délicatesse et éviter tout contact direct avec ceux-ci. La position montrée ici convient davantage pour les femmes.

Placez votre main gauche sur la face interne de la cuisse droite (os iliaque) de la personne traitée, doigts joints dirigés vers l'os pubien. Placez ensuite la base de votre main droite près du bout des doigts de votre main gauche, votre main dirigée vers le haut sur la face interne de la cuisse gauche, de sorte que vos mains forment un V.

Position alternative 8 pour traiter les hommes

Au lieu de placer vos mains en V à travers la zone pelvienne, mieux vaut placer une main sur chaque hanche, ou juste sur sa face interne. Le plus facile est de placer une main, doigts dirigés directement vers le haut, l'autre, doigts dirigés vers le bas. Attention à ne gêner aucun de vous.

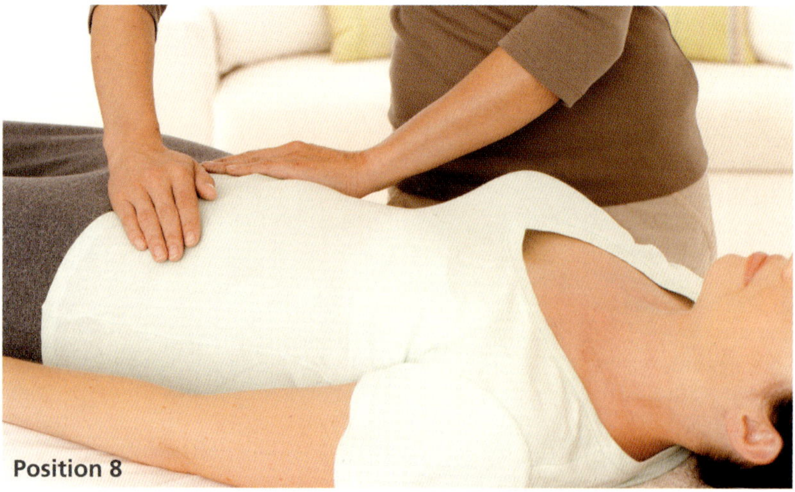

Position 8

Position 9

Cette position achève le traitement de la face antérieure du corps en équilibrant l'énergie des parties plus hautes et plus basses et la connectant. Cette position convient pour les chakras sacré et du cœur.

Placez votre main droite sur l'abdomen de la personne traitée et votre main gauche sur son sternum, doigts dirigés vers la tête. Maintenez cette position de 3 à 5 minutes ou jusqu'à ce que vous sentiez que l'énergie est en équilibre entre vos mains.

Position 10

Positions 10 et 11

Ces positions sont supplémentaires et n'ont pas été enseignées par Hawayo Takata. Utilisez ces positions si vous sentez qu'elles conviennent aux besoins de la personne traitée, ou utilisez-les pour déterminer celles de la séquence de traitement agissant le mieux pour la plupart des gens.

Position 10 La première position traite les genoux. Passez de la position pelvienne à cette position, une main à la fois. Maintenez la position pendant trois minutes.

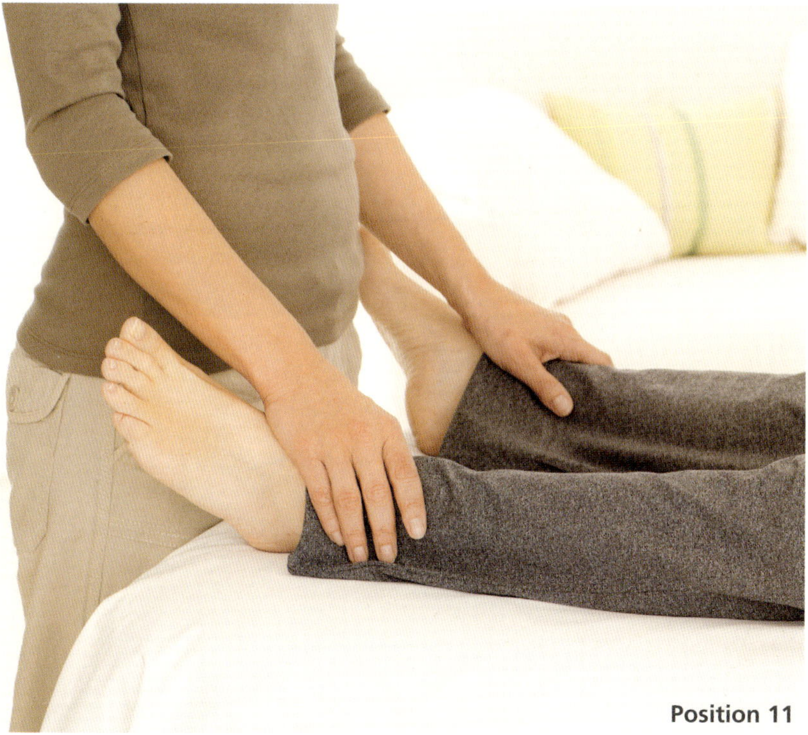

Position 11

Position 11 Tenez-vous debout à l'extrémité de la table et faites descendre vos mains vers les chevilles et les pieds de la personne traitée, les tenant avec vos mains dirigées vers le haut. Demandez-lui ensuite de se retourner sur le ventre. Comme maintenant la plupart des clients sont très détendus, demandez-leur de se retourner lentement. Disposez leurs mains sur les côtés, bien que certains préfèrent reposer leur tête sur leurs mains. Cela rend plus difficile la première position sur le dos, car leurs muscles sont écrasés. Une solution est de leur demander de garder les bras sur les côtés juste pendant cette position.

Position 12

Chez la plupart des gens, les épaules accumulent beaucoup de tension. Les épaules de certains ressemblent à des éponges absorbant l'énergie, et vous aurez l'impression que vos mains sont collées sur une position. Cela peut se produire à tout moment au cours d'un traitement Reiki. Mieux vaut garder cette position jusqu'à ce que vos mains se sentent prêtes à bouger, car cette zone du corps a manifestement besoin d'un plus d'énergie.

Cette position est aussi bonne si la personne est assise. Par exemple, si un proche a travaillé sur ordinateur pendant de longues heures, encouragez-le à faire une pause et administrez-lui 10 minutes de Reiki sur les épaules et la nuque. Vous pouvez combiner cette position avec un massage de la tête.

Posez vos mains en travers des épaules de la personne traitée, comme pour la face antérieure de son corps. Le traitement me semble plus facile en ligne droite, mais laissez vos mains se courber un peu, pour qu'une main pointe vers le haut, l'autre vers le bas.

Position 12

Position 13

Traiter le dos dans la zone du cœur suscite quelques sensations intéressantes. En traitant certains, vous aurez envie de passer là plus de temps que d'habitude. Chacun étant unique, vous ne savez jamais d'avance que vous vous sentirez : écoutez en permanence avec vos mains.

Descendez vos mains des épaules sur le dos, dans la zone du cœur et maintenez pendant trois minutes. C'est une zone qui peut exiger un peu d'attention supplémentaire. Vous couvrez également ici les poumons. Passez-y plus de temps, si nécessaire. Vous percevez parfois chez la personne traitée des réactions émotionnelles différentes autour de la zone du cœur. De temps à autre, elle en sera consciente et les mentionnera. Chez d'autres vous seul percevrez ce qui se passe. En fonction de la longueur du dos d'une personne, vous pourrez pratiquer une autre position de la main sur la zone située juste sous le cœur, avant de passer aux surrénales et aux reins.

Position 13

Position 14

Pour traiter en entier les surrénales et les reins, vous devrez probablement pratiquer cette position par étapes.

Descendez vos mains sur le dos de la personne traitée à partir de la position précédente, couvrant d'abord ses glandes surrénales, puis descendant de nouveau vos mains et traitant leurs reins. Si la personne traitée a mal autour du coccyx, continuez à descendre vos mains jusqu'à traiter l'ensemble de la zone. Si le client est un homme, traitez la prostate en plaçant vos mains superposées au centre de ses fesses, juste sous le coccyx, après avoir achevé le traitement du dos.

Position 14

Position 15a

Position 15

Cette position finale ancre la personne traitée et doit être pratiquée en deux étapes, traitant tour à tour chaque côté du corps.

Certaines personnes, moi y compris parfois, ont éprouvé des sensations tout à fait spectaculaires avec cette position. Je me souviens avoir reçu des traitements pendant lesquels j'ai eu l'impression de m'être dilatée jusqu'à remplir la pièce. C'est seulement quand le praticien était arrivé à cette position que j'ai senti le retour à mon espace « normal ». De même, j'ai senti que mon énergie était déséquilibrée pendant le traitement, en termes de côté droit et gauche. Cette position a égalisé les choses.

Position 15a Placez une main en haut de la jambe la plus proche de vous de la personne traitée, l'autre à plat contre la plante de son pied. Maintenez cette position pendant trois minutes.

Position 15b Tenez-vous debout de l'autre côté de la table pour traiter la jambe opposée. Quand je contourne la table, je tiens un des pieds de la personne traitée pour ne pas rompre le contact. Répétez sur son autre jambe et pied. Vous pouvez aussi vous pencher à travers la table pour pratiquer les deux étapes de cette position.

Purifier l'aura

Une fois le traitement terminé, il reste à purifier l'aura et à aider la personne traitée à se sentir ancrée avant qu'elle se lève. Lisser l'aura après un traitement aide l'énergie à s'apaiser et élimine aussi toute énergie négative. Il y a de nombreuses manières de nettoyer l'aura. J'en ai testé plusieurs. La méthode montrée ici est celle de l'école traditionnelle.

Lisser l'aura

La méthode que j'utilise commence sur le corps physique et finit sur les couches externes de l'aura.

1 Placez vos mains sur les flancs de la personne traitée et tirez fermement vers ses pieds. Secouez l'excès d'énergie de vos mains. Répétez trois fois.

1

2 Placez ensuite vos mains sur son dos, autour de sa taille. Poussez vos mains en les faisant monter vers le cœur et vers chaque épaule, puis les faisant descendre sur la face externe des bras. Secouez l'excès d'énergie de vos mains. Répétez trois fois.

3 Travaillant avec vos mains à environ 30 cm du corps, lissez l'aura. Partez du sommet de la tête et descendez vers les pieds.

2

3

Finir

Après avoir lissé l'aura, je place ma main au centre du dos de la personne traitée et je frictionne doucement par un mouvement circulaire. Parfois, je murmure aussi son nom si elle a du mal à s'éveiller.

Plus une personne est détendue pendant le traitement, plus il faut du temps pour la réveiller. Vous pouvez ensuite lui offrir un verre d'eau. Je conseille toujours de boire autant d'eau que possible pendant un ou

deux jours, ce qui favorisera une élimination plus rapide des toxines.

Une fois la personne éveillée, je quitte discrètement la pièce pour qu'elle puisse se lever à son rythme (si c'est une personne âgée ou qui a des problèmes d'équilibre ou de mal du dos, mieux vaut rester et l'aider à se lever de la table de traitement). Je me lave les mains pour mettre fin symboliquement à la séance et me purifier de l'énergie de la personne traitée. Vous pouvez effectuer une purification plus étendue (voir pages 180 et 181) quand la personne est partie ou en fin de journée si vous avez plusieurs séances.

Parler du traitement

La plupart des clients ont envie de parler de leurs expériences au cours du traitement ou poser des questions sur les sensations ressenties juste après avoir été éveillés. Ils veulent savoir si vous avez perçu des blocages dans leur corps, et si vous pouvez leur dire si quelque chose va mal. C'est là que vous devez faire preuve de prudence et de délicatesse. Il est difficile d'interpréter les sensations énergétiques qui ne signifient pas toujours la même chose. Mon interprétation d'une sensation de froid autour des reins peut être complètement différente de celle d'un autre praticien. De plus, la signification de la sensation que je perçois chez un client peut être entièrement différente chez un autre, malgré leur similarité.

Vous ne devez pas poser de diagnostic. Parlez en termes généraux des sensations des diverses zones du corps et des problèmes précédents là. Vous pouvez ainsi les guider vers leurs propres conclusions.

Étude de cas : l'insomniaque

J'ai eu un merveilleux client venu pour un traitement de l'insomnie. Il était persuadé que le Reiki n'allait lui faire aucun bien, mais son épouse lui avait demandé d'essayer, si bien qu'il s'était présenté pour son premier traitement. Après 10 minutes il s'était endormi et vers la fin du traitement il dormait à poings fermés. J'ai réussi à le réveiller en frictionnant fermement son dos, avec des touchers plus forts que d'habitude. Il m'a dit qu'il n'avait pas aussi bien dormi depuis longtemps. À partir de là, il est devenu un de mes clients les plus réguliers.

Modèles de guérison

Après un traitement, les réactions varient de personne à personne. Certains ressentent un incroyable éclat d'énergie physique, d'autres, le besoin de rentrer dormir. Ma voisine d'en haut m'a demandé un traitement quand elle avait la grippe. Après, elle est rentrée chez elle et après un moment j'ai entendu des bruits d'activité au-dessus de ma tête. Le lendemain, je lui ai demandé ce qu'elle avait fait, et elle m'a répondu qu'en se sentant tellement pleine d'énergie après le traitement elle avait décidé de réarranger les meubles. Un autre client m'a raconté qu'en rentrant il avait sorti tous les enregistrements musicaux qu'il avait écoutés quand il avait 20 ans et avait dansé pendant des heures.

D'autre part, certains reviennent dire qu'ils se sont sentis très fatigués ou que leur humeur a changé pendant les quelques jours suivant le traitement. En tant que praticien, vous ne devez pas tenir cela pour une indication d'échec du traitement. C'est uniquement la réaction de cette personne-là à cette occasion particulière. Vous pouvez lui expliquer que chacun a une réaction distincte, sans pour autant savoir pourquoi son expérience a été spécifique.

Si la personne semble un peu étourdie après le traitement, assurez-vous qu'elle est ancrée avant de partir. C'est particulièrement nécessaire si elle est en voiture. Vous pouvez le faire en tant qu'élément de l'exercice d'ancrage des pages 152 et 153. Faites-la asseoir, pieds à plat sur le plancher, et visualisez l'énergie s'écoulant par la plante de ses pieds dans le sol. Taper des pieds sur le plancher est un autre moyen rapide d'ancrer l'énergie.

Combien de traitements ?

Il faut ensuite considérer le nombre de traitements dont une personne a besoin. Cela dépend beaucoup de l'affection traitée. Le Reiki peut servir à traiter les affections aiguës et chroniques. Une affection aiguë est temporaire : coupures, rhumes, infections virales, maux de tête (s'ils sont fréquents, c'est un signe d'affection chronique). Les affections chroniques sont durables, comme l'arthrite, mais présentent aussi des épisodes aigus. L'asthme et l'eczéma sont deux exemples typiques.

À DROITE. Il est important de vous assurer que la personne traitée est ancrée après un traitement et qu'elle ne part pas sans se sentir « ancrée ».

Affections aiguës

Celles-ci réagissent bien après un ou deux traitements. J'avais régulièrement la grippe et à chaque fois je me remettais difficilement. Juste avant d'apprendre le Reiki, j'avais de nouveau la grippe et j'avais demandé à une amie devenue praticienne de me traiter. Lorsqu'elle m'a administré le Reiki, j'ai senti mon corps s'alourdir de plus en plus jusqu'à devenir un bloc de ciment. Cette sensation a été suivie par l'impression que la lourdeur s'écoulait dans le plancher où j'étais allongée. Quand le traitement s'est achevé, je m'attendais à me sentir un peu mieux. Mais la grippe avait disparu en une séance et je me sentais encore mieux qu'avant de tomber malade. Quand j'ai suivi le cours du Deuxième degré, je n'ai plus attrapé de grippe.

Vous constaterez que pour une affection aiguë comme la grippe ou le rhume, la meilleure approche est d'administrer des traitements fréquemment sur une courte période. C'est plus facile avec la famille qu'avec les clients, car à la maison vous pouvez administrer des traitements aussi souvent que nécessaire. Administrez toujours un traitement complet et, si nécessaire, des suppléments sur des zones spécifiques.

À GAUCHE. Le nombre de traitements nécessaires dépend de la nature de l'affection traitée.

Affections chroniques

Celles-ci exigent une approche durable. Les causes des affections chroniques se forment sur le plan mental et spirituel avant de se manifester en tant que symptômes physiques. Par exemple, les causes des affections chroniques apparaissant tard dans la vie se sont formées pendant un bon moment. Il est donc peu probable que les causes puissent être écartées rapidement.

C'est impossible de dire précisément de combien de traitements une personne souffrant d'une affection chronique aura besoin, mais il est responsable de lui dire qu'ils seront nombreux. En fin de compte, c'est sa décision de continuer ou d'arrêter les traitements. Une manière d'approcher la question est de lui suggérer de prendre quelques traitements et voir ce qui se passe.

Dans le cas des affections chroniques, il faut dire à la personne que parfois celles-ci empirent avant de s'atténuer. Chacun a son propre modèle de guérison – bien qu'on éprouve souvent un soulagement après le premier traitement, les symptômes s'aggravent après les quelques traitements suivants. Cela décourage et pousse à abandonner. Il leur est alors utile de savoir que d'autres ont des expériences similaires et que le Reiki, peut-être associé à d'autres thérapies, leur conduira à travers la crise de guérison.

Traitements en groupe

Prendre part à un traitement en groupe est une expérience unique. Nous sommes tellement habitués au fait que la guérison, classique ou alternative, se fait sur une base individuelle, que nous avons perdu le sentiment de pouvoir conféré par le travail en groupe. Beaucoup d'instructeurs de Reiki se réunissent pour administrer des traitements de groupe. Vous pouvez toujours lancer le vôtre.

Organiser des rencontres

Décidez de la durée de ces rencontres et de leur fréquence. En règle générale, deux heures doivent suffire, deux fois par mois. Vous pouvez décider de tenir les réunions tour à tour chez chaque membre – offrant à chacun l'occasion de diriger le groupe et d'en assumer la responsabilité.

Réfléchissez à la structure des réunions. Chaque personne doit avoir la place de partager son don particulier. Par exemple, une personne peut désirer diriger le groupe lors d'une visualisation, une autre, apporter un morceau de musique à partager avec tous. Vous pouvez commencer en cercle, en partageant simplement vos expériences. Ainsi, la guérison en groupe peut prendre de nombreuses formes. Passez ensuite au traitement en groupe. Éventuellement, commencez par le traitement.

Le traitement en groupe

Si vous êtes nombreux, pensez à vous diviser en deux groupes. Décidez d'une limite de temps pour chaque traitement. Par exemple, si vous êtes six et disposez d'une heure pour le traitement, chaque personne aura 10 minutes. Si un groupe a un problème spécial, décidez d'accorder à la personne concernée un peu plus de temps.

D'habitude, dans un traitement de groupe la personne traitée est allongée sur le dos, sauf si c'est celui-ci qui est à traiter. Le chef du groupe assume la responsabilité de s'asseoir en tête de table pour signaler quand changer les positions des mains et quand le temps de traitement d'un membre a pris fin.

Il commencera avec ses mains en Position 1 (voir page 221). Les autres placent leurs mains sur la partie du corps la plus proche d'eux et maintiennent cette position jusqu'à ce que le chef déplace ses mains en Position 2 (voir page 222). Même s'il n'y a pas assez de place pour déplacer très loin les mains, le principal est que toutes se déplacent à l'unisson.

À DROITE. Dans un traitement en groupe, le temps alloué à chaque personne est plus bref que lors d'un traitement normal, mais l'énergie est intensifiée au point où elle est équivalente à un traitement individuel complet.

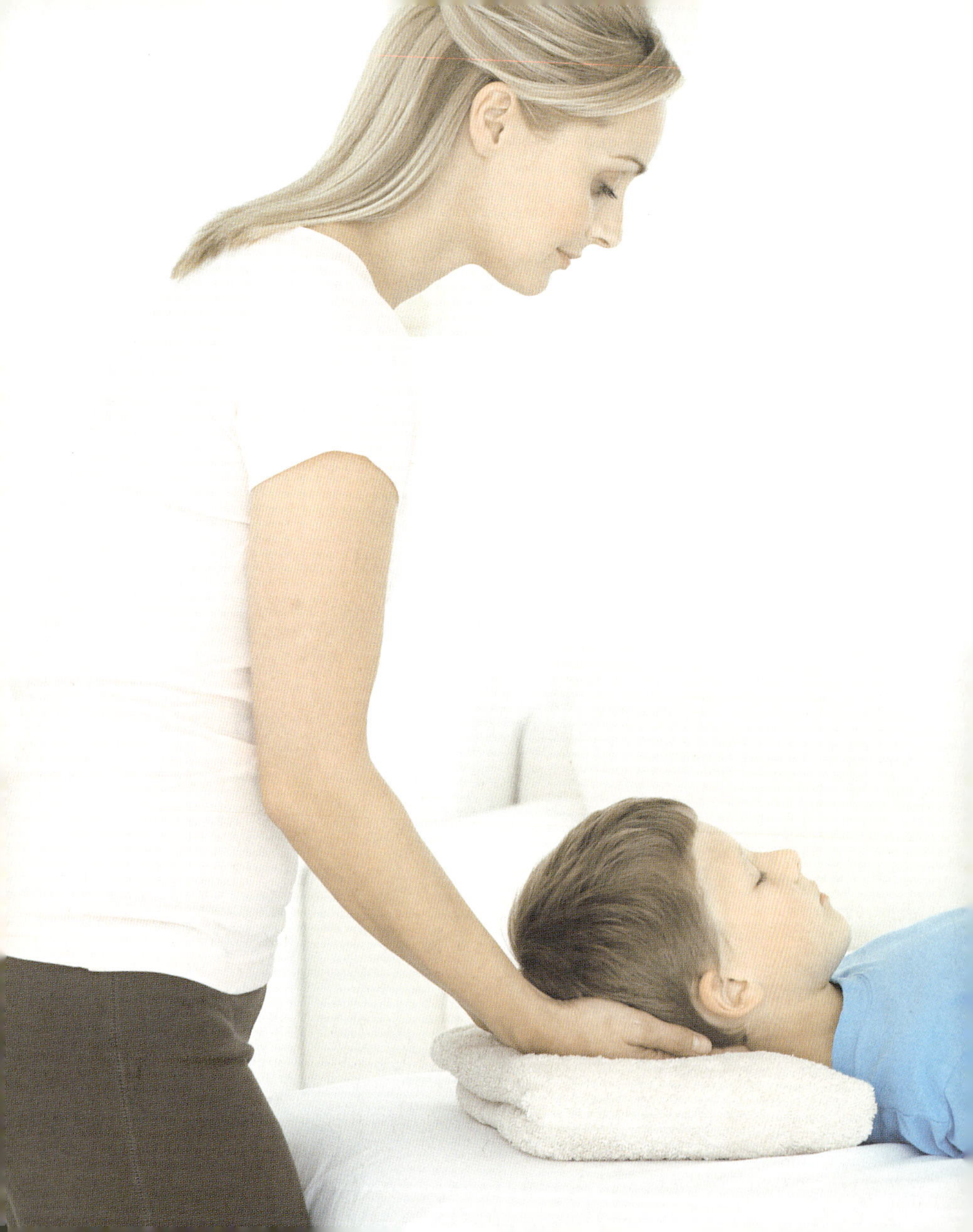

CINQUIÈME PARTIE

Reiki pour les amis et la famille

Traiter les bébés et les enfants

La plupart des enfants sont très réceptifs à l'énergie Reiki et trouvent son concept magique. Grâce aux programmes de télé et aux livres pour enfants, ils sont familiarisés avec les personnages dotés de « pouvoirs spéciaux », si bien que leur imagination n'a pas de mal à accepter l'idée de guérir une coupure ou de dormir plus facilement de par une énergie traversant les mains.

Certains enfants peuvent refuser un traitement, pour leurs propres raisons. Ils sont plus sensibles à l'énergie que les adultes, si bien qu'ils sont probablement plus conscients quand vous leur administrez du Reiki, même si vous ne leur expliquez pas ce que vous faites. Selon moi, s'ils ne veulent pas le Reiki, respectez cela et arrêtez jusqu'à ce qu'ils le demandent.

Il est plus facile de travailler avec des enfants plus âgés, car leur attention dure davantage et ils comprennent mieux l'idée d'un processus structuré. Vous aurez du mal à faire tenir tranquilles les jeunes enfants assez longtemps pour recevoir un traitement – traitez-les quand ils dorment.

Mettre un enfant à l'aise

Parfois, impliquer un enfant dans le processus de préparation de la pièce pour le traitement est un moyen de focaliser leur attention et les mettre à l'aise avec l'idée de s'allonger sur la table. Un enfant que j'ai traité n'a accepté de s'asseoir sur la table qu'après m'avoir aidée à allumer toutes les bougies de la pièce. Une fois satisfait, il a sauté sur la table.

Globalement, les enfants n'ont pas besoin de recevoir le Reiki aussi longtemps que les adultes. Leur corps est plus petit et ils n'accumulent pas les mêmes blocages énergétiques que les adultes. Une période de 20 à 30 minutes suffit pour un traitement complet du corps. Traitez un enfant allongé sur la table, mais s'il s'agite, laissez-le se lever et parlez avec lui en continuant à lui administrer le Reiki.

Harmonisations pour parents et enfants

Dans l'idéal, les parents amenant leurs enfants pour traitement doivent être encouragés à recevoir les harmonisations afin de leur administrer eux-mêmes le Reiki. Cela s'applique particulièrement si l'enfant a une affection chronique exigeant un traitement de longue durée. Les parents auront aussi le sentiment de participer au traitement de leur enfant. N'oubliez pas que les enfants peuvent aussi recevoir les harmonisations. Discutez le sujet avec votre instructeur de Reiki.

À DROITE. Les enfants sont très réceptifs au Reiki et administrer régulièrement des traitements à votre enfant vous offre un moyen unique de vous lier avec eux.

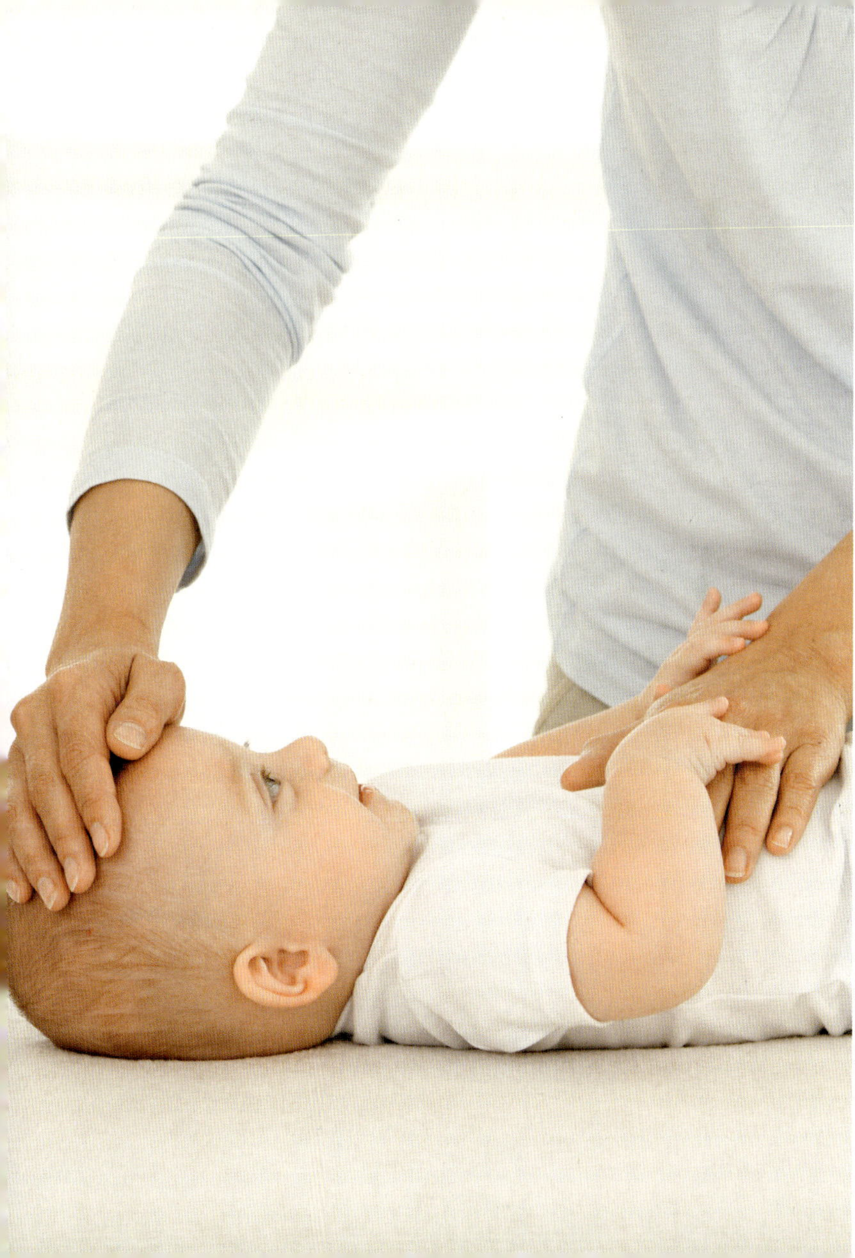

Traiter les enfants

Les enfants débordent d'énergie. Vous la percevrez en leur administrant un traitement Reiki. L'énergie circule sans entraves dans le corps, de la tête aux pieds, du moins chez les enfants en parfaite santé. Toutefois, cette abondance d'énergie signifie aussi qu'il leur est parfois difficile de se calmer, spécialement le soir. Les étapes suivantes les aideront à s'apaiser et à se concentrer mentalement.

Combiner le Reiki avec un exercice de relaxation du corps comme celui où vous leur demandez de contacter puis de détendre chaque partie de leur corps, en descendant à partir de la tête, est également efficace pour des enfants souffrant de troubles du sommeil.

1

Calmer

Ces traitements se concentrent sur la tête, apaisant l'activité mentale excessive et libérant les endorphines, hormones du bonheur. Lisser l'aura aidera aussi l'énergie à se stabiliser.

1 Placez une main sur l'occiput, l'autre à travers le front, couvrant le chakra du troisième œil. Cette position favorise le calme et atténue le stress.

2 Placez vos mains sous l'occiput, le tenant délicatement. Cette position favorise le sommeil chez les enfants et les adultes.

3 Placez une main sur le front, l'autre sur le chakra du plexus solaire. Cela aide à équilibrer les émotions. Si vous désirez, continuez à déplacer votre main du plexus solaire en descendant vers la zone de l'estomac, ajoutant ainsi à la sensation de relaxation de l'enfant.

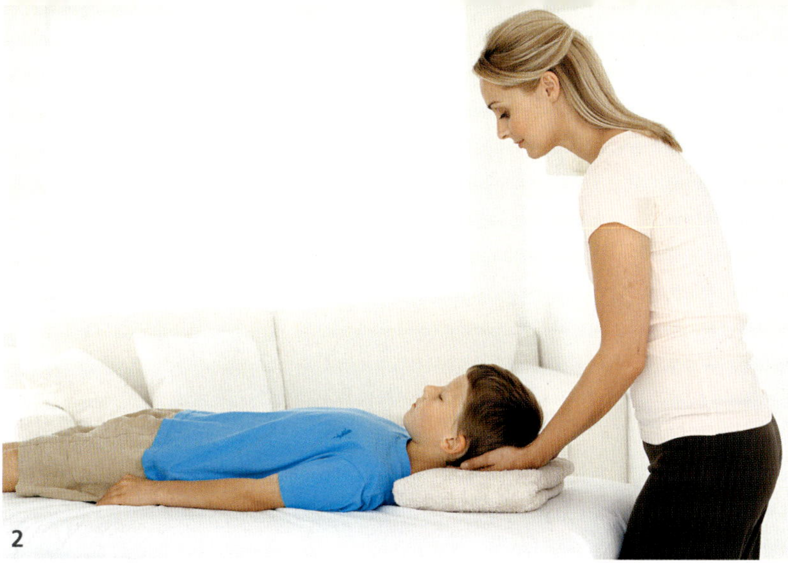

2

3

Accroître la concentration

Utile avant des examens ou des tests en tout genre. Beaucoup d'enfants sont plus stressés que les parents et les professeurs le réalisent, et peuvent même développer des symptômes pareils à des phobies à propos de ces épreuves. Utilisé régulièrement, ce traitement simple en trois étapes atténue la peur. Les positions des mains aident à calmer l'activité mentale et permettent au corps et au mental de se détendre. Le traitement favorise aussi le changement positif de la vision mentale que l'enfant a de la vie, spécialement s'il est soutenu par des messages étayant la confiance.

1 Placez vos mains sur les yeux de l'enfant, qui doivent être clos. L'énergie sera ainsi attirée en lui.

2 Placez ensuite vos mains des deux côtés de la tête de l'enfant, devant ses oreilles. Cela équilibre les deux hémisphères cérébraux.

3 Placez vos mains sous l'occiput, comme à l'étape 2 de l'exercice précédent.

1

2

3
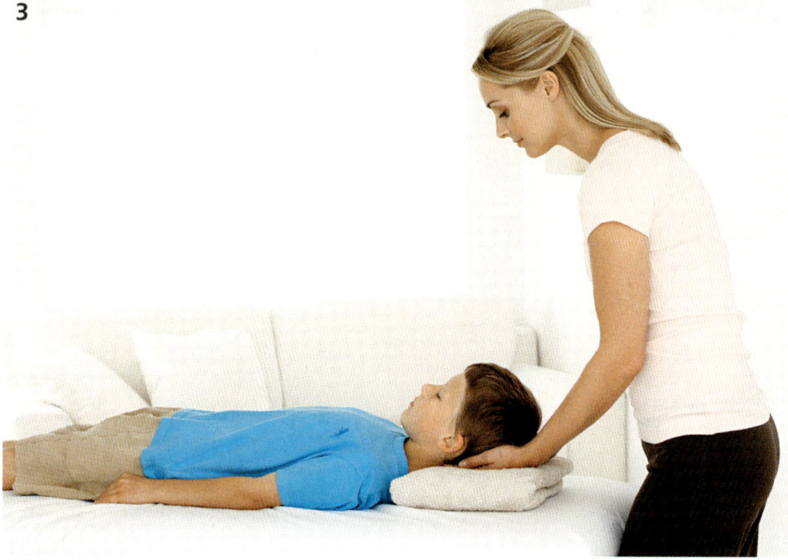

Traiter les bébés

Les praticiens du Reiki qui deviennent parents ont un don merveilleux qui les aidera, eux et leur bébé, dans la vie, et particulièrement lors des premières semaines. Le toucher en tout genre est extrêmement important pour un bébé, et vous vous aurez naturellement de nombreuses occasions durant la journée d'administrer le Reiki à votre bébé.

Comme les enfants, les bébés n'ont pas besoin d'un traitement complet, et la plupart du temps 10 minutes suffiront. Si vous constatez que votre bébé ne réagit pas au toucher direct quand il reçoit le Reiki, gardez vos mains au-dessus de votre corps, car le Reiki sera absorbé aussi bien.

Le Reiki est particulièrement utile en aidant à établir un sommeil régulier et apaisera le bébé perturbé, agité ou incapable de s'endormir parce qu'il a mal.

Endormir le bébé

Comme le corps du bébé est minuscule, vous pouvez lui administrer d'habitude un traitement complet en gardant vos mains en une seule position.

1 **Pour aider votre bébé à s'endormir, placez une main sur son front et une sur son estomac. Ces deux positions accroissent le sentiment de sécurité et de relaxation.**

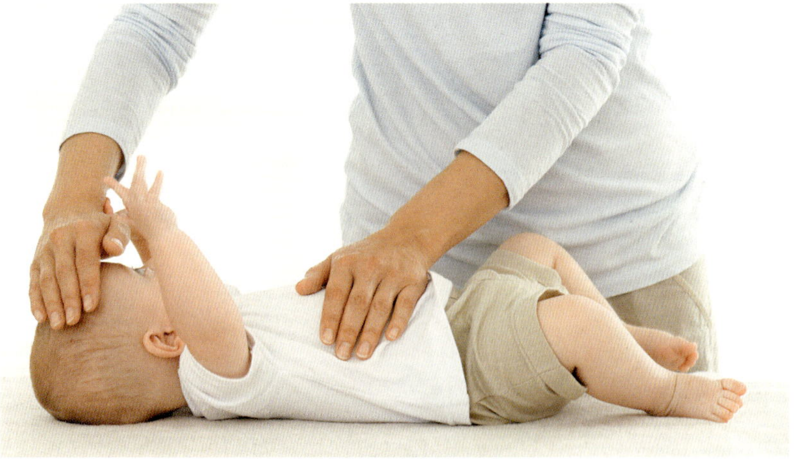

Équilibre énergétique total

Aide à offrir au bébé une sensation globale de calme et de relaxation.

1 Asseyez-vous avec le bébé vous faisant face ou mettez le bébé sur son côté. Placez une couverture roulée derrière son dos pour l'empêcher de tomber à la renverse.

2 Placez une main sur son occiput, l'autre sur son dos. Si le bébé est sur le côté, votre main est dirigée soit vers le haut, soit vers le bas sur son dos, selon le côté le long duquel vous êtes assis.

Équilibre énergétique alternatif

Cette position alternative pour équilibrer l'énergie du bébé se concentre surtout sur la zone de l'estomac et l'arrière du cœur – utile en cas de mal de ventre ou de gaz, elle fera que le bébé se sent en sécurité.

1 Que l'enfant soit sur le dos, sur le ventre ou assis, placez une main sur son estomac, l'autre sur son dos. Dans ce cas, ce serait plus facile de placer vos mains dans une position horizontale. Cela équilibrera l'énergie dans l'ensemble du corps et calmera le système digestif.

Traiter les personnes âgées

Les personnes âgées sont de plus en plus isolées dans la société moderne. Beaucoup vivent la fin de leur vie seules, sans conjoint ou famille à proximité. Même si elles peuvent parler aux autres, le toucher leur manque le plus souvent. Cette absence de contact physique contribue au déclin physique et rend plus difficile le rétablissement après une maladie. Un animal de compagnie peut s'avérer très important pour les personnes âgées ; caresser un animal a fait du chemin pour remplacer le toucher humain.

Les personnes âgées ont grandi à une époque où les gens étaient plus réservés à propos de leur corps. L'idée de se dénuder pour un massage leur déplaît et même s'ils savent que cette thérapie leur sera bénéfique, une barrière psychologique les empêche de l'accepter. Pour ces raisons, le Reiki est le traitement parfait pour les personnes âgées, tout comme la réflexologie, le massage indien de la tête et l'acupuncture, moins invasifs que le massage du corps, mais où le toucher est encore un élément clé.

Affections ordinaires

Les personnes âgées sont susceptibles de souffrir d'affections chroniques comme l'arthrite, et le Reiki peut s'avérer très bénéfique en atténuant la douleur des articulations. Le Reiki est également utile pour le traitement des troubles du sommeil, habituels dans cette classe d'âge. Ces personnes risquent aussi de faire de longs séjours hospitaliers, et vous pouvez leur offrir le Reiki pour les fortifier avant une opération et accélérer le rétablissement ensuite.

Bien entendu, le Reiki est utile pour les maladies en phase terminale et guide en douceur la personne vers la fin de son voyage, l'aidant à atteindre une transition paisible.

Troubles de la mobilité

Administrer des traitements Reiki à une personne âgée n'est pas différent du traitement de tout autre adulte. Toutefois, vous devez tenir compte de sa mobilité. Elle ne pourra probablement pas s'allonger sur la table de traitement. Dans ce cas, traitez-la assise sur une chaise au dossier droit. Si vous voulez traiter son dos, demandez-lui de s'asseoir sur le côté de la chaise.

Une alternative est d'utiliser la guérison à distance. Cela permettra à ces personnes de se détendre au lit ou sur le canapé sans s'inquiéter de leur mobilité.

À DROITE Les personnes âgées sont souvent privées des bénéfices curatifs du toucher, qui fait du Reiki, de la réflexologie et du massage indien de la tête des moyens idéaux de compenser cette absence.

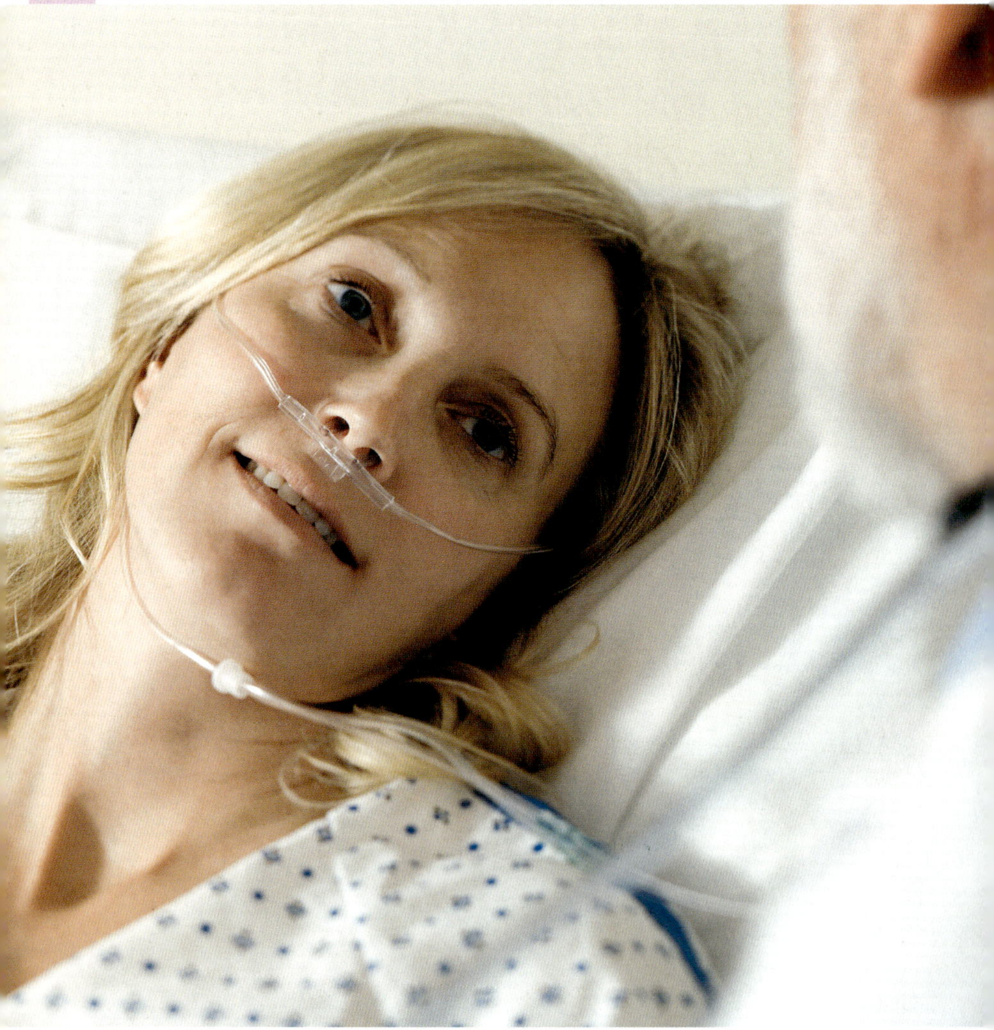

Reiki avant et après une opération chirurgicale

Alors que les personnes âgées sont hospitalisées plus souvent que d'autres classes d'âge, le besoin d'une opération chirurgicale peut intervenir à tout âge. Les techniques se sont améliorées au point où bon nombre d'affections sont opérées sur place, sous anesthésie locale. Toutefois, d'autres exigent des interventions lourdes, sous anesthésie générale, suivies par un long séjour à l'hôpital. Toute opération est invasive, à tous les niveaux du corps, et associée à l'anesthésie affaiblit fortement le corps.

Traitement avant une opération

Pour certains, l'intervention doit être retardée, car le chirurgien considère leur corps trop faible pour la supporter. Dans ce cas, administrez à la personne autant de traitements complets que possible pour la fortifier. Concentrez-vous sur la zone du corps qui sera opérée. Si vous ne pouvez pas être auprès de cette personne, lui envoyer une guérison à distance pendant quelques jours avant l'opération s'avérera tout aussi efficace – J'ai traité ainsi beaucoup de gens.

Même s'il n'y a pas de problèmes au niveau physique, beaucoup, spécialement les enfants, craignent une intervention. Les traitements Reiki les aideront à gérer leurs peurs et approcher l'opération plus détendus.

Traitement après une opération

Une fois l'opération pratiquée, le Reiki peut accélérer le rétablissement. Un des grands avantages du Reiki est que vous ne devez pas appliquer une pression sur le corps, ni même le toucher, d'ailleurs. Vous pouvez donc administrer le Reiki sans crainte de blesser la personne. Il n'est pas possible d'administrer un traitement complet quand la personne est encore à l'hôpital, mais vous pouvez administrer un traitement localisé en tenant la main au-dessus de l'incision pendant 5 minutes ou davantage. Vous le complimenterez en envoyant un traitement complet à distance.

La guérison à distance signifie que vous pouvez aussi traiter les personnes en soins intensifs, les bébés dans les couveuses et les personnes en isolement. Avec le Reiki, la distance ou les horaires de visite des hôpitaux et toute autre limitation ne vous empêcheront pas de soutenir quelqu'un lors d'une période stressante et souvent traumatisante, vous faisant vous sentir une partie du processus de guérison.

À GAUCHE. Le Reiki peut fortifier le corps et le mental avant une opération, et soutenir le processus de guérison ensuite.

Traiter les animaux

Les animaux de compagnie sont des membres chéris de la famille. S'ils sont blessés ou malades, la situation sera très stressante. Le Reiki complimente le traitement médical et aide le rétablissement de l'animal exactement comme il le fait pour les hommes. Quand les animaux sont malades, ils savent d'instinct comment s'aider eux-mêmes, à la différence des hommes. Ils ne mangent plus pour reposer leur organisme, par exemple, et dorment pour conserver leur énergie.

La procédure pour traiter les animaux n'est par très différente de celle traitant les hommes. D'un point de vue anatomique, les organes de la plupart des animaux sont dans une position similaire à ceux des hommes. Il sera assez simple pour vous de traiter les principaux. Manifestement, les animaux présentent quelques défis, car on ne peut pas communiquer avec eux verbalement. Vous aurez à vous reposer sur vos dons d'observation et sur votre intuition. Certains animaux sont plus réceptifs au Reiki que d'autres, en fonction plus du caractère individuel que de la race. Si un animal ne veut pas recevoir le Reiki, n'essayez pas de le maintenir et de le lui administrer de force. Mieux vaut le laisser s'en aller, et peut-être essayer une autre fois.

Chats et chiens

Lorsque vous traitez un chat ou un chien, placez vos mains dans les positions que vous pouvez prendre le plus confortablement. Si possible, je commence en plaçant ma main derrière ses oreilles, ce qui semble calmer l'animal. S'il est content, celui-ci restera tranquille. Je fais ensuite descendre mes mains sur les côtés de son corps, puis je mets une main sur la poitrine, l'autre sur son dos. Ne vous inquiétez pas si vous n'arrivez pas à traiter l'ensemble de son corps, car le Reiki le traversera. Si l'animal est blessé, évitez de le toucher directement et travaillez avec les mains au-dessus de son corps. Le temps que vous passez à un traitement dépend de la taille de l'animal et de la durée où il restera calme.

Autres animaux

Les animaux de compagnie « exotiques » comme les serpents et les iguanes qui sont habitués à être manipulés peuvent être traités pareillement. Les oiseaux peuvent poser problème, car ils n'aiment pas être manipulés. Dans ce cas, dirigez le Reiki vers eux à travers la cage. Traitez similairement les poissons dans leur aquarium. Les chevaux, habitués aux hommes, sont assez réceptifs à ce traitement.

À DROITE. Traiter les animaux est assez similaire au traitement des humains, bien que vous constatiez que certains animaux sont plus réceptifs au Reiki que d'autres.

Traiter les plantes

L'énergie vitale est une partie intrinsèque de la végétation, comme elle l'est des animaux et des êtres humains. Par conséquent, le Reiki peut être utilisé de diverses manières pour fortifier vos plantes.

Plantes d'intérieur

Commencez par administrer le Reiki aux racines de la plante, en plaçant vos mains autour de son pot. C'est important parce que les racines lui permettent d'absorber sa subsistance. Lorsque vous sentez intuitivement que les racines ont absorbé assez d'énergie, montez vos mains sur sa tige. En tenant votre main à environ 2,5 cm des feuilles, laissez le Reiki circuler dans l'aura de la plante.

Bien entendu, même avec du Reiki vos plantes doivent être soignées ensuite de la manière normale. Le Reiki n'aidera pas si la plante doit être rempotée. Si une plante d'intérieur ne s'épanouit pas malgré vos meilleurs efforts, cela indique la présence d'énergie négative à l'endroit où vous l'avez placée. Les plantes sont de bons indicateurs des points noirs énergétiques. Placez-la ailleurs dans la pièce, ou dans une autre pièce et voyez si elle refleurit.

À GAUCHE. Les plantes sont connues pour bien réagir à la voix humaine les encourageant à grandir et réagissent bien aussi au Reiki.

Plantes du jardin

Si vous préparez des plates-bandes dans le jardin, administrez du Reiki aux racines avant de planter les pousses. Ce genre de pousses sont vendues dans de petits pots – il suffit de tenir ceux-ci dans vos mains. Si vous faites pousser des fleurs ou des légumes à partir des graines, administrez du Reiki aux paquets de graines ou tenez vos mains au-dessus des germoirs. C'est une occasion idéale d'expérimenter avec les effets du Reiki : administrer le Reiki seulement à la moitié des graines, puis comparez les taux de croissance.

Si vous avez un très grand jardin, il n'est pas pratique d'essayer le Reiki sur son ensemble. Vous pouvez utiliser la guérison à distance pour envoyer du Reiki à tout le jardin.

Si le temps le permet, vous pouvez le faire assis dans le jardin, le visualisant mentalement et traçant les symboles sur vos mains, comme décrit à la page 175. S'il fait froid ou humide, envoyez la guérison depuis la maison.

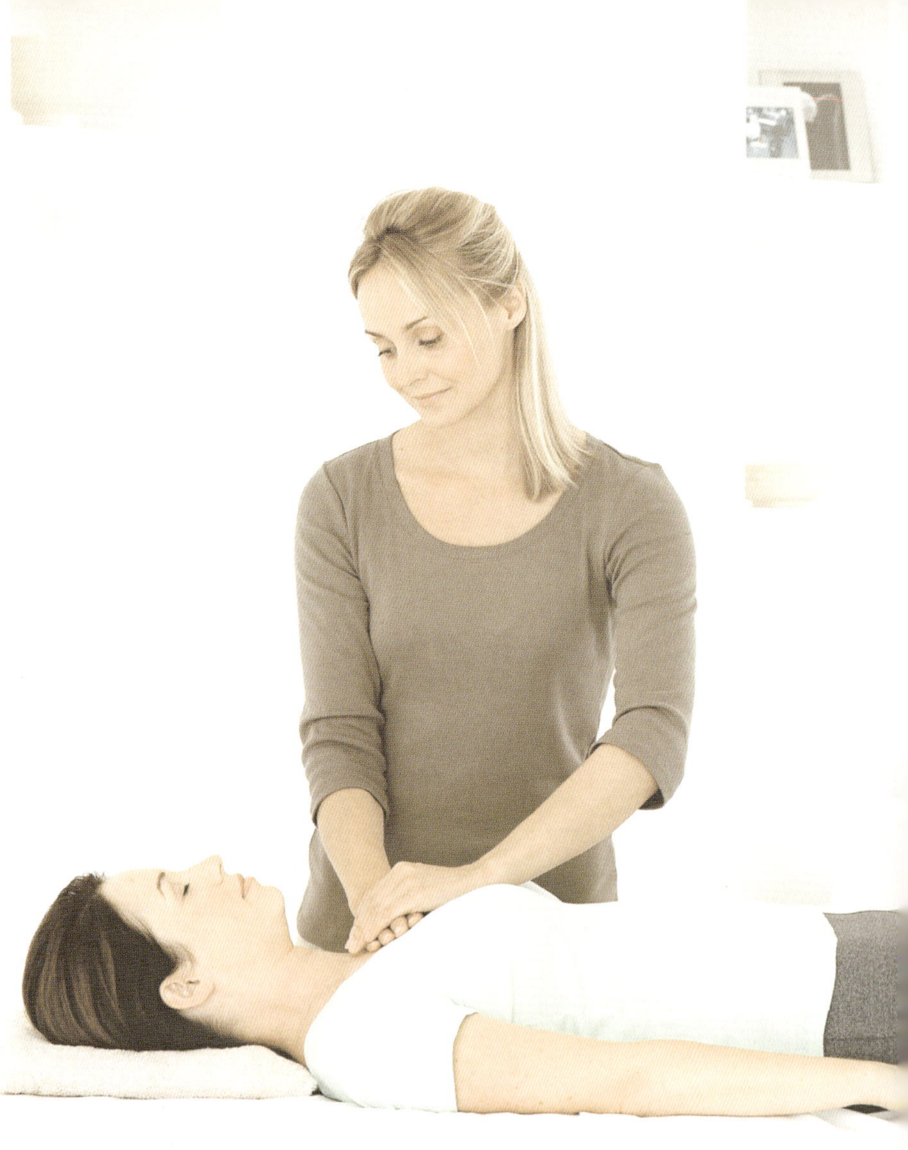

SIXIÈME PARTIE

Reiki pour les étapes de la vie

Vie et longévité

L'une des principales préoccupations des gens est le processus de vieillissement. Effectivement, cette préoccupation débute tôt, des trentenaires affirmant qu'ils sont déjà vieux. Nous avons peur de vieillir tout en voulant vivre plus longtemps. Nous pouvons nous attendre à une vie plus longue que celle des générations précédentes. Nous voulons la longévité mais n'avons pas les moyens d'en profiter, une majorité est vaincue par son propre corps.

Un lent déclin

Les véritables problèmes de vieillissement ne sont pas ceux spectaculaires comme les crises cardiaques, mais le lent déclin des fonctions du corps, débutant vers la mi-trentaine et devenant plus apparent après 60 ans. La vision moins aiguë, l'ouïe affaiblie, la perte de mobilité et de mémoire, l'insomnie et l'étourdissement définissent davantage les problèmes de l'âge que les événements soudains comme les apoplexies. Ce sont les choses qui s'approchent à pas de loup qui dépriment.

Le message prédominant des médias et de la médecine classique dit que les problèmes associés au vieillissement sont inévitables. Les gens s'attendent à perdre leur mobilité et à développer des affections chroniques. En Occident, on n'a pas d'idée claire de la prévention ou du ralentissement du déclin physique ou mental.

Comment le Reiki peut combattre le vieillissement

Le Reiki offre un moyen de ralentir ce déclin et enseigne aux personnes déjà âgées, les charge de nouveau en pouvoir. Le Reiki ne peut pas changer l'âge chronologique, mais peut modifier l'âge fonctionnel. Des études chinoises d'hommes et de femmes de plus de 60 ans pratiquant le chi kung ont montré que beaucoup ont la santé et la vitalité d'une personne de la moitié de leur âge. Dans ce cas, la longévité est favorisée par la combinaison du travail avec le *ki* et du mouvement en douceur. Comme le souligne un instructeur de chi kung, la longévité est toutefois désirable uniquement si elle accroît la période de jeunesse, pas celle de vieillesse.

Utilisé à toutes les étapes de la vie, le Reiki accroîtra la vitalité à mesure que nous absorbons et équilibrons le *ki* nécessaire à l'entretien du corps dans un état optimal. Il nous procurera une vision plus positive de la vie, ce qui est en soi l'une des plus puissantes méthodes de combattre le vieillissement. L'idée qu'après un certain âge nous ne contribuons plus à la société est l'une des principales causes du déclin physique et mental. Le Reiki nous offre la sagesse pour savoir mieux.

À DROITE. Le Reiki ne peut pas changer votre âge chronologique, mais il peut modifier votre âge fonctionnel, le rendant équivalent à celui d'une personne plus jeune.

Changement et transition

Au cours de la vie, nous sommes confrontés à quelques changements majeurs. Nous anticipons l'adolescence avec excitation, puis passons trois à quatre ans à batailler avec nos hormones tout en tentant d'établir un sens du moi, ce qui fait alterner l'humeur entre dépression et exultation. Nous affrontons ensuite la responsabilité de l'âge adulte et souvent la transition du célibat à une vie de couple, suivie par l'un des plus importants changements de la vie – devenir parents.

Bien que l'état de parent ne soit pas une fin, nous devons affronter le fait que nos enfants s'en iront. pour beaucoup, c'est un autre changement leur imposant des défis émotionnels, dont une perte du sens d'objectif. Chez les femmes, cette perte est souvent suivie rapidement par un autre grand changement – la ménopause – « double coup dur » dans un bref laps de temps. Non seulement elles ne sont plus de mères au quotidien, mais elles se voient aussi superflues en tant que femmes.

Le final défi à affronter est la mort des proches et notre propre fin en train de s'approcher. Nos enfants doivent aussi faire face à cet événement, car pour eux aussi la mort d'un parent est un changement de vie.

À GAUCHE. Notre vie est un changement constant. Nous pouvons nous aider à affronter sans crainte les nombreuses transitions de la vie en pratiquant le Reiki.

Transformer la peur en sagesse

Si notre corps, mental et esprit sont équilibrés, nous traverserons ces changements et transitions avec plus d'aisance et de sérénité. Nous aurons la sagesse d'apprécier le changement au lieu de le craindre. La peur handicape et empêche d'accéder à notre pouvoir intérieur afin de transformer des situations et de trouver des solutions aux problèmes. Souvent, c'est notre incapacité à vivre dans le présent qui laisse la peur nous contrôler.

Le Reiki nous offre la possibilité de transformer notre peur. En pratiquant régulièrement le Reiki, nous approcherons tout changement de situation avec plus de souplesse et de positivité. Le Reiki nous enseigne à ne pas résister aux expériences que nous préférerions ne pas connaître, mais de les suivre et d'en tirer les leçons. Nous ne devons pas nier la douleur et la souffrance que nous causent certains événements, tout comme nous ne devons jamais nous refuser les sentiments de joie. Tout fait partie de l'ensemble.

Le Reiki enseigne aussi que les expériences en tout genre ne durent jamais éternellement, et que la seule chose permanente de la vie est la lumière intérieure. Quand nous en sommes conscients, nous pouvons faire face à tout.

Adolescence

Les années de l'adolescence sont des montagnes russes où au mieux nous célébrons notre quasi-indépendance, et au pire nous craignons celle-ci et ce qu'elle nous apportera. C'est une période de transition qui voit changer radicalement nos intérêts à mesure des tentatives d'établissement d'une identité personnelle à l'aide des vêtements, de la musique, du sport et d'autres activités.

C'est aussi une époque où nous bataillons avec l'image de notre corps. Si nous manquons de confiance quand à notre apparence, nous risquons l'isolement ou des troubles plus graves. Notre corps semble incontrôlable, tout comme les émotions. Les émotions de l'adolescence passent rapidement d'un extrême à un autre, ce qui peut s'avérer effrayant, car il n'y a pas de signe de juste milieu.

Le Reiki est capable d'aider les adolescents lors des hauts et des bas de cette période de transition en accroissant leur sentiment de sécurité et de confiance en eux. En plus d'atténuer les problèmes genre changements d'humeur, en partie hormonaux, c'est un auxiliaire très utile pour certains aspects plus physiques comme l'acné et les crampes menstruelles. Que vous administrez le Reiki à un adolescent ou lui enseignez le Reiki pour qu'il puisse se traiter lui-même, cette pratique le soutiendra à travers cette période d'incertitude.

La religion étant démodée, beaucoup des adolescents actuels n'ont pas de point de référence quand aux valeurs et aux pratiques spirituelles. Bien qu'ils aiment sembler « cool » et plus matures qu'ils le sont, les adolescents ont ainsi envie d'une certaine solidité et structure dans leur vie, qu'une pratique spirituelle leur apportera. J'ai constaté que la plupart sont intrigués par le Reiki et, plus important, le voient comme étant « cool ».

À GAUCHE. À l'adolescence, nous bataillons avec l'image du corps et essayons d'établir notre identité propre. Le Reiki peut aider à accroître les sentiments de sécurité et équilibrer les changements d'humeur.

Équilibrer les émotions

Ce traitement aidera la personne traitée à laisser aller les émotions et à se détendre. Les positions des mains se focalisent sur le système nerveux et les glandes surrénales, qui aident à fortifier les nerfs et activent le système nerveux parasympathique (voir pages 120 et 121). Les positions 1 à 7 ci-dessous calment le mental.

1 Placez vos mains dans la position 1a (voir page 221).

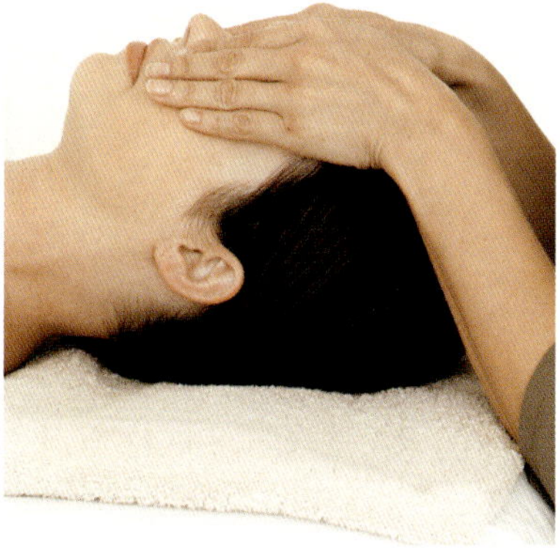

2 Placez vos mains dans la position 1b (voir page 221).

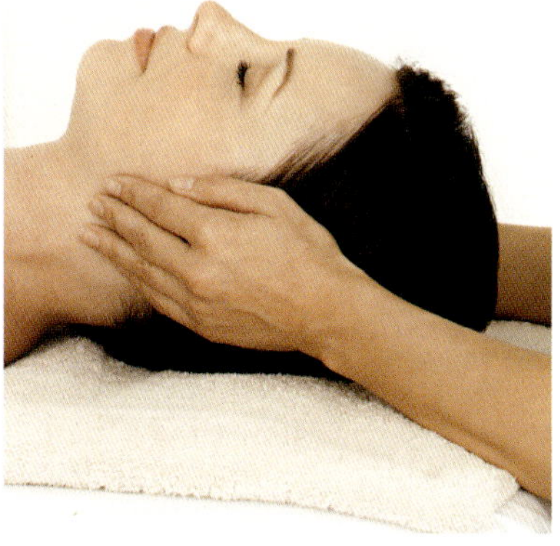

3 Placez vos mains dans la position 2a (voir page 222).

4 Placez vos mains dans la position 2b (voir page 222).

5 Placez vos mains dans la position 3a (voir page 223).

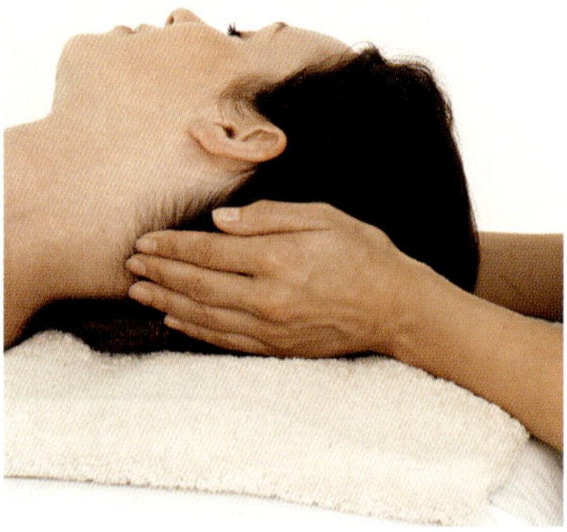

6 Placez vos mains dans la position 3b (voir page 224).

7 Placez vos mains dans la position 3c (voir page 224).

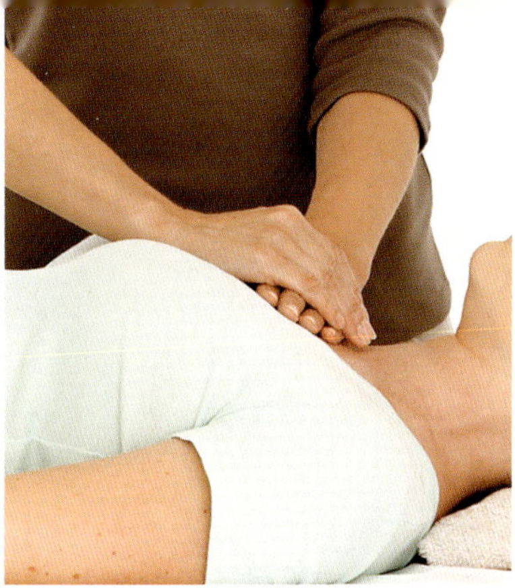

8 Placez vos mains sur le chakra du cœur, couvrant le thymus pour aider la connexion avec le cœur.

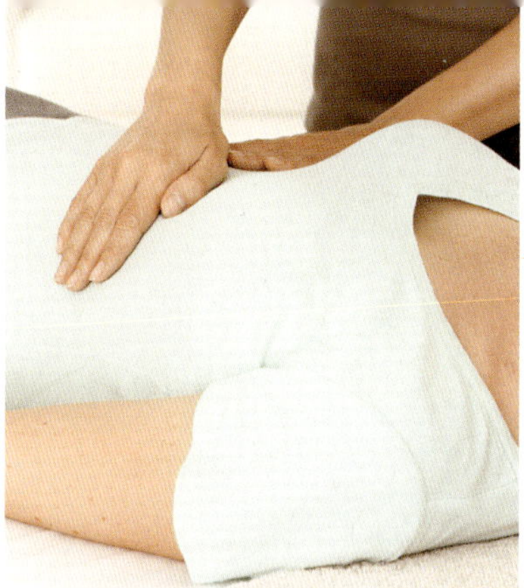

9 Placez vos mains dans la position 6 (voir page 228).

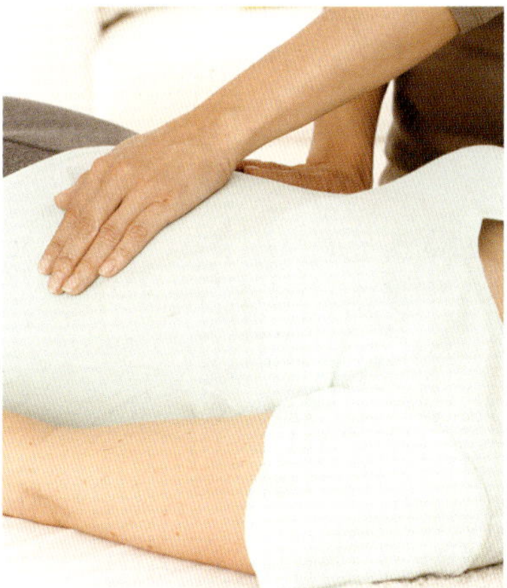

10 Placez vos mains dans la position 7 (voir page 229).

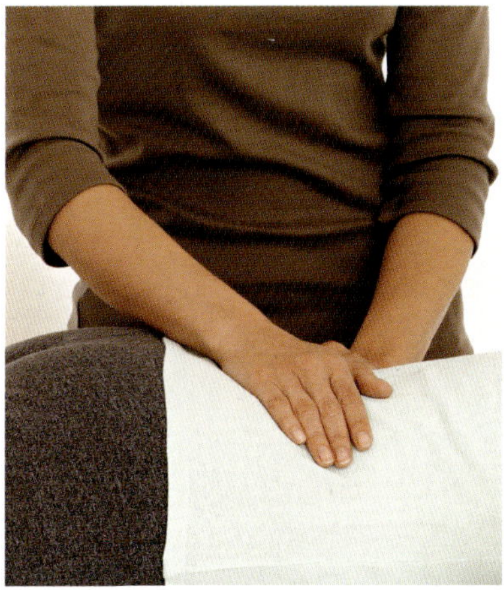

11 Placez vos mains dans la position 14 (voir page 236).

Grossesse

La grossesse est une époque de grande importance dans la vie d'une femme. Elle est remplie de joie à l'idée de porter une vie nouvelle, mais aussi de crainte pour le bébé grandissant en elle. Les futures mères ont beaucoup de choses à gérer pendant leur grossesse, y compris tous les changements du corps prenant place, comme les nausées matinales, la fatigue excessive, l'indigestion, le mal du dos, causant un grand inconfort. Ces gênes peuvent être allégées grâce au Reiki.

Le Reiki peut aussi soutenir émotionnellement durant cette époque de bouleversements.

Pour les futurs pères, administrer un traitement de Reiki est un moyen de s'impliquer davantage dans la grossesse et de se lier au bébé à naître d'une manière différente. De plus, cela l'aidera aussi à surmonter quelques-uns des défis émotionnels qu'il affronte dans les mois précédant la naissance. Comme la mère, il doit faire face à la responsabilité de devenir un parent et accepter le fait que sa relation avec sa partenaire changera, car les deux devront faire de la place à l'enfant.

Traitements pendant la grossesse et l'accouchement

Pendant toute la grossesse, la mère doit s'administrer tous les jours un autotraitement. Le Reiki n'est nuisible à aucune étape et aidera à maintenir le calme et la relaxation. Si la mère ne pratique pas le Reiki, les traitements administrés régulièrement par un praticien seront bénéfiques. Elle doit lui demander de se concentrer sur toute zone de gêne particulière.

Quand la grossesse est avancée, la femme aura du mal à être confortable sur une table de traitement, ou même de s'y allonger. Dans ce cas, traitez-la sur une chaise et diminuez la durée du traitement. Administrez le Reiki directement sur les zones où le bébé bouge, l'aidant ainsi à absorber l'énergie. Le bébé bougera probablement vers l'énergie.

Envoyez des traitements à distance pendant la grossesse, particulièrement pendant l'accouchement. Ils seront extrêmement bénéfiques, comme le montre l'étude de cas suivante. Dans un monde idéal, ce serait bon d'avoir un praticien du Reiki (de préférence le père) près de la mère pendant toute la durée du travail. Sinon, un groupe d'amis praticiens de Reiki peut envoyer tour à tour des traitements à distance, ce qui accroîtra l'intensité de l'énergie. Un praticien suffit pour changer les choses.

À DROITE. Le Reiki fournit à la mère un soutien à travers les changements physiques et émotionnels durant la grossesse et aide les deux parents à se lier au bébé.

Étude de cas : accoucher avec le Reiki

Mon amie Anne attendait son premier bébé. J'ai mentionné le fait que des traitements de Reiki pourraient lui être bénéfiques, ainsi qu'au bébé, mais comme nous étions toutes les deux très occupées et nous vivions assez loin l'une de l'autre, nous n'avons jamais réussi à trouver le temps pour des traitements.

Brusquement, il ne restait que quelques semaines avant l'arrivée du bébé. Jusque-là, la grossesse d'Anne avait bien progressé. Toutefois, un examen de routine avait montré que le bébé était trop maigre et Anne avait dû se reposer au lit pendant une semaine. Bien entendu, elle était perturbée.

À l'époque, j'étais bien loin, quand j'ai réalisé que la meilleure chose à faire était de lui envoyer une guérison Reiki à distance. Elle a accepté l'idée et je lui ai envoyé plusieurs traitements durant la semaine où elle se reposait. L'examen suivant a montré que le bébé avait gagné un peu de poids, mais sur le conseil de son gynécologue, Anne et son époux avaient décidé d'accepter une césarienne.

J'ai envoyé du Reiki à Anne la nuit précédant son hospitalisation, puis de nouveau une demi-heure avant son opération. Peu de temps après, son époux a appelé pour annoncer la naissance d'un garçon d'un poids tout à fait normal. J'ai visité Anne le lendemain et j'ai administré du Reiki pendant quelque 10 minutes sur l'incision, sans la toucher. Pendant les quelques jours suivants, je lui ai envoyé du Reiki, en visualisant lui donner un traitement complet, focalisé sur le bas de son abdomen. Quand elle est rentrée chez elle, sa visiteuse médicale a été étonnée de constater que la cicatrice était presque guérie. Anne s'était aussi remise de sa césarienne plus rapidement que toute femme que j'avais rencontrée.

Cette histoire montre que le Reiki peut être utilisé pour toute situation se manifestant pendant la grossesse et la naissance, combiné avec les procédures médicales classiques.

Ménopause

La ménopause signale un changement de vie sur plusieurs plans. En général, elle intervient entre la mi-quarantaine et la cinquantaine. Il semble cependant qu'elle soit actuellement plus précoce que pour les générations précédentes, de par nombre de facteurs, dont l'alimentation et le mode de vie.

Dans la culture occidentale, la ménopause est vue comme un événement inopportun. Cette vision négative suscite chez les femmes des symptômes plus désagréables que la normale. Par contre, dans les cultures où la ménopause est tenue pour un événement positif, les femmes éprouvent moins de problèmes et gardent une meilleure image de soi.

La médecine conventionnelle traite les femmes par une thérapie de remplacement hormonal pour compenser la perte d'œstrogène et de progestérone de la ménopause. Toutefois, bien que celui-ci atténue certains symptômes, il présente des risques et ne convient pas à tout le monde. Bon nombre de remèdes de plantes sont également disponibles. Combinés avec une alimentation riche en produits à base de soja, ils diminuent les symptômes typiques, sueurs nocturnes, bouffées de chaleur, changements d'humeur, sécheresse vaginale et perte de mémoire.

Notre attitude à l'égard des changements et des symptômes prenant place contribue beaucoup à l'aisance (ou à la difficulté) avec laquelle les femmes passent par la ménopause. Pour beaucoup de femmes, il est difficile d'avoir des sentiments positifs quant à la ménopause quand elles vivent dans une culture voyant la menstruation comme « dégoûtante » et « sale ». Notre conditionnement à cet égard rend peu probable un passage facile, même si, ironiquement, la ménopause signifie la fin de quelque chose que nous avons appris à voir comme un problème.

Le Reiki peut aider les femmes à gérer les aspects physiques et émotionnels de la ménopause, à voir ce tournant de la vie comme une occasion de revoir notre attitude face à la vie. Nous pouvons l'utiliser pour éliminer des habitudes obsolètes qui ne nous servent plus lorsque nous entrons dans cette nouvelle phase, et les remplacer par une force et une conscience de soi nouvelle qui permettront de voir cet événement riche en possibilités au lieu de le tenir pour la fin de celles-ci.

Gain de poids

Durant la ménopause, le métabolisme ralentit, ce qui aboutit à un gain indésirable de poids. Cette position aidera à contrôler cette situation.

1 **Placez une main légèrement sur la zone de la gorge, l'autre sur le sommet de la tête. Cette position couvre la thyroïde, qui entretient le métabolisme.**

1

Bouffées de chaleur et troubles du sommeil

L'hypophyse et l'épiphyse contrôlent le système endocrinien ; il est donc logique de traiter la zone de la tête pour atténuer les symptômes suscités par un déséquilibre hormonal global.

1 **Placez vos mains dans la position 1.**

2 **Posez vos mains à l'horizontale sur le sommet de la tête, la main la plus base se courbant sur l'occiput.**

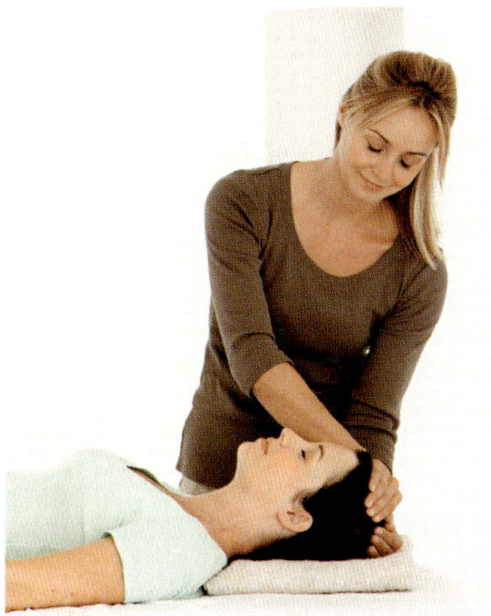

1

Exercice *ki* pour la ménopause

Cet exercice chi kung aide à régulariser les taux hormonaux. Il est aussi efficace pour la prévention de l'ostéoporose associée à la ménopause. Vos bras sont arrondis et détendus pendant tout l'exercice. Répétez l'exercice d'abord de 4 à 6 fois, allant progressivement jusqu'à 12, 24 ou 36 fois. En devenant plus compétent à cet exercice, vous bâtirez un rythme plus rapide. Pratiquez-le sur une musique rythmique, si cela vous convient.

1 Commencez en position debout, genoux légèrement fléchis, colonne vertébrale droite, bras détendus sur les côtés.

2 Levez lentement les mains jusqu'au-dessus de votre tête, paumes tournées vers le ciel. Ce faisant, tenez-vous sur la pointe des pieds. Continuez à lever vos mains jusqu'à ce qu'elles soient effectivement au-dessus de la tête et étirez-vous.

1

2

3 Une fois que vos mains sont juste au-dessus de la tête, tournez les paumes pour les abaisser face vers le sol. Maintenez votre équilibre en gardant les yeux ouverts, en étant cependant globalement détendue.

4 Descendez vos mains vers les côtés en les faisant osciller et en rebondissant sur vos talons. Laissez le mouvement descendant de vos bras achever une oscillation naturelle, complète. Une fois que vous avez un rythme, l'énergie ramènera vos bras vers le haut.

3

4

Mort et deuil

La mort est la transition finale, et aussi celle que nous craignons le plus. Pour la plupart, nous ne pouvons pas le contempler paisiblement. La quête de la vie éternelle est profondément enchâssée dans les histoires de notre culture, pourtant toutes concluent que la mort ne peut pas être trompée. Nous avons les moyens de prolonger la vie, mais nous ne pouvons pas vivre éternellement.

Perdre notre peur de la mort c'est trouver la liberté. Quand la mort est acceptée comme juste une autre partie du voyage, elle nous libère de notre peur de vivre. Toutes les traditions spirituelles enseignent que nous ne cesserons pas d'exister, mais serons simplement transformés. Pourtant, nous sommes attachés au corps physique qui limite notre pensée. Même les plus croyants ont du mal à se connecter parfaitement à ces enseignements, car les preuves manquent. Nous n'avons pas des preuves quant à d'autres choses, mais cela nous concerne moins que la certitude sur ce qui se passe après la mort.

Comme le Reiki agit sur tous les plans, il peut aider une personne à approcher la transition de l'âme d'une manière lui permettant de voir ce processus dans le contexte de l'ensemble de sa vie. De la même manière, le Reiki peut soutenir dans le chagrin d'un deuil et nous aider à comprendre que seul le corps physique est parti – l'âme de la personne existe encore et on peut communiquer avec elle.

Lorsqu'on traite les mourants avec le Reiki, on ne doit pas confondre guérison et soin. Bien que la possibilité d'un miracle soit toujours présente, il est probablement plus utile pour le praticien de Reiki de voir celui-ci comme un moyen d'aider les gens à affronter la mort au lieu d'un moyen de les garder en vie.

À GAUCHE. Le Reiki aide la personne à faire avec moins de crainte la transition de cette vie à ce qui se trouve au-delà.

Étude de cas : être réunis à travers le Reiki

Je me souviens d'une conférence sur le Reiki que j'ai donnée lors d'un salon. Vers la fin, j'avais décidé d'offrir une visualisation à l'audience. Je voulais créer un sanctuaire de guérison de lumière intérieure, susceptible d'être visité à chaque fois que nécessaire. Par la suite, un homme m'a approchée pour me parler de la visualisation, car pendant celle-ci il avait vu son épouse pour la première fois depuis son décès et avait pu converser avec elle. Je suis contente d'avoir choisi cet exercice ce jour-là. Bien entendu, ce n'était pas une coïncidence.

SEPTIÈME PARTIE

Reiki pour la santé et le bien-être

Nourriture et énergie

Les aliments contiennent de l'énergie vitale et constituent l'un des plus importantes manières d'introduire de l'énergie dans le corps, utilisée par le processus métabolique. En consommant des aliments de bonne qualité, l'énergie absorbée sera meilleure.

Les aliments bio, frais et crus ont une énergie de haute qualité. Les aliments crus contiennent le plus de force vitale, car aucun processus de cuisson n'a modifié leurs substances nutritives. Effectivement, ils sont devenus très particuliers, mais ce régime n'attire pas la majorité des gens qui préfèrent une diversité de plats chauds et froids.

Les plats industriels ont moins d'énergie. Même les légumes surgelés sont préférables à ceux en conserve. Toutefois, les aliments prétraités et cuisinés forment une grande partie du régime alimentaire occidental de par leur commodité et leur coût.

Administrer le Reiki aux aliments

Le Reiki peut être utilisé pour améliorer la qualité de tous vos aliments. Vous pouvez le faire pendant qu'ils cuisent, en tenant vos mains au-dessus de la casserole, en faisant attention à ne pas être brûlé par la vapeur ou l'huile. Une alternative probablement meilleure est d'administrer le Reiki à votre assiette. À la maison, vous pouvez tenir les mains au-dessus de l'assiette, au restaurant, en les plaçant discrètement sur les côtés d'un plat, paumes tournées vers le haut.

Toute boisson peut aussi recevoir le Reiki. Le café et le thé sont traités avant la préparation, les jus pour les enfants, dans leur verre. Même l'eau et le vin peuvent être bonifiés grâce au Reiki.

Le plaisir du jus

Les appareils à jus ont rendu plus facile la consommation accrue des fruits et des légumes sans devoir croquer un sac de carottes par jour. Ils permettent aussi de donner aux enfants plus de légumes – la combinaison des légumes tels que le céleri et les carottes avec des fruits comme les pommes, les oranges et les poires attire davantage leurs papilles gustatives.

À DROITE. Le Reiki peut être utilisé pour écarter les toxines des aliments et leur ajouter de l'énergie, ce qui bénéficiera à notre corps.

Nourriture et les chakras

Les aliments peuvent aussi être utilisés pour équilibrer les chakras. Un thérapeute des chakras sera capable de vous conseiller sur les aliments appropriés à inclure dans votre régime ou à exclure. Bien entendu, appliquez certains de ces principes à votre alimentation, mais en cas d'affection grave, mieux vaut consulter un expert.

Les études suggèrent que les éléments conférant de la couleur aux aliments, comme le bêta-carotène colorant les carottes en orange, jouent un rôle important dans notre équilibre. Il a été découvert que les aliments digérés génèrent une énergie vibrationnelle basée sur les signaux de lumière colorée. Ceux-ci sont absorbés par nos cellules via le courant sanguin. Pour jouir d'une santé optimale, nous devons donc consommer des aliments frais dont les couleurs naturelles reflètent les couleurs des chakras. Si un chakra est hyperactif, vous devez manger des aliments de la couleur opposée pour le calmer ; s'il est paresseux et a besoin d'être activé, mangez des aliments de la même couleur que le chakra.

Comme vous pouvez le voir dans le tableau ci-contre, un chakra racine hypoactif est aidé par l'absorption d'aliments rouges comme les poivrons rouges. Toutefois, si ce chakra est hyperactif, évitez les aliments rouges, spécialement très épicés, comme les piments. Cela s'applique à la plupart des chakras. Alors qu'une couleur soutient un chakra hypoactif, évitez-la si le chakra respectif doit être ralenti.

L'introduction de ce concept dans votre alimentation, combiné à l'administration du Reiki à la nourriture, vous soutiendra sur tous les plans. Vous constaterez les bénéfices de la meilleure qualité énergétique. Cela encourage à écouter le corps et d'interpréter plus correctement ses signaux. En résultat, vous devez vous « identifier » plus à votre corps, ce qui créera à son tour un sentiment d'harmonie avec le reste de l'univers.

À GAUCHE. Consommer des aliments d'une certaine couleur aide à équilibrer un chakra hypoactif de la même couleur.

CHAKRA	COULEUR	ALIMENTS
Racine 	Rouge	Un chakra racine hypoactif peut être équilibré en mangeant des fruits et des légumes rouges – poivrons rouges.
Sacré 	Orange	Oranges, carottes et autres aliments orange – potiron, pêches, patates douces – soutiennent ce chakra.
Plexus solaire 	Jaune	Les agrumes jaunes stimulent la libération physique et émotionnelle de ce chakra. Quelques bananes les calment.
Cœur 	Vert	Les salades et les légumes verts (chou, épinards) ont un effet purifiant et équilibrant sur l'ensemble du corps.
Gorge 		
Troisième œil /sourcils 	Bleu et pourpre	Les aliments bleu ou pourpre (myrtilles et aubergines) sont connectés à l'équilibre des plans mental et spirituel.
Couronne 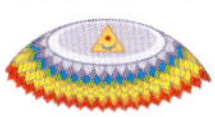		

Gérer le stress

Le stress est de plus en plus cause de maladies montrant de nombreux symptômes. Jusqu'à récemment, le stress n'était pas reconnu par la profession médicale en tant que source légitime de maladie. Les études conduites pendant ces dernières décennies ont changé les choses.

Bien que nous ayons plus de loisirs que nos ancêtres et une gamme de gadgets facilitant les corvées quotidiennes, la technologie qui a rendu cela possible est accompagnée d'une culture multitâche. À la maison et au travail, nous sommes constamment incités à jongler avec plusieurs tâches en même temps pour maximiser l'utilisation de notre temps. Similairement, l'utilisation des téléphones portables et des e-mails signifient que la journée de travail ne s'arrête pas à 17 h comme jadis, car dans beaucoup de professions on s'attend à ce que les employés règlent les problèmes 24 heures sur 24.

Beaucoup d'entre nous ne réalisent pas que les divers symptômes éprouvés sont causés par le stress, ou du moins que le stress joue un rôle dans leur présence. Nous pouvons même nier souffrir du stress, car nous nous considérons immuns à celui-ci. Le refus de considérer que nous sommes affectés naturellement par le stress conduit à une réapparition des symptômes. La médecine classique peut soulager temporairement les symptômes, mais si on ne traite pas la cause sous-jacente, le plus probable un problème émotionnel, l'affection réapparaît.

Malgré la fréquence accrue des maladies liées au stress, la majorité des gens n'arrivent pas très bien à s'en libérer. Nos mécanismes de gestion du stress tendent à inclure la boisson, la boulimie et l'effondrement devant la télé. L'exercice physique est une meilleure méthode de combattre le stress, mais préférez le yoga ou la tai chi à un sport extrême ou de compétition qui entretient la sécrétion d'adrénaline.

Les traitements Reiki sont une excellente méthode de diminution du stress. Non seulement ils soulagent les symptômes, comme les changements d'humeur, la colère et l'anxiété, mais agissent sur la cause et aident à trouver des moyens de prévenir en premier lieu l'accumulation du stress.

Soulager un mal de tête ou une migraine

L'un des symptômes les plus habituels du stress est un mal de tête ou une migraine. Le traitement suivant aide à soulager les symptômes et favorise la réflexion calme et claire. Administrez le traitement pendant environ 15 minutes. Peut être utilisé comme auto-traitement.

1 Debout ou assis, placez une main sur le front, l'autre sur l'occiput, à la jonction de la tête et du cou.

2 Placez vos mains des deux côtés de la tête, paumes couvrant les tempes, doigts dirigés vers le haut.

3 Placez vos mains sur l'occiput, doigts dirigés vers le haut.

Travail

Le travail stresse, mais apporte des problèmes physiques comme le mal du dos et les lésions de surmenage causés par les longues heures sans pause devant un ordinateur. L'utilisation accrue de la technologie a intensifié l'allure à laquelle on s'attend à ce que nous travaillions, et nous nous efforçons de tenir le pas avec la vitesse de nos systèmes de communication.

Les facteurs organisationnels contribuent aussi au stress et à la maladie – dont la surcharge de travail, les blocages de carrière et les relations dysfonctionnelles de travail, la haute productivité à laquelle s'attendent les employeurs. Pour beaucoup de travailleurs, le résultat du stress est un système immunitaire affaibli, provoquant à répétition diverses maladies, et un déclin du système nerveux, qui peut déboucher sur une dépression nerveuse.

Il y a deux choses simples que vous pouvez faire pour atténuer les problèmes physiques et mentaux au travail : vous asseoir correctement et faire une pause.

Posture assise correcte

Adaptez votre posture à chaque fois que vous vous asseyez à votre bureau, vous assurant que la colonne vertébrale est droite et les pieds à plat sur le plancher. Poser les fesses vers l'avant de la chaise vous permettra de maintenir cette posture. Évitez de vous asseoir jambes croisées pendant de longues périodes.

Faites une pause

Dès que possible, éteignez l'ordinateur, surtout si vous déjeunez à votre bureau. Le bruit constant, le scintillement de l'écran et le rayonnement électromagnétique irritent les systèmes.

À GAUCHE. Assis dans la posture montrée ici garde la colonne vertébrale droite mais détendue, et vos pieds à plat sur le plancher.

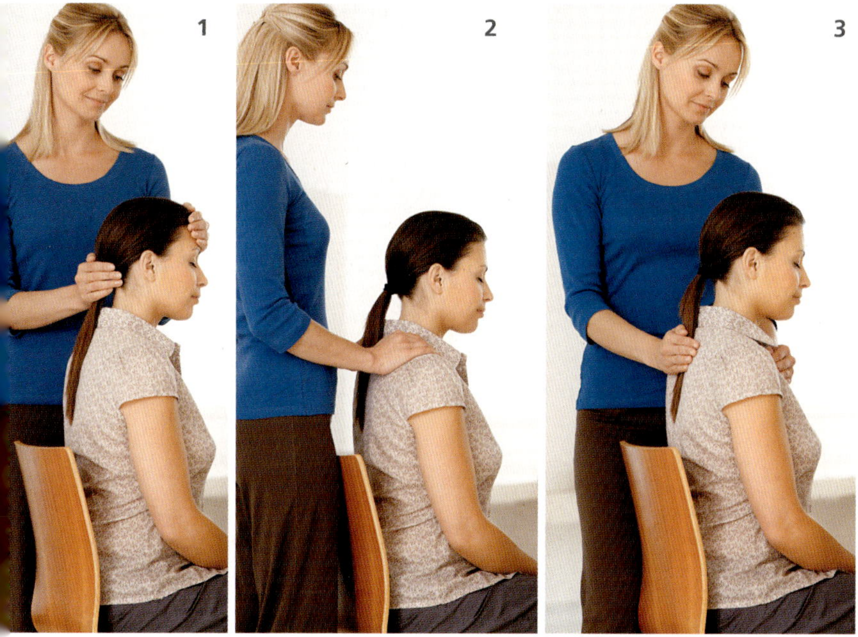

Traitement du cou et de l'épaule

L'un des principaux symptômes physiques du stress au travail et la douleur et la tension dans le cou et les épaules. Il est difficile d'administrer un autotraitement des épaules – si possible, demandez à quelqu'un de vous administrer ce traitement.

1 Placez une main sur le front, l'autre sur la base de l'occiput.

2 Placez vos mains des deux côtés du haut de la colonne vertébrale, doigts courbés sur les épaules.

3 Placez une main entre les omoplates, l'autre au centre de la poitrine, couvrant le thymus.

Vie familiale

Il n'est pas toujours aussi agréable et simple de vivre avec d'autres gens. Même la famille la plus heureuse connaît des périodes de conflit. C'est souvent dû au fait que les autres ne se comportent pas comme nous voudrions qu'ils le fassent et à la tendance de projeter la responsabilité des situations imparfaites sur autrui. Si ces tendances ne sont pas corrigées, il en résulte une détérioration de la relation, qui conduit finalement à sa fin.

En ne portant pas de jugement sur les autres et en assumant la responsabilité des événements que nous n'aimons pas, nous nous chargeons en pouvoir et nous améliorons aussi nos relations. Le Reiki a le potentiel de nous aider à examiner ce que nous aimons et n'aimons pas, nos habitudes, nos convictions et le degré auquel nous nous érigeons en juges. Les autotraitements et la méditation sur les principes spirituels vous aideront à trouver un équilibre intérieur, qui se reflétera ensuite dans les relations plus harmonieuses avec les autres.

Auto-traitement pour la colère

Passez-y au moins 20 minutes, en vous concentrant sur les zones du corps associées à la colère : la gorge, d'où sortent des paroles blessantes, la tête, où montent les pensées, les surrénales sécrétant les hormones entretenant l'agression et le cœur, où la situation peut être réglée.

1 Placez une main sur le front, l'autre sur le bas de l'occiput.

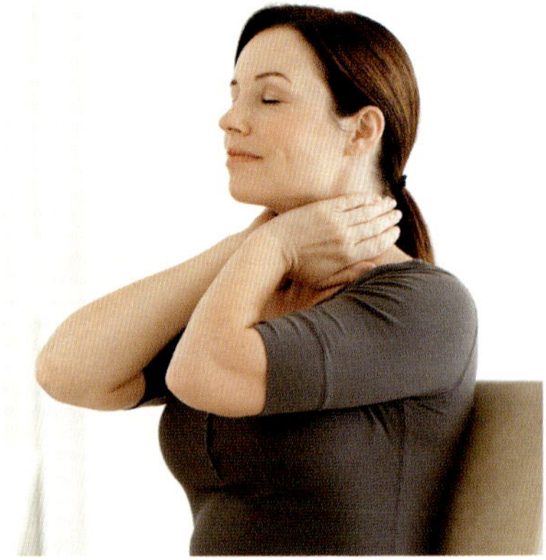

2 Placez vos mains autour de votre gorge, leur base se touchant devant elle, le bout de vos doigts se courbant vers la nuque.

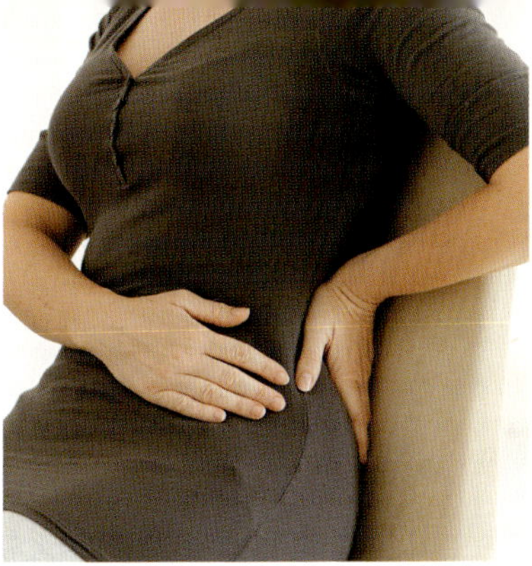

3 Placez ensuite votre main gauche sur la zone des reins et des surrénales de votre dos, main droite sur le bas de la cage thoracique, à droite, sur la zone de la rate.

4 Placez une main au centre de la poitrine, sur le cœur, l'autre au-dessus d'elle, couvrant le thymus.

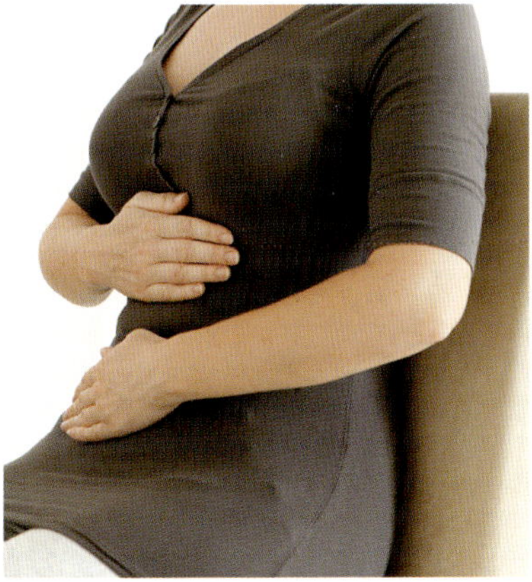

5 Placez une main sur votre plexus solaire, l'autre sous le nombril, sur le chakra sacré (*hara*).

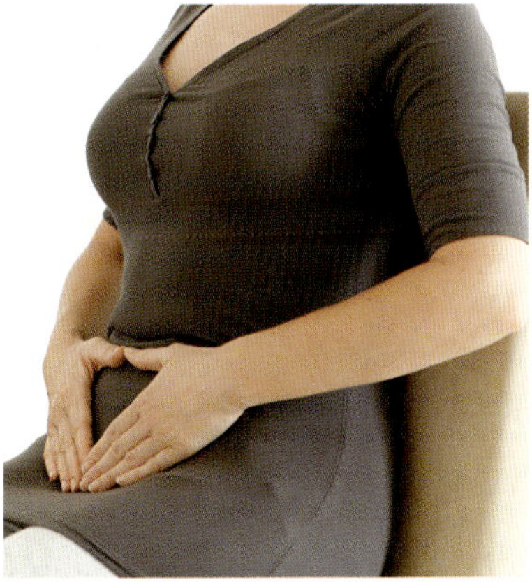

6 Finalement, placez vos mains sur le bas de votre abdomen, en formant un V du bout de vos doigts. Les hommes peuvent placer leurs mains sur l'aine.

Relations

Un domaine de nos relations personnelles qui pose problème à beaucoup est celui des relations intimes. Beaucoup craignent de révéler leurs pensées les plus cachées à leur partenaire, car cela les rend vulnérables. Ils ont peur d'être blessés ou critiqués en montrant leur véritable moi. En résultat, ils se défendent en restant fermés à l'autre personne, incapables de ressentir pleinement le soutien d'une relation ouverte et aimante.

Le Reiki peut aider en ouvrant le chakra du cœur. Lorsque vous percevez l'ouverture totale de ce centre, vous ressentirez un sentiment de joie et de paix parfaite.

Méditation du cœur

Cette méditation vous aidera à ouvrir votre cœur et à libérer les sentiments qu'il renferme.

1 Asseyez-vous, mains sur le chakra du cœur lui administrant le Reiki, et visualisez une énergie rose qui entre là. Gardez les mains dans cette position jusqu'à percevoir une sensation de douceur dans la zone. Si les larmes montent, laissez-les couler. Contemplez dans cette position tout ce qui vous entourent, et méditez sur la gratitude éprouvée envers tout.

Méditation de cœur à cœur

Cette méditation vous aidera, vous et votre partenaire, à approfondir votre sentiment d'intimité.

1 Asseyez-vous face à face dans une position confortable, assez proches pour vous toucher mutuellement la poitrine. Chacun place sa main droite sur le chakra du cœur du partenaire et sa main gauche sur son propre cœur. Gardez les muscles du visage et des yeux détendus en vous regardant avec douceur dans les yeux pendant une minute.

2 En restant dans la même position, fermez les yeux et percevez le Reiki circulant dans vos cœurs respectifs. Vous pouvez rester dans cette position aussi longtemps que vous le voulez, bien que 15 minutes suffisent probablement à vous connecter avec l'énergie du cœur et à ressentir un sentiment d'union.

Se connecter avec soi-même

Trop souvent, nous sommes si pris par ce qui se passe autour de nous que nous oublions de nous consacrer un peu de temps et de découvrir comment nous nous sentons. L'autotraitement avec le Reiki est une merveilleuse manière de passer du temps avec soi-même et de se connecter avec celui qu'on est sur tous les plans de son être. De plus, cela vous équilibrera et vous rechargera en énergie.

Exercice de connexion

Accordez-vous au minimum 30 minutes pour ce traitement. Si vous pouvez vous consacrer plus de temps, faites-le. Essayez de vous assurer que la zone que vous traitez vous-même semble aussi détendue. Il est difficile de se détendre parmi tout un fouillis, car votre mental tend à errer vers un nettoyage, même si vos yeux sont fermés.

1 Allongez-vous sur le dos, bras sur les côtés. Ralentissez votre respiration et laissez tous vos muscles se détendre avant de commencer.

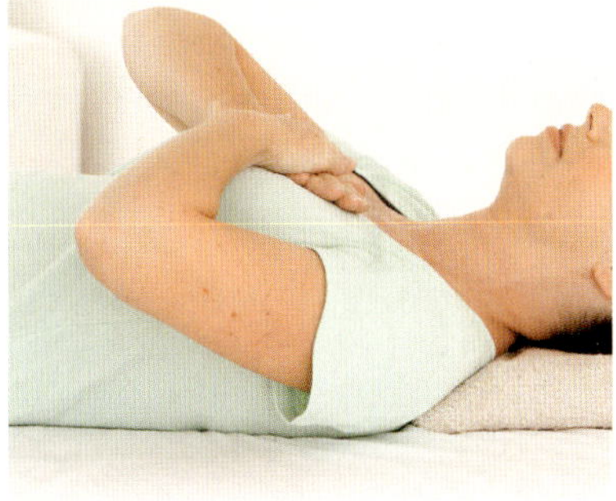

2 Placez vos mains sur vos yeux. Maintenez la position pendant cinq minutes.

3 Placez ensuite vos mains sur votre cœur et ouvrez-vous aux sentiments d'amour et de gratitude.

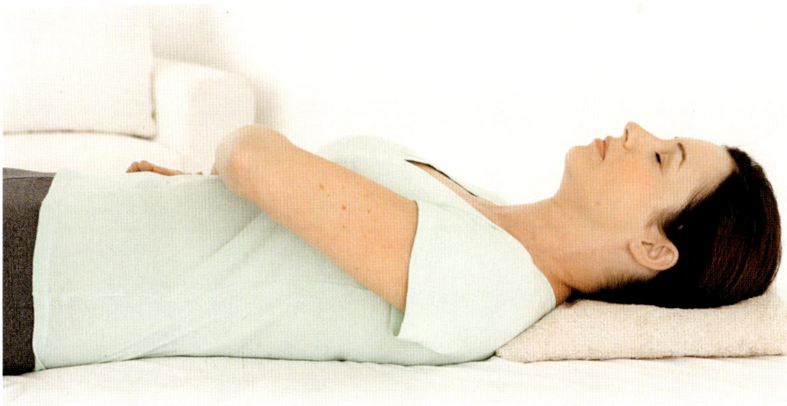

4 Placez vos mains l'une près de l'autre sur le côté droit du corps, l'une sur le bas de la cage thoracique, l'autre sous la taille. Cela aide à équilibrer vos émotions. Restez dans cette position et savourez la sensation d'être détendu et de prendre soin de vous.

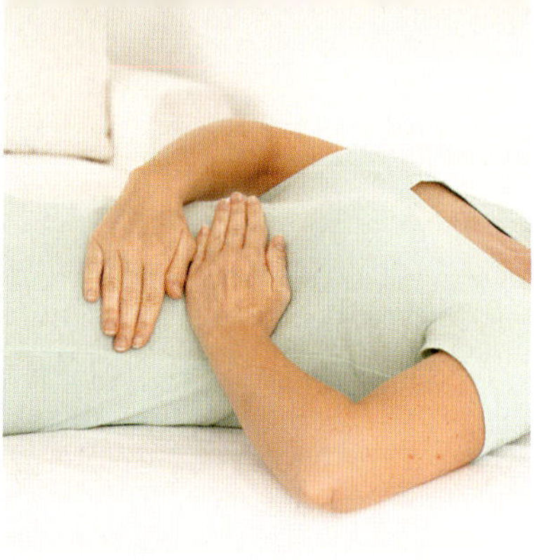

5 Répétez l'étape précédente sur le côté gauche de votre corps. Cela aide les troubles digestifs.

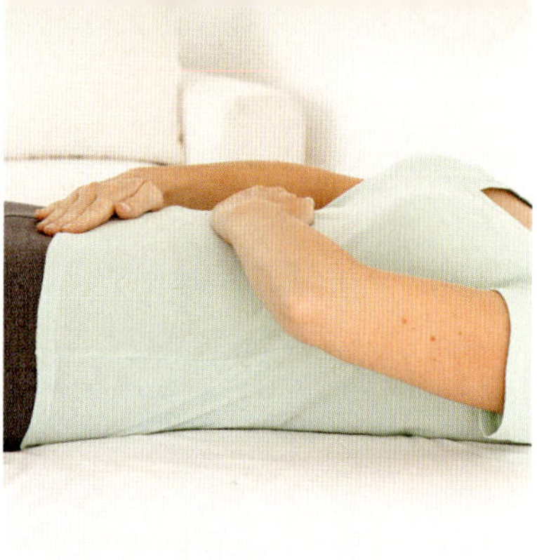

6 Placez une main sur le nombril, l'autre juste en dessous. Cette position permet à l'énergie de circuler à travers votre corps.

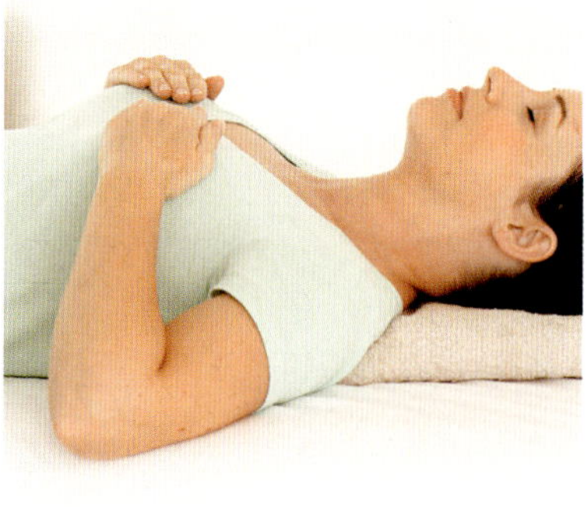

7 Les femmes placent une main sur chaque sein. Les hommes placent les deux mains au centre de leur poitrine. Cela aide les deux sexes à se connecter avec leur énergie féminine.

8 Les femmes forment de leurs mains un V sur l'os pubien, les hommes placent leurs mains sur la zone de l'aine. Cela aide les deux sexes à se connecter à leur énergie masculine.

9 Placez votre main droite sur le front, l'autre juste sous le nombril.

10 Placez vos mains derrière la tête comme si vous la teniez délicatement, le bout de vos doigts dirigé vers le haut. Cela favorise la relaxation mentale.

11 Finissez en laissant vos bras se détendre de nouveau sur les côtés, et prenez quelques minutes pour revenir à un état alerte.

Se connecter avec la nature

Être entouré par la nature nous aide à nous connecter avec l'énergie terrestre tellement importante pour nous. Vous noterez que les gens qui aiment le jardinage ou les activités genre randonnée ou surf sont souvent plus détendus, moins nerveux et plus assurés, car ils absorbent plus d'énergie ancrante que les gens qui tendent à passer plus de temps sur des activités mentales.

Passer plus de temps au grand air nous aide tous à absorber de l'énergie terrestre qui nous aide à comprendre l'essence de notre humanité et soutient notre créativité. Profiter de l'occasion de méditer dans votre jardin, sur un banc ou dans un parc fortifiera grandement votre connexion avec la terre.

Avant d'apprendre le Reiki, ou de savoir quoi que ce soit sur les pratiques allitératives, je vivais près d'un bois. Un jour que je promenais mon fils dans sa poussette, je suis tombée sur un groupe de gens enserrant dans leurs bras des arbres. J'ai trouvé cela très drôle. Après avoir appris le Reiki et lu nombre de livres traitant de l'énergie, j'ai pensé à ces gens et j'ai réalisé ce qu'ils faisaient.

Je suis allée travailler dans un hôpital entouré d'un beau parc avec beaucoup de vieux arbres. L'exercice suivant est devenu l'un de mes préférés de l'heure du déjeuner, quand le temps s'y prêtait.

Exercice de l'arbre

Si vous pouvez faire monter l'énergie sur l'inspiration et la faire descendre sur l'expiration, cela ajoutera à l'efficacité de l'exercice et vous aidera à vous harmoniser avec l'énergie de l'arbre.

1. **Debout ou assis, appuyez votre dos contre un arbre.**

2. **Sentez l'énergie de la terre montant à travers les racines et le tronc jusqu'au bout des branches. Visualisez d'abord jusqu'à ce que vous arriviez à le percevoir.**

3. **Visualisez l'énergie montant à travers la plante de vos pieds dans votre corps, sortant par le sommet de votre tête et arrivant à la cime de l'arbre.**

4. **Faites revenir de nouveau l'énergie dans la terre à travers votre corps.**

HUITIÈME PARTIE

Reiki pour les affections ordinaires

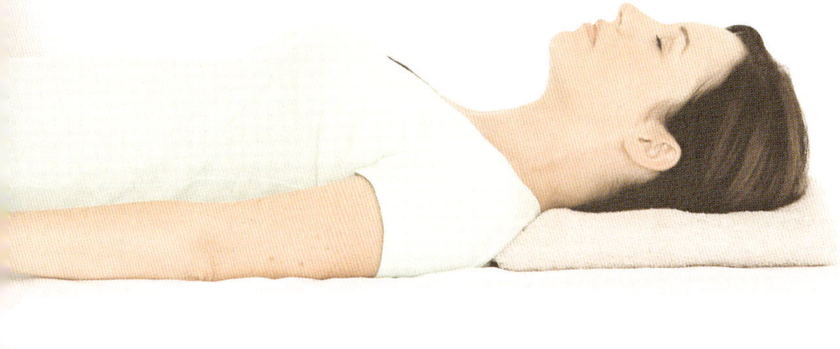

Reiki pour le premier secours

En général, le Reiki n'a pas été enseigné en Occident en tant que méthode de traitement d'affections spécifiques. Il est plutôt un traitement pour toutes les affections, et le praticien a la même approche pour chaque personne traitée, quel que soit son problème. Toutefois, les cours ont généralement admis que le Reiki peut être utilisé efficacement en cas d'accident et quand un traitement complet de Reiki n'est pas possible.

Avertissement

Cette partie du livre ne se substitue en aucune façon aux conseils médicaux. Bien que les avis et les informations soient censés être corrects, le lecteur doit consulter un médecin pour toute question liée à la santé et particulièrement aux symptômes exigeant un diagnostic ou un traitement médical. Les praticiens du Reiki ne sont pas qualifiés pour diagnostiquer des affections, ni ne doivent le faire.

Par exemple, si vous avez un mal de tête, il est dans votre intérêt de vous administrer un autotraitement, sans être toujours nécessaire, car vous pouvez traiter juste la zone de la tête. Cela est valable aussi pour traiter des personnes souffrant du même trouble. Similairement, les coupures, les brûlures, les piqûres et le choc peuvent être traités en se concentrant sur la zone concernée immédiatement après l'incident.

Cette partie présente des traitements pour des affections ordinaires répandues. Ils ne sont pas conçus pour remplacer les traitements complets du corps, mais pour offrir des positions des mains concentrant sur des zones spécifiques. Les affections comme l'anémie, l'hypertension et autres maladies de longue durée sont incluses parce que l'autotraitement des points spécifiques peut aider si l'état est plus grave que la normale ou en cas de crise aiguë. Si vous souffrez d'une affection chronique, des traitements complets du corps réguliers sont conseillés. Si vous n'avez ni la possibilité le temps ou si vous voulez calmer les symptômes au travail, en voyage et dans d'autres situations similaires, utilisez le « premier secours ».

Quelques suggestions pour chaque affection concernent l'utilisation d'autres thérapies alternatives avec le Reiki.

Étude de cas : jouer dans le parc

J'étais dans un parc local avec quelques autres mères et nos enfants. Une petite fille est tombée d'une balançoire sur son occiput. Elle pleurait autant à cause du choc de l'accident que de douleur, et pendant que sa mère lui donnait un peu d'arnica pour empêcher le traumatisme et l'ecchymose, j'ai posé ma main sur occiput de la petite fille. À son étonnement, sa fille s'est calmée immédiatement. La mère a été si impressionnée qu'elle s'est inscrite à un cours de Reiki peu après. Effectivement, les enfants sont plus susceptibles d'avoir besoin de Reiki de premier secours pour les accidents quotidiens que les adultes. C'est une addition très utile à la trousse de premier secours.

Choc

Le choc provoque une brusque diminution de l'apport de sang aux organes vitaux tels que le cœur, les poumons et le cerveau. Le choc peut être une réaction émotionnelle à de mauvaises nouvelles, à un événement extrêmement perturbant, à un accident brusque. Dans ce dernier cas, il y aura tant un élément physique que mental. Le corps peut aussi subir un choc physique suite à une déshydratation grave causée par une diarrhée. Parmi les symptômes, la peau moite et pâle, la respiration superficielle et rapide, le vertige, l'anxiété, la nausée, les vomissements, le froid et les tremblements.

Le choc physique est un élément de certaines réactions allergiques. Par exemple, le choc anaphylactique est une réaction allergique extrême. D'habitude, il est provoqué par la consommation de noix ou les piqûres d'abeilles ou de guêpes. Les personnes se sachant sujettes à ces types de réactions doivent avoir constamment sur eux une trousse de secours spécifique pour pouvoir se soigner sur-le-champ.

Traitements complémentaires

- HUILES D'AROMATHÉRAPIE. Quelques gouttes de lavande, mélisse ou menthe poivrée sur un mouchoir tenu sous le nez, jusqu'à ce que l'état s'apaise ou l'aide médicale arrive.
- REMÈDES DES FLEURS DE BACH. Le Remède de secours fait partie de beaucoup de trousses de premier secours. Versez 4 gouttes dans 30 ml d'eau et buvez ou enduisez les tempes et les poignets pour atténuer les symptômes.

Traitement Reiki

Les symptômes du choc peuvent sembler effrayants. Essayez de rester calme et contrôlé en administrant un traitement.

Pour sortir une personne d'un état de choc, placez vos mains sur les zones de son plexus solaire et de son cœur. Vous pouvez placer vos mains en même temps sur la face antérieure du corps ou sur le dos. Souvent, il est plus réconfortant de traiter en même temps la face antérieure du corps et le dos. Toutefois, selon la situation, vous adopterez la position possible au moment convenable.

Hypertension

La pression du sang est la mesure de la force du courant sanguin dans les artères. Lorsqu'elle est anormalement élevée, cela aboutit à une affection appelée hypertension, accroissant le risque de crise cardiaque et d'apoplexie. L'hypertension est causée par nombre de facteurs : antécédents familiaux, stress, consommation d'alcool, tabac, diabète, et peut apparaître pendant la grossesse. Les symptômes incluent vertige, maux de tête, évanouissement et troubles visuels.

Elle peut aussi avoir des causes émotionnelles. Quand les émotions – surtout la colère, la frustration et le chagrin – sont refoulées, elles s'accumulent à l'intérieur et, si elles ne sont pas relâchées, menacent d'exploser à un certain point. Souvent, quand la colère est exprimée dans cette situation, elle l'est avec une force telle que la pression du sang monte, faisant rougir le visage.

Traitements complémentaires

- HUILES D'AROMATHÉRAPIE. Celles aux propriétés apaisantes sont utiles. La lavande est un bon choix.
- REMÈDES DES FLEURS DE BACH. Utilisez les remèdes pour les émotions spécifiques éprouvées.
- ALIMENTATION. Diminuez la viande rouge, les graisses et le sel.
- EXERCICE. Les exercices en douceur, comme la marche, la natation, le yoga ou le chi kung, sont excellents pour abaisser naturellement la pression du sang.
- MÉDITATION. Régulière, incluant les visualisations apaisant le mental, est bénéfique.

Traitement Reiki

Les positions pour traiter l'hypertension sont similaires à celles pour traiter la colère, elles ont pour origine les mêmes zones surrénales, telles les surrénales.

1 Placez vos mains sur la zone de la thyroïde (gorge) en utilisant la Position 5. Cela aidera l'expression émotionnelle.

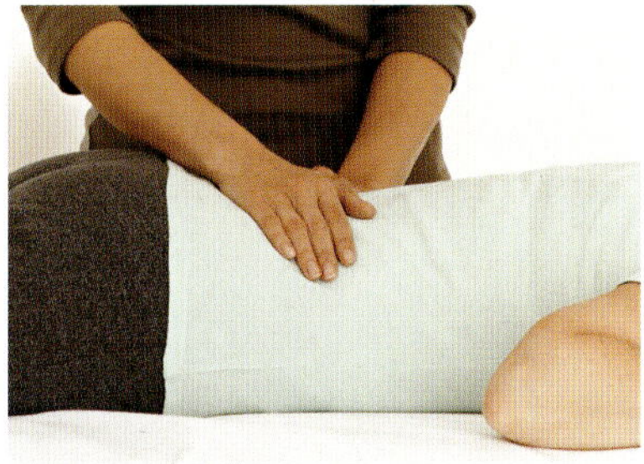

2 Traitez les surrénales et les reins en utilisant la Position 14.

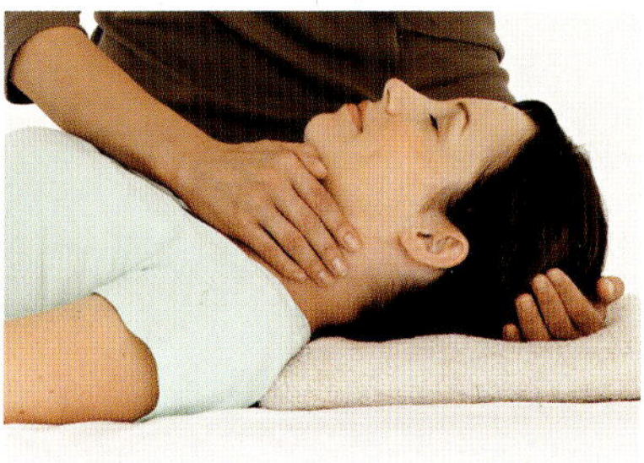

3 Placez une main en travers de l'occiput, l'autre sur le côté du cou pour couvrir l'artère carotide commune.

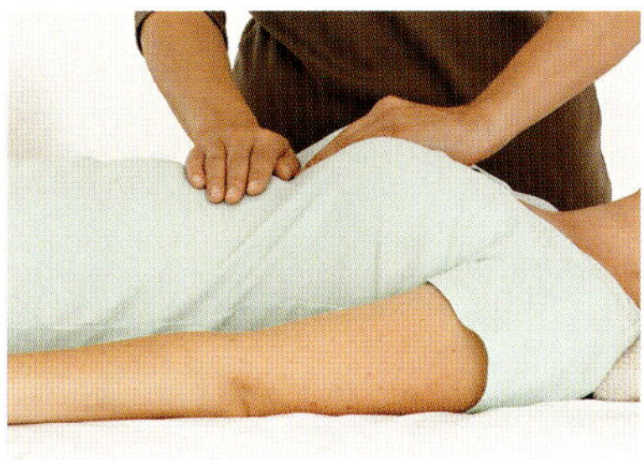

4 Placez une main sur le cœur, l'autre sur le plexus solaire.

Troubles circulatoires

Les troubles de la circulation du sang autour du corps peuvent être acquis ou innés. Lors de cette affection, les veines et les artères ne transportent pas le sang efficacement. Les cas typiques sont l'hypertension, l'hypercholestérolémie, la consommation excessive d'alcool, le tabagisme, ainsi que le diabète. La médecine conventionnelle la traite généralement par une combinaison d'exercice, de modification de l'alimentation et, dans certains cas, des médicaments.

Les aspects émotionnels sont une réticence à suivre le courant de la vie. Par exemple, si vous avez une mauvaise circulation dans les jambes et les pieds, inconsciemment vous n'avez probablement pas envie d'aller dans la direction où vous conduit la vie.

Traitement Reiki

Les étapes 1 à 3 peuvent servir à l'auto-traitement, les étapes 4 et 5, seulement sur autrui.

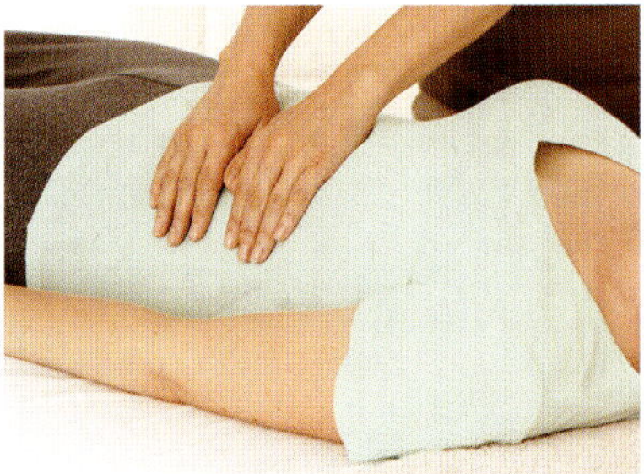

1 **Placez vos mains sur la rate, sur le côté gauche du corps, couvrant le bas de la cage thoracique et la zone de la taille, en utilisant la Position 7.**

Traitements complémentaires

- ACUPUNCTURE. Utile pour stimuler le cœur et la rate.
- ALIMENTATION. Comme pour l'hypertension, les problèmes circulatoires bénéficient d'une diminution de la consommation d'aliments gras et riches en cholestérol.
- EXERCICE. La marche et la natation sont des activités parfaites pour stimuler la circulation et la détoxication de l'organisme.

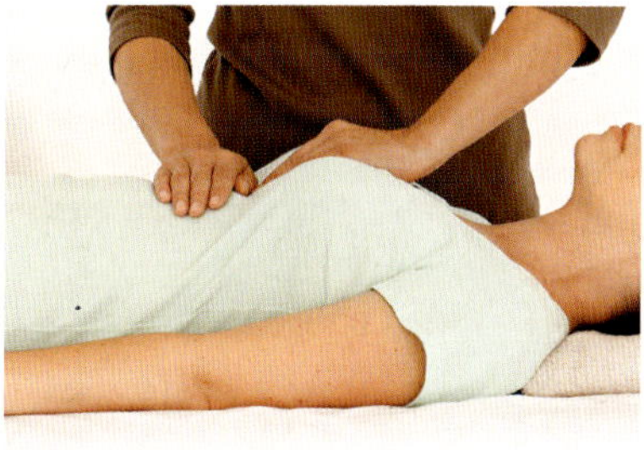

2 Placez ensuite vos mains sur le cœur et le plexus solaire.

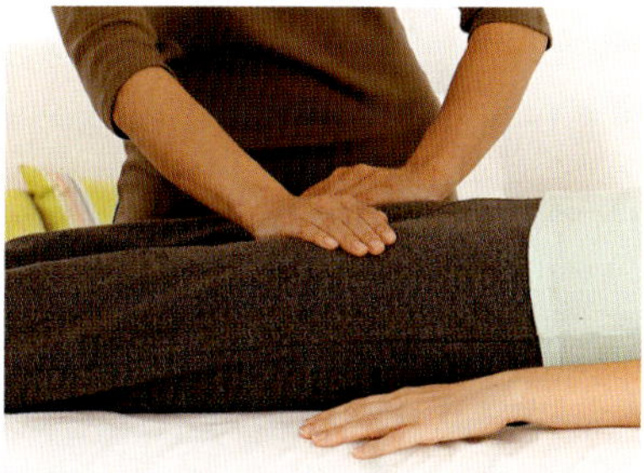

3 Placez vos mains formant un V sur le haut des jambes, doigts dirigés loin de vous.

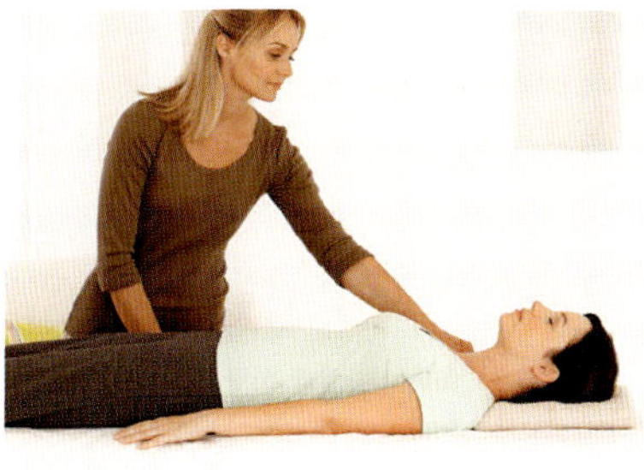

4 Placez une main sur l'épaule, l'autre sur le poignet. Laissez l'énergie monter et descendre le bras. Répétez sur l'autre côté.

5 Pour finir, placez une main juste sous la fesse, l'autre sur la plante du pied, en utilisant la Position 15. Répétez sur l'autre jambe.

Anémie

L'anémie apparaît quand la production et le fonctionnement des globules rouges sont handicapés. Les globules rouges sont produits par la moelle osseuse et sont nécessaires pour charger le sang en oxygène. La forme la plus habituelle d'anémie est causée par la déficience en fer. Les autres types sont l'anémie aplastique, causeé par la production très faible de globules rouges, et l'anémie mégaloblastique, causée par une déficience en vitamines. Les symptômes incluent fatigue, mal de tête, vertiges et palpitations. Parmi les aspects émotionnels, la colère et la peur inexprimées.

Les plus vulnérables à cette affection sont les personnes âgées, les femmes enceintes et les enfants dont l'alimentation est déséquilibrée. Les compléments en fer et la vitamine B12 sont prescrits, les cas plus graves exigent des transfusions.

Traitements complémentaires

- MASSAGE D'AROMATHÉRAPIE. Utile (ou toute autre thérapie accroissant la conscience de sa propre valeur et le sentiment d'amour).

- ALIMENTATION. Plus vous pouvez absorber de fer naturellement, mieux c'est : certains poissons, jaune d'œuf, légumes à feuilles vert foncé comme les épinards et les brocolis. Les aliments riches en vitamines B12, C et E sont essentiels pour l'absorption du fer. Évitez les produits laitiers, les boissons caféinées, le thé, qui interfèrent avec l'absorption du fer.

- EXERCICE. Le yoga ou le chi kung améliorent le fonctionnement du foie et le bien-être général.

Traitement Reiki

Le traitement Reiki se concentre sur le foie, organe qui métabolise le fer. Le foie travaille beaucoup et mérite autant de traitement que vous pouvez lui en administrer, car il est extrêmement important pour nombreuses autres fonctions du corps.

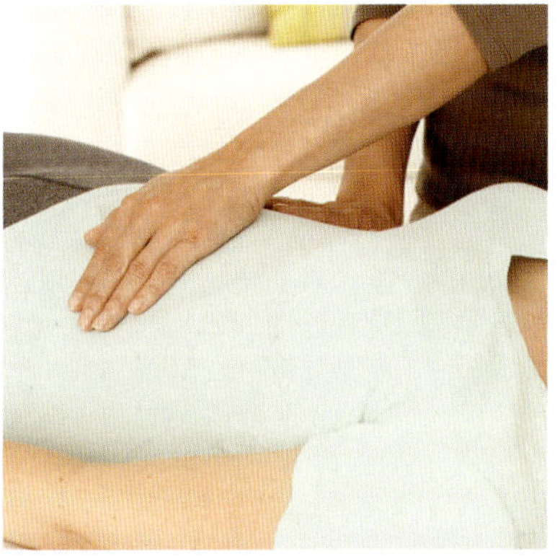

1 Traitez le foie en utilisant la Position 7.

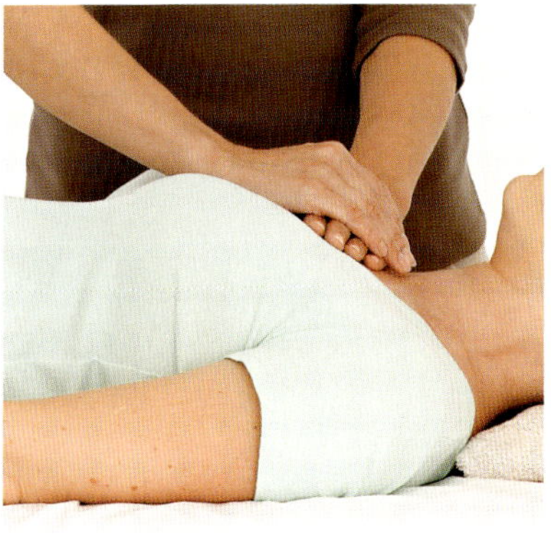

2 Placez ensuite vos mains sur le cœur, couvrant aussi la zone du thymus.

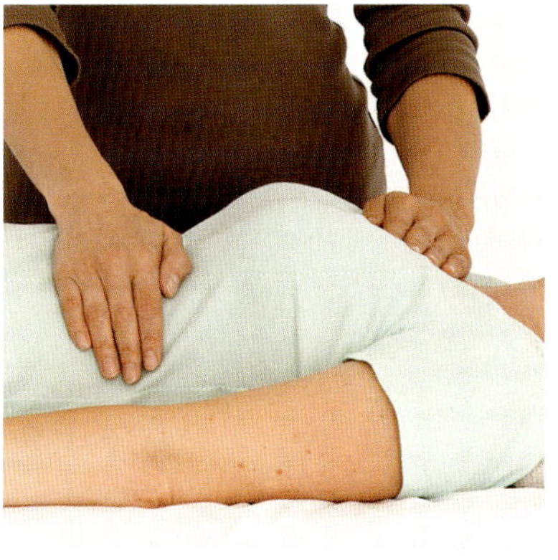

3 Placez une main sur le thymus, l'autre sur la rate. Cela aide à bâtir le système immunitaire et à purifier le sang.

Cholestérol

Le cholestérol est une graisse produite par le foie ou absorbée des aliments riches en cholestérol, comme les produits laitiers. Le cholestérol est utilisé à la fabrication des hormones et est un important composant des cellules. Toutefois, malgré cette importance, la médecine conventionnelle affirme qu'un taux dépassant 160 mg/dl est dangereux, aboutissant à des crises cardiaques et apoplexies. En plus de l'alimentation, le diabète et le penchant héréditaire peuvent élever le taux de cholestérol.

L'hypercholestérolémie n'a pas de symptômes ; la seule manière de connaître son taux est en faisant des analyses. En général, les changements du régime alimentaire suffisent pour diminuer celui-ci.

Les causes émotionnelles sont une absence de joie dans la vie et un mode de pensée très rigide. Le stress est aussi une cause de l'hypercholestérolémie.

Traitements complémentaires

- ALIMENTATION. Comme déjà mentionné, joue un rôle crucial. Il est utile d'inclure plus de céréales complètes, comme l'avoine et l'orge, manger beaucoup d'ail ou prendre un bon complément d'ail.
- MASSAGE ET MASSAGE D'AROMATHÉRAPIE. Diminuent le stress et traitent les émotions.
- MÉDITATION. Une méditation régulière pour diminuer le stress abaisse le taux de cholestérol.

Traitement Reiki

Ces positions se concentrent sur les organes associés au système digestif et au métabolisme des aliments. Elles visent aussi à améliorer notre attitude émotionnelle envers la vie.

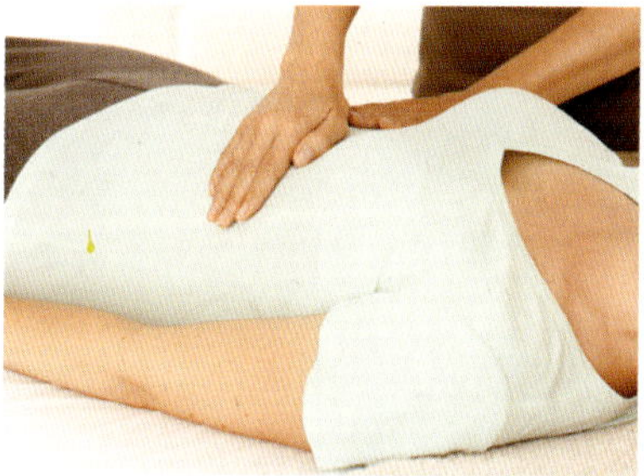

1 Placez vos mains en travers du haut de la cage thoracique en utilisant la Position 6. Cela traite l'estomac.

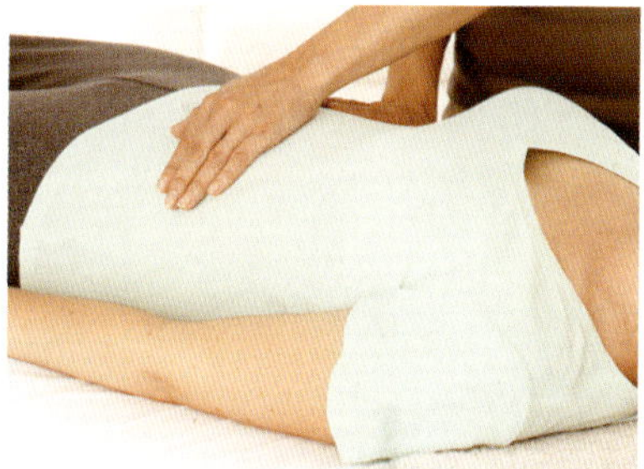

2 Faites descendre vos mains d'une position pour couvrir le foie, en utilisant la Position 7.

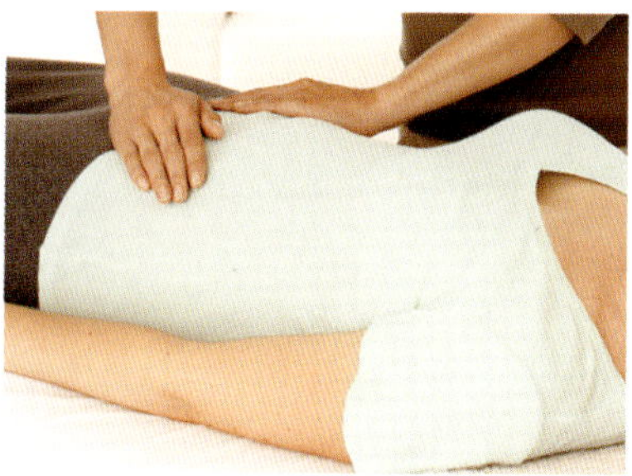

2 Faites descendre vos mains encore plus pour couvrir la rate et le côlon, en utilisant la Position 8.

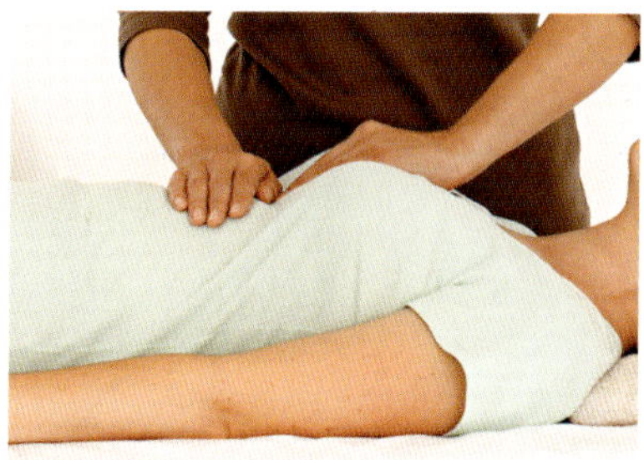

4 Placez vos mains sur le cœur et le plexus solaire pour accroître le sentiment de joie dans la vie.

Diabète

Le diabète est une affection en progression. Bien qu'il puisse être traité, les gens doivent savoir qu'il peut être grave au point de menacer parfois la vie. Il peut conduire par ailleurs à nombre de maladies graves comme la rétinopathie, aboutissant à la cécité. La multiplication des diabétiques signale un déséquilibre du bien-être de la population générale, l'alimentation et le stress étant les principaux coupables.

Il y a deux types de diabète. Le type 1 est insulinodépendant et apparaît quand le pancréas produit peu ou pas d'insuline. Il est traité par des piqûres quotidiennes d'insuline et une alimentation surveillée, à des horaires précis. Lorsqu'une personne jeune est diabétique, il s'agit le plus probablement d'un diabète de ce type. Le type 2 apparaît quand le pancréas ne produit qu'une quantité minime d'insuline et est traité par l'alimentation et l'exercice. Il tend à être causé par l'obésité et l'âge.

Émotionnellement, les diabétiques peuvent être incapables de profiter de la douceur de leur vie, en donnant l'amour aux autres ou à eux-mêmes. Ils ont aussi du mal à relâcher le stress – voilà pourquoi leurs glandes surrénales, leur foie et leur pancréas sont épuisés.

Traitements complémentaires

- ACUPUNCTURE. Soutient le foie et les surrénales.
- ALIMENTATION. Incluez plus de céréales complètes, de fruits, de légumes verts, des légumes secs et d'ail. Évitez les graisses animales, les produits laitiers et le sucre.
- EXERCICE. Marchez tous les jours de 20 à 30 minutes ou pratiquez le yoga ou le chi kung une fois par semaine – les deux proposent des exercices fortifiant les organes internes.

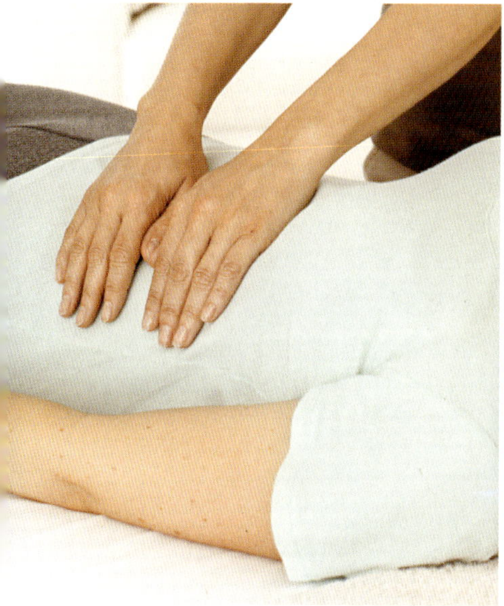

Traitement Reiki

Quand vous n'avez pas le temps ou la possibilité d'administrer un traitement complet, ces deux positions agiront comme premier secours pour les aspects physiques et émotionnels du diabète.

1 Traitez le pancréas et le foie avec les mains placées l'une au-dessus de l'autre comme pour les Positions alternatives 6 et 7 (voir page 299), mains sur le côté droit du corps.

2 Traitez les surrénales et les reins en utilisant la Position 14.

Affections biliaires

La vésicule biliaire joue un rôle important dans le système digestif, car il secrète des enzymes et des substances chimiques permettant la digestion des aliments. Le symptôme le plus habituel des troubles biliaires est la formation des calculs, qui font extrêmement mal en passant de la vésicule dans le canal biliaire. La vésicule biliaire peur s'enflammer si les calculs bloquent la sortie.

En plus de la douleur des calculs, d'autres symptômes sont les maux de tête, la fièvre et les frissons, ainsi que l'irritabilité et les changements brusques d'humeur. Les causes de cette affection sont une alimentation riche en graisses et le cholestérol. Leur diminution rétablit le fonctionnement de la vésicule biliaire. Bien que les calculs puissent se dissiper naturellement, dans certains cas une opération est nécessaire pour les enlever.

Les causes émotionnelles se rapportent à la fonction de la bile dans la vésicule biliaire. La bile a été tenue pendant longtemps pour représenter l'amertume et le ressentiment. Si vous pouvez apprendre à pardonner, vous inverserez les émotions négatives et leurs effets.

Traitements complémentaires

- ACUPRESSION ET ACUPUNCTURE. Stimulent les méridiens du Foie et de la Vésicule biliaire.
- ALIMENTATION. Évitez la viande, les œufs, les noix et les produits à base de noix, le sucre, l'alcool et les produits laitiers. Consommez davantage d'huile d'olives et de jus (pomme, betterave et carotte).
- EXERCICE. Le chi kung offre des exercices fortifiant les méridiens du Foie et de la Vésicule biliaire, que vous pouvez pratiquer chez vous.

Traitement Reiki

Descendez depuis le sternum aux hanches, en plaçant vos mains en travers du corps. Cela exige en général trois étapes.

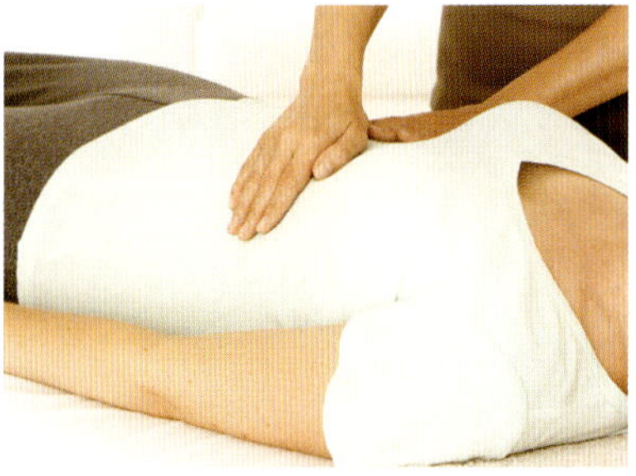

1 Traitez le foie en utilisant la Position 6.

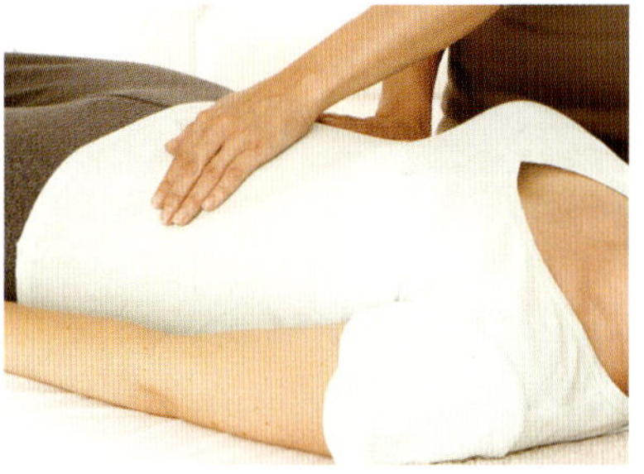

2 Passez à la Position 7 ou à la Position alternative 6 pour traiter la rate.

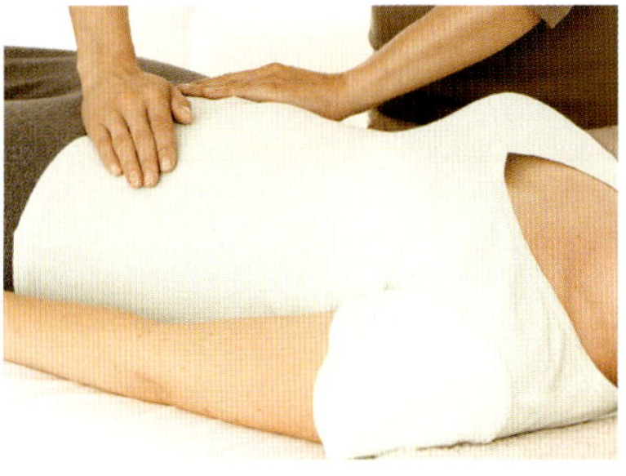

3 Placez vos mains formant un V sur l'abdomen pour traiter les intestins, en utilisant la Position 8.

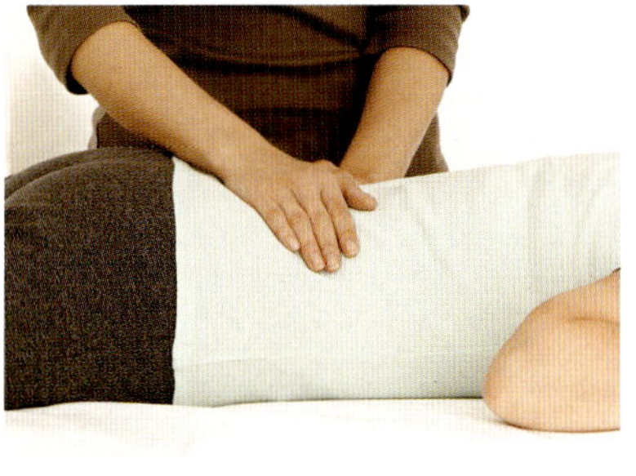

4 Pour finir, traitez les surrénales et les reins en utilisant la Position 14.

Mal de dents et affections gingivales

Le mal de dents peut se manifester à tout âge. La plupart viennent des dents cariées, d'une inflammation de la pulpe dentaire, d'une névralgie ou d'un abcès. La douleur est aussi suscitée par la gingivite, qui affecte les gencives ou les sinus infectés.

La douleur se manifeste comme une pulsation continue ou intermittente, déclenchée en mangeant une chose qui irrite le nerf exposé de la dent. Dans la plupart des cas, elle est due à l'infection du nerf de la racine ou de la pulpe. Les affections dentaires et gingivales sont provoquées par une mauvaise hygiène dentaire et une alimentation riche en sucres, graisses et protéines animales. Une cause émotionnelle profondément enracinée est censée être le conflit intérieur à propos de ce qu'on dit au monde à propos de soi-même. Les dents représentent nos fondations – les sentiments d'insécurité peuvent aboutir à des problèmes dentaux et gingivaux.

Les maux de dents intenses ou les abcès dentaires exigent une consultation immédiate du dentiste. Vous pouvez atténuer la douleur grâce au Reiki et quelques autres traitements.

Traitements complémentaires

- ACUPUNCTURE. Les traitements stimulant le méridien du Foie aideront à soulager et prévenir les troubles dentaires.
- AROMATHÉRAPIE. L'huile de tea tree massée régulièrement sur les gencives aidera à prévenir l'infection.
- REMÈDES DES FLEURS DE BACH. Le remède de secours peut être appliqué sur la dent infectée.

Traitement Reiki

Le mal de dents est l'une des pires douleurs. Ces positions atténuent la douleur aiguë. La chaleur de vos mains sera apaisante.

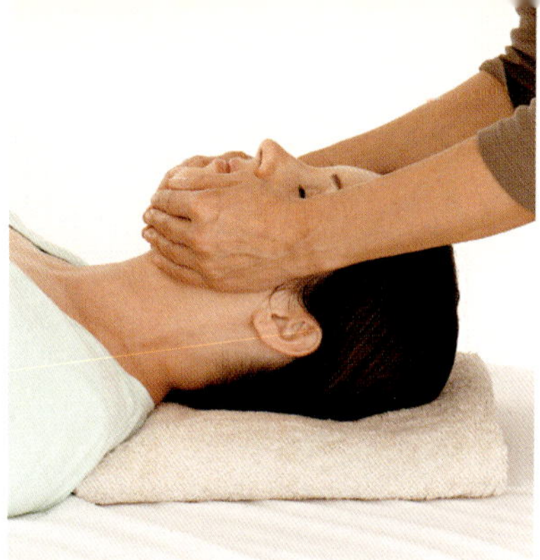

1 Prenez la mâchoire de la personne dans vos mains en coupe, pouces rentrés sous celle-ci. Cela traite l'ensemble de la zone.

2 Déplacez vos mains en Position 5. Rappelez-vous que cette position est différente pour l'auto-traitement (voir page 212).

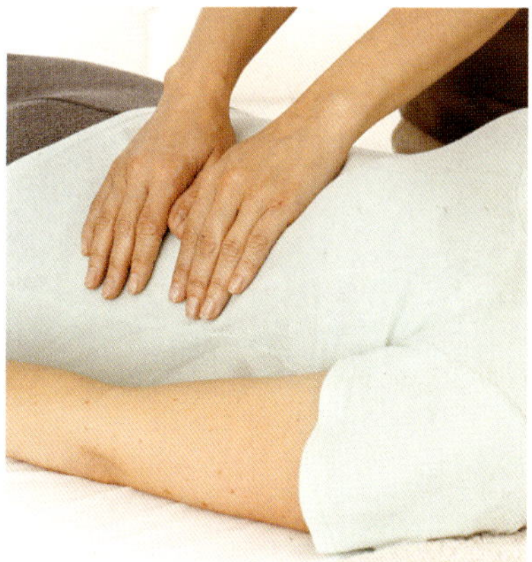

3 Placez vos mains sur la zone du foie sur le côté droit du corps, en utilisant les Positions alternatives 6 et 7 (voir page 229).

Troubles thyroïdiens

La thyroïde régularise le métabolisme et le taux énergétique. Les troubles thyroïdiens prennent deux formes : l'hyperthyroïdisme et l'hypothyroïdisme, chacun avec des symptômes spécifiques. Une personne souffrant d'hyperthyroïdisme perdra du poids, ressentira fatigue, anxiété, palpitations et sensibilité à la chaleur. Une personne souffrant d'hypothyroïdisme gagnera du poids, sera la fatigue, aura une peau sèche et sera sensible au froid.

Les causes émotionnelles émergent d'une absence d'engagement envers le corps physique. Les personnes souffrant d'hypothyroïdisme se sentent vaincues et déprimées par la vie ; celles avec hyperthyroïdisme ont une attitude stressée et nerveuse.

Traitements complémentaires

- ALIMENTATION. Consommez des aliments riches en iode, algues, légumes crus, légumes secs et céréales complètes.
- REBIRTH. Cette technique utilisant le souffle exige un thérapeute expérimenté. Très utile pour éliminer les émotions à l'arrière-plan de ces affections.

Traitement Reiki

Ces positions fortifient la thyroïde et le chakra racine.

1 Traitez la zone de la thyroïde en utilisant toute position confortable des mains. Utilisez la Position 5.

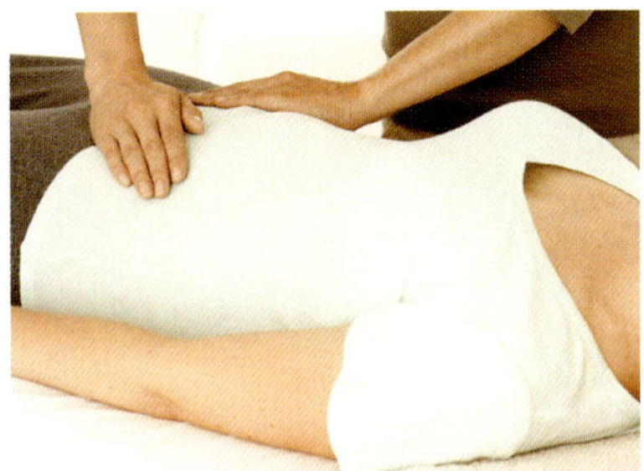

2 Traitez le chakra racine, en utilisant la Position 8 ou en plaçant vos mains sur ce chakra en cas d'auto-traitement.

Arthrite

L'arthrite est une inflammation des articulations prenant plusieurs formes. Les quatre principales sont : **ostéoarthrite**, conséquence de l'usure des articulations, héréditaire et liée à l'âge, **polyarthrite rhumatoïde**, maladie auto-immune affectant principalement les mains, les poignets et les pieds, **spondylite**, inflammation des vertèbres et du bassin et la **goutte**, apparaissant quand il y a accumulation d'acide urique dans les articulations. La méditation, les exercices d'étirement et le traitement par la chaleur sont les plus utilisés, la chirurgie n'intervenant que dans les cas graves. Si possible, administrez d'abord un traitement complet du corps.

Traitements complémentaires

- ALIMENTATION. Évitez les produits laitiers qui accumulent le calcium et les graisses animales.
- EXERCICE. L'étirement en douceur quotidien prévient la raideur.
- MÉDITATION. Méditez sur laisser aller les idées rigides et la focalisation sur le concept d'être dans le courant de la vie.

Traitement Reiki

Traitez les zones des articulations et le courant d'énergie dans les membres.

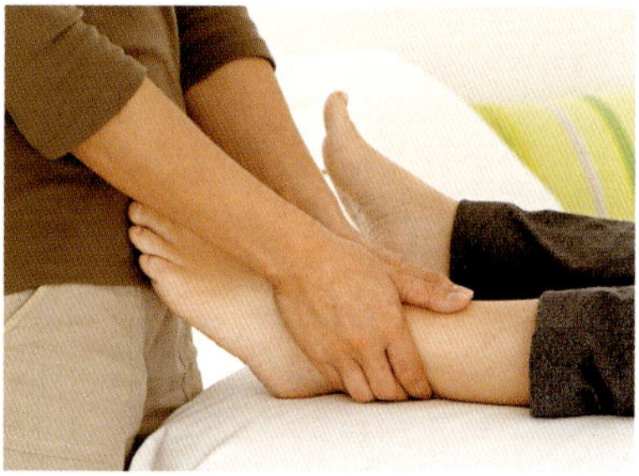

1 Placez vos mains autour de l'articulation, si possible. Sinon, placez-les côte à côte sur la zone.

2 Utilisez la Position 15 pour faire circuler l'énergie dans les jambes.

Brûlures, ébouillantages, coupures et écorchures

Brûlures et ébouillantages

La différence entre brûlures et ébouillantages est que les premières sont causées par diverses formes de chaleur sèche, comme le feu, l'électricité, le soleil ou des substances chimiques, alors que les dernières sont provoquées par une chaleur humide, liquides bouillants et vapeurs chaudes. Les effets des deux sur la peau et les tissus mous sont identiques, tout comme le traitement. Pour les brûlures mineures, le dommage est restreint à la couche externe de la peau. Les symptômes incluent rougeur, douleur, chaleur, parfois formation d'ampoules. Les brûlures moyennes sont rarement très dangereuses, sauf si elles couvrent une grande surface du corps. Dans le cas des brûlures graves, les dommages pénètrent dans les strates les plus basses de la peau et provoquent une vésication. Les plus graves affectent les tissus mous et le système nerveux et sont difficiles à traiter.

Le traitement immédiat pour une brûlure est de baigner la zone concernée dans de l'eau froide pendant 10 à 15 minutes, puis la couvrir légèrement d'un tissu ou d'un bandage propre. Ne mettez rien d'autre sur la zone, surtout pas de beurre ou de la graisse. Qui plus est, si de la matière est collée à la brûlure, n'essayez pas de l'enlever tout seul. Cherchez sur-le-champ un traitement médical.

Coupures et abrasions

La plupart des coupures et abrasions sont mineures et seules les capillaires de la peau sont endommagés, relâchant une petite quantité de sang dans les tissus environnants ou un saignement externe. Ce sang se coagulera rapidement si la coupure n'est pas profonde et exige peu de traitement. Une abrasion gratte la strate externe de peau, exposant celle en dessous, avec peu de perte de sang.

Comme l'abrasion est souvent causée par du gravier ou une autre surface dure, les particules étrangères doivent être enlevées en nettoyant la zone. Les coupures doivent être d'abord nettoyées et une pression appliquée sur la zone pour arrêter le sang. Si la coupure est sur la main, la tenir élevée éloignera le sang de la zone. Les coupures et les abrasions exigent un pansement léger pour garder la zone propre, mais l'exposition à l'air aide la guérison.

Les coupures profondes ou déchiquetées (comme celles provoquées par le verre) exigent une attention médicale. Si la blessure est profonde et contient un corps étranger, mieux vaut ne pas tenter de l'enlever vous-même.

Traitements complémentaires

- REMÈDES DES FLEURS DE BACH. Le Remède de secours est pris oralement pour atténuer le stress et le choc, 4 gouttes dans un verre d'eau ; peut aussi servir à nettoyer la blessure.

- PHYTOTHÉRAPIE. Le gel d'Aloe vera peut être appliqué sur une brûlure mineure ou un coup de soleil si la peau est intacte. Un onguent au souci aide la guérison après nettoyage de la zone.

- COMPLÉMENTS. L'huile à la vitamine E peut être appliquée sur les brûlures mineures après que la zone a été nettoyée. Prévient les cicatrices.

Traitement Reiki

Ne pas placer vos mains sur la blessure, mais les garder au-dessus. En cas de brûlure très légère, le Reiki sera probablement suffisant, associé aux étapes du premier secours. Pour une brûlure plus profonde, consultez un médecin, en administrant le Reiki en l'attendant. Vous pouvez aussi utiliser le traitement pour choc immédiatement après l'accident si la personne semble en avoir besoin. Le Reiki aide l'arrêt rapide du saignement.

1 Nettoyez la blessure avant un traitement. Pour les brûlures mineures, les petites coupures et les abrasions, traitez en tenant la main au-dessus de la zone affectée.

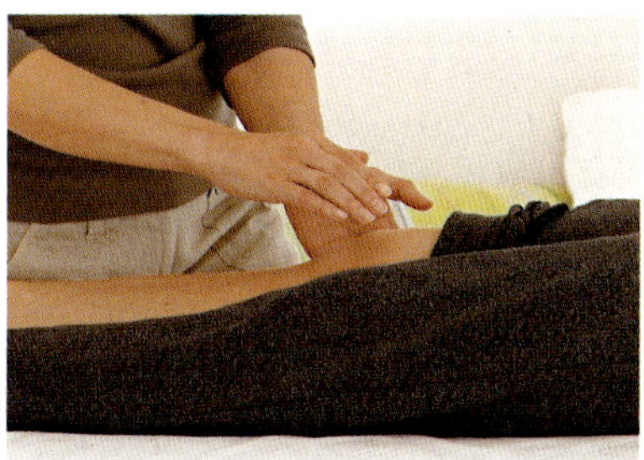

Eczéma

Forme de dermatite apparaissant fréquemment dans l'enfance, et susceptible de se développer aussi chez les personnes âgées. Chez les enfants, l'eczéma est souvent lié à des causes héréditaires et à une prédisposition aux allergies. Par exemple, les enfants souffrant d'eczéma ont aussi de l'asthme et/ou un rhume des foins.

La gravité des symptômes de l'eczéma varie selon l'individu. Ceux-ci sont caractérisés par des portions de peau enflammées, écailleuses et démangeant. Dans les pires des cas, la peau est souvent déchirée et saigne après avoir été grattée. On la traite généralement avec des crèmes apaisantes et des corticostéroïdes, bien que l'usage de ceux-ci à long terme doive être évité, car ils provoquent un amincissement de la peau. Toutefois, dans certains cas les corticostéroïdes sont le seul soulagement. Les personnes souffrant d'eczéma doivent éviter les produits de bain et cosmétiques très parfumés, les vêtements en laine et les tissus synthétiques irritants.

Émotionnellement, l'eczéma signale qu'on est irrité par quelque chose qu'on a désespérément besoin de laisser aller, comme un modèle de réflexion, afin de le remplacer par quelque chose de nouveau et de plus confortable.

Traitements complémentaires

- BAINS À L'AVOINE. Un bain à l'avoine placée dans un sachet en mousseline est très bénéfique pour l'eczéma et les autres affections desséchant la peau. Il y a des produits pour la peau et le bain avec de l'avoine soulageant les symptômes.

- PHYTOTHÉRAPIE. Les phytothérapeutes chinois et occidentaux proposent une diversité de plantes pour détoxifier l'organisme et fortifier le foie et les reins. Consultez un phytothérapeute pour trouver le meilleur produit vous convenant.

Traitement Reiki

Après avoir effectué les étapes 1 et 2, traitez les parties du corps atteintes d'eczéma, si vous le voulez. Ce faisant, ne placez pas vos mains directement sur la zone, mais tenez-les au-dessus de celle-ci.

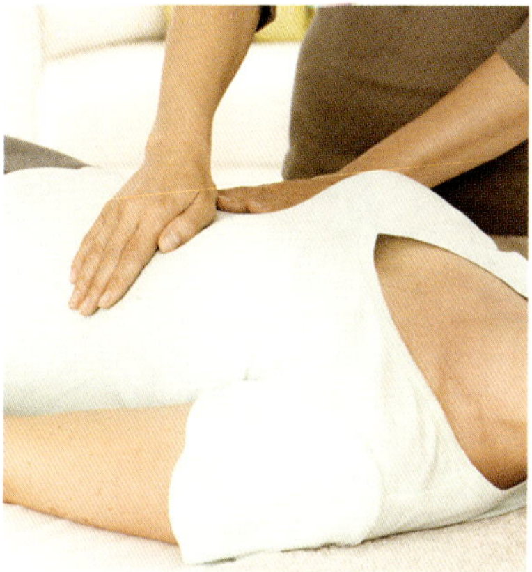

1 Traitez d'abord le foie en utilisant la Position 6.

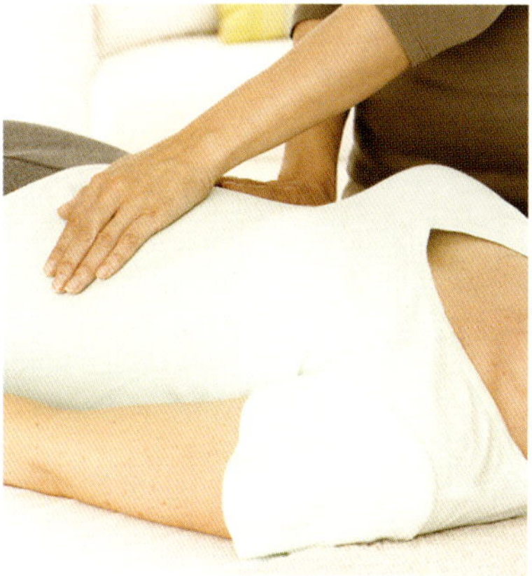

2 Continuez jusqu'à la Position 7 pour traiter davantage le foie.

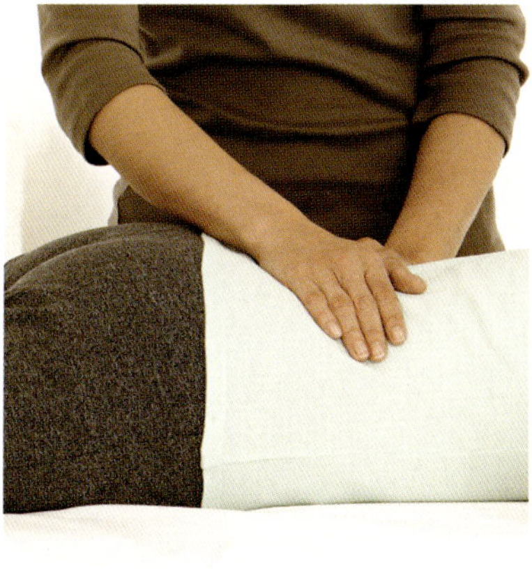

3 Traitez les surrénales et les reins en utilisant la Position 14.

Acné

L'acné est une infection des glandes sébacées de la peau contrôlant la production de sébum (huile) empêchant celle-ci de sécher.

Les causes de l'acné sont le plus probablement une combinaison de surproduction hormonale et d'aliments rendant le sang trop acide. Parmi eux, on trouve les produits laitiers, le sucre et tout produit riche en graisses, typiquement les principaux ingrédients de la nourriture préférée par les adolescents.

Les années d'adolescence sont des années de bouleversement émotionnel et de lutte pour l'indépendance – peu surprenant que l'acné fait irruption comme un reflet de cet effort d'être soi-même. Comme dans les autres affections impliquant la colère refoulée, le foie est un point focal du traitement Reiki.

Traitements complémentaires

- EXERCICE. Tout exercice laissant aller le stress, comme la natation ou la danse, est bénéfique. Le yoga et le chi kung aident aussi, car ils apaisent le mental et aident à améliorer l'image qu'on a de soi-même.

Traitement Reiki

Concentrez-vous sur la tête, puis sur le foie.

1 Pour vous accorder à la circulation de l'énergie de la personne, placez vos mains en Position 1a (voir page 221).

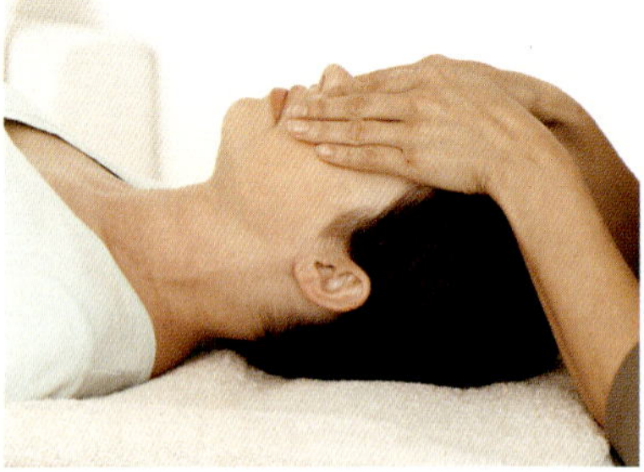

2 Déplacez vos mains en Position 1b (voir page 221), en gardant le toucher très léger.

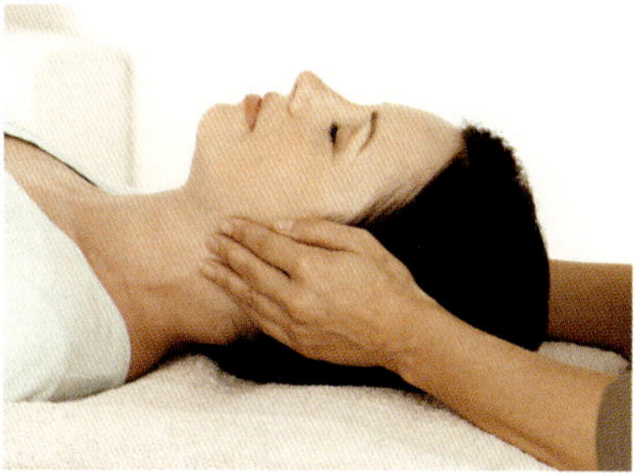

3 Placez vos mains en Position 2a ou 2b (voir page 222).

4 Placez vos mains en Position 3a (voir page 223). Soutenez autant que possible du poids de la tête.

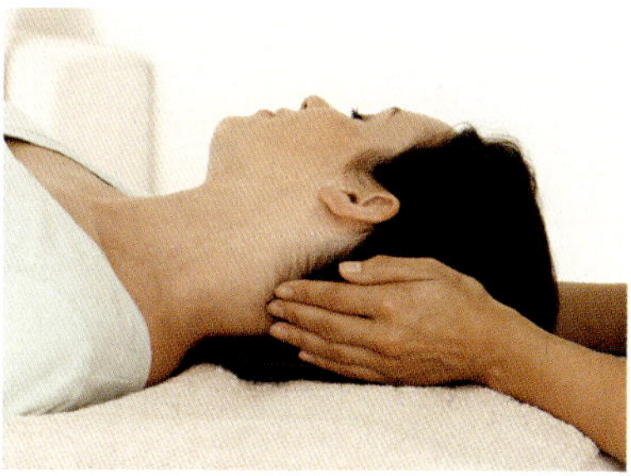

5 Glissez vos mains en Position 3b (voir page 224).

6 Tenez vos mains en Position 3c (voir page 224), en soutenant encore autant que possible le poids de la tête.

7 Si vous avez le Deuxième degré du Reiki, tracez les Symboles 1 et 2, comme en Position 4a (voir page 226).

8 Placez vos mains en Position 4b (voir page 225).

9 Utilisez la Position 4c (voir page 226) pour retirer doucement vos mains de sous sa tête.

10 Traitez la gorge en plaçant vos mains en Position 5a (voir page 227).

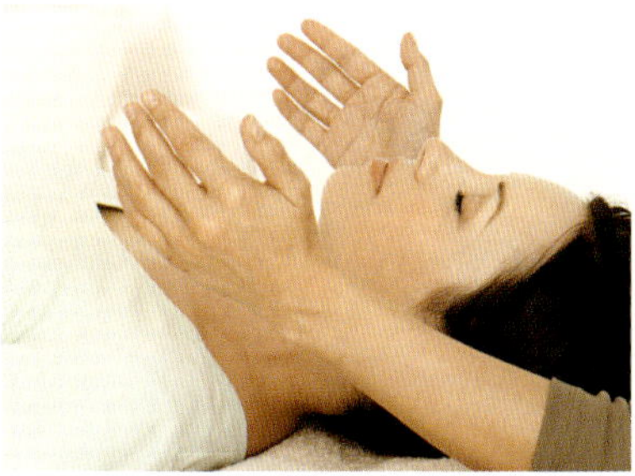

11 Tirez vos mains en arc, en utilisant la Position 5b (voir page 227).

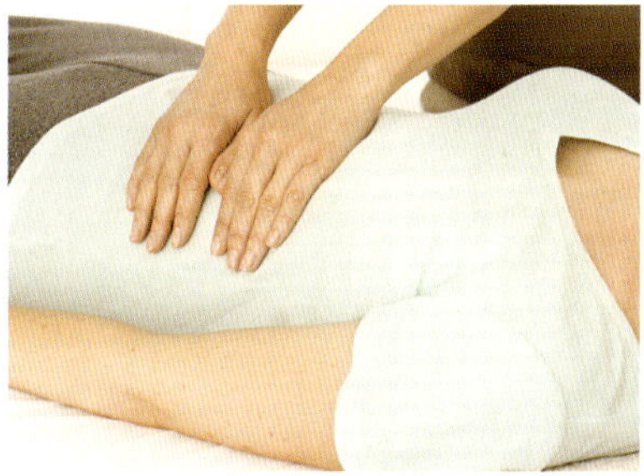

12 Placez vos mains dans les Positions alternatives 6 et 7 (voir page 229).

13 Placez vos mains en Position 8 (voir page 230). Rappelez-vous la position alternative pour les hommes.

Piqûres d'insectes

Quand un insecte vous pique, il transperce la peau pour absorber du sang. Le corps réagit par une réaction allergique sur la zone de la piqûre. D'habitude, cela cause simplement une rougeur et un gonflement, mais certains peuvent manifester une réaction plus extrême, selon l'insecte. Parfois, la personne doit prendre des antihistaminiques, d'autres fois il suffit de nettoyer la piqûre et d'appliquer une crème apaisante. Dans les pays tropicaux, les piqûres de moustiques peuvent causer la malaria, qui a besoin de traitement médical. Dans les autres régions, les piqûres de moustiques ne donnent qu'une démangeaison et ennuient plus qu'autre chose.

Bien qu'il ne s'agisse pas d'une affection à proprement parler, si les piqûres deviennent excessivement irritantes, il se peut qu'elles reflètent une irritabilité et une frustration sous-jacentes dont on n'a pas conscience.

Les piqûres d'ortie, celles d'abeille ou de guêpe sont traitées de la même manière, car ils suscitent aussi une réaction allergique, signalant que le système immunitaire a besoin de stimulation. Le traitement Reiki ci-contre vise à soutenir le système immunitaire, en plus de fortifier le foie et les reins pour aider le corps à éliminer les toxines, ce qui provoque la démangeaison.

Chez de rares personnes, la piqûre provoque un choc anaphylactique, allergie extrêmement grave à l'issue fatale si un antihistaminique n'est pas administré sur-le-champ. Les traitements Reiki réguliers à la personne souffrant de cette allergie extrême la soutiendront et diminueront les symptômes, mais même dans ce cas il est important de lui rappeler d'avoir toujours sur elle son antihistaminique.

Traitements complémentaires

- AROMATHÉRAPIE. Étalée sur la piqûre, l'huile de tea tree aide.
- REMÈDES DE FLEURS DE BACH. Le Remède de secours est utile immédiatement après la piqûre d'un insecte. Il existe aussi sous forme de crème applicable sur la peau. L'impatiente aide aussi à laisser aller les sentiments d'irritation.

Traitement Reiki

Ce traitement se concentre sur le foie et les reins, pour accélérer l'élimination des toxines, et sur le thymus pour fortifier le système immunitaire.

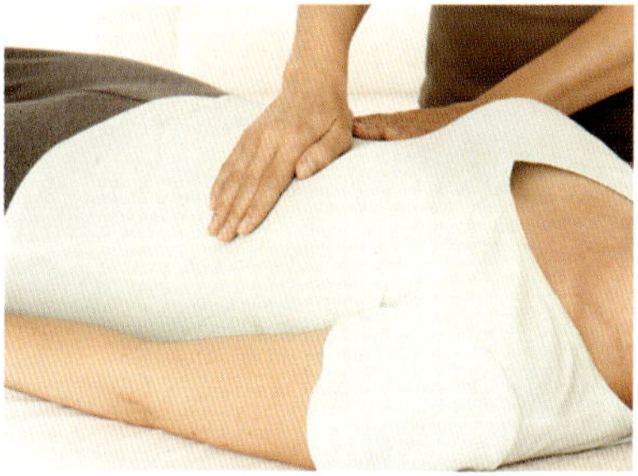

1 Traitez d'abord la zone du foie pour éliminer toute toxine. Utilisez la Position 6 (voir page 228).

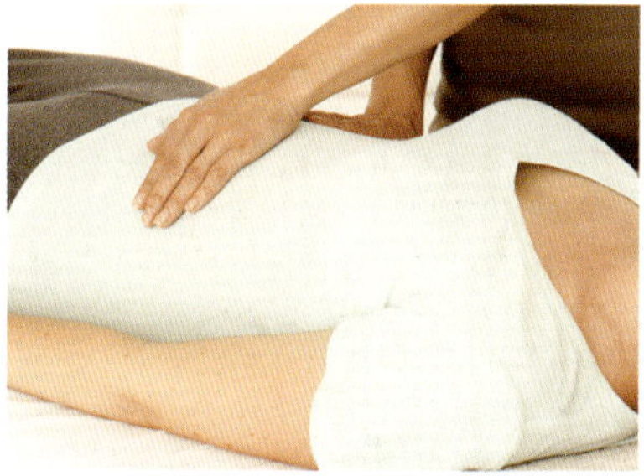

2 Continuez pour la Position 7 (voir page 229), en traitant le côté droit du corps.

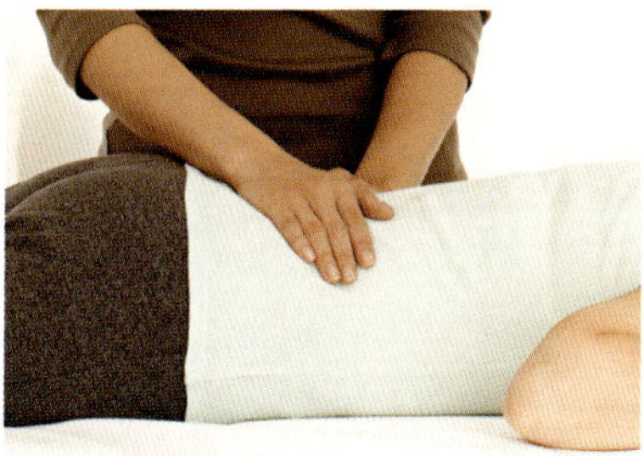

3 Traitez les reins et les surrénales en utilisant la Position 14 (voir page 236).

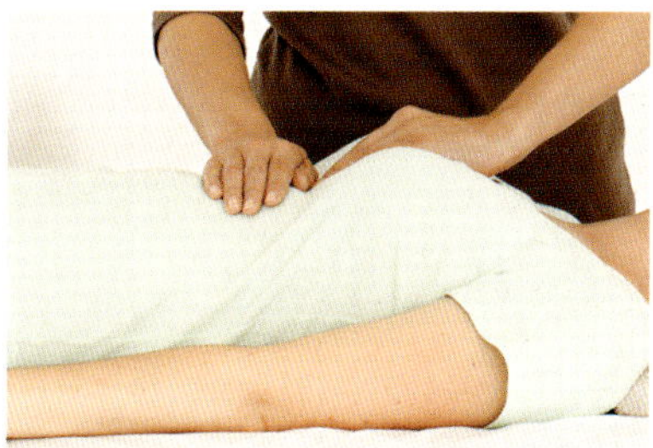

4 Traitez le thymus, situé juste au-dessus du cœur, pour stimuler le système immunitaire.

Pellicules

Forme de dermatite caractérisée par la desquamation de la peau du cuir chevelu. Les personnes souffrant d'affections telles que l'eczéma et le psoriasis, et celles à la peau sèche sont plus prédisposées aux pellicules. Cette affection peut aussi être provoquée par le stress et une réaction allergique à certains shampooings. Le traitement classique prescrit des shampoings antipelliculaires, mais les cas graves exigent l'utilisation de corticostéroïdes et de traitements antifongiques.

Les pellicules peuvent être la manière du corps d'éliminer les accumulations excessives de protéines et de graisses de l'alimentation qu'il ne peut pas digérer. D'autres suggestions parlent de l'excès d'aliments acides et des déséquilibres du foie et des reins. Émotionnellement, les pellicules peuvent signaler une énergie mentale en excès et le désir de se débarrasser des idées obsolètes.

Traitements complémentaires

- AROMATHÉRAPIE. L'huile de romarin est merveilleuse pour la sécheresse du cuir chevelu. Massez le cuir chevelu avec une huile base à laquelle on ajoute quelques gouttes d'huile essentielle. Préparez la vôtre ou achetez-la dans un magasin de produits naturels ayant un rayon d'aromathérapie.

- ALIMENTATION. Consommez une nourriture pauvre en graisses animales : poissons blancs, légumes crus (éventuellement sous forme de jus), céréales complètes.

Traitement Reiki

Le traitement se concentre sur le système d'élimination du corps : le foie et les reins. Les surrénales sont également traitées pour aider à atténuer le stress.

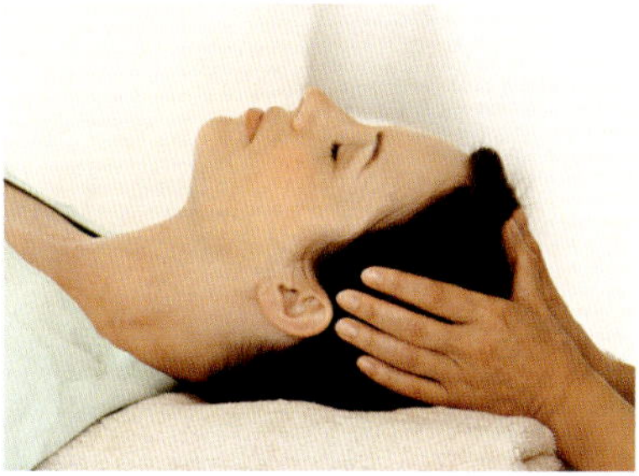

1 Placez la base de vos paumes sur le sommet de la tête, doigts descendant sur les côtés de la tête.

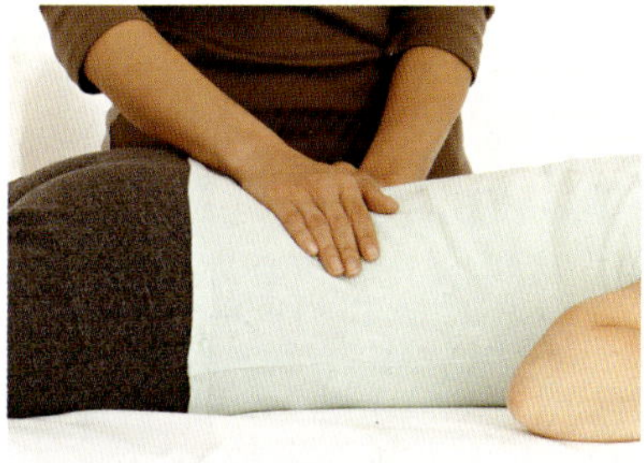

2 Traitez les surrénales et les reins en utilisant la Position 14 (voir page 236).

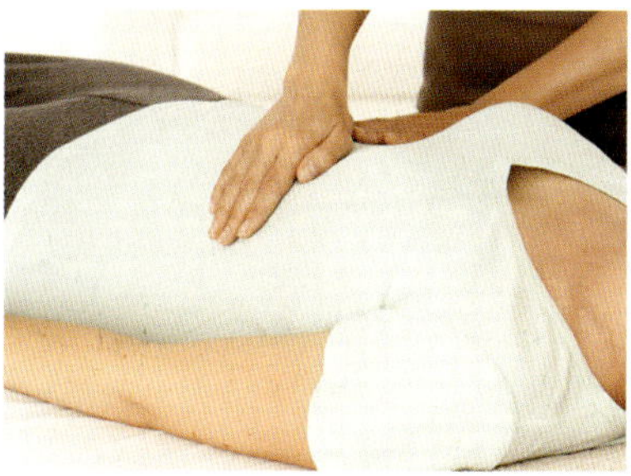

3 Placez vos mains sur la zone du foie pour soutenir cet organe, en utilisant la Position 6 (voir page 228) ou les Positions alternatives 6 et 7 (voir page 229).

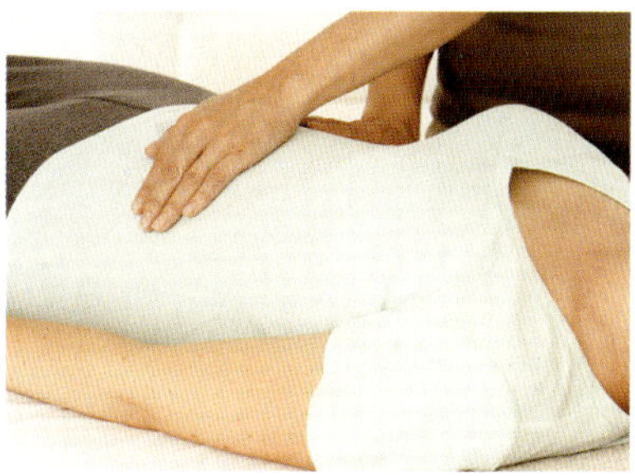

4 Continuez à traiter le foie en passant à la Position 7 ou aux Positions alternatives 6 et 7 (voir page 229).

Allergies

Une réaction allergique prend place quand le système immunitaire réagit de manière inappropriée à une substance par ailleurs inoffensive, comme l'herbe. Cette réaction peut être déclenchée par le contact de la peau avec une substance chimique ou des poils animaux, par l'inhalation (comme pour le pollen) ou la consommation (comme pour les allergies aux aliments allant des œufs et des noix aux fraises). Les causes de cette affection peuvent être héréditaires et liées à d'autres états comme l'asthme, ou être le résultat d'un foie faible et d'un système immunitaire affaibli, incapable d'empêcher l'accumulation des antigènes (substances étrangères) dans le corps.

Les antihistaminiques sont utilisés pour traiter certaines formes d'allergies, comme le rhume des foins. Dans les cas graves, la personne doit être testée pour divers allergènes et subir une série de désensibilisations. Dans le cas des allergies alimentaires, on élimine systématiquement de l'alimentation et on observe les résultats. D'habitude, il faut consulter un nutritionniste.

Émotionnellement, les allergies sont souvent aggravées par le stress. Elles peuvent aussi manifester le refus d'accepter le pouvoir personnel.

Traitement Reiki

Ce traitement fortifie le système immunitaire et le foie.

1 **Placez vos mains sur le visage, en utilisant la Position 1 (voir page 221).**

Traitements complémentaires

- ALIMENTATION. Consultez un nutritionniste pour gérer toute allergie alimentaire.
- EXERCICE. Certaines affections dermiques s'atténuent suite à la pratique régulière du yoga

2 Descendez pour traiter la zone de la gorge, en utilisant la Position 5 (voir page 227).

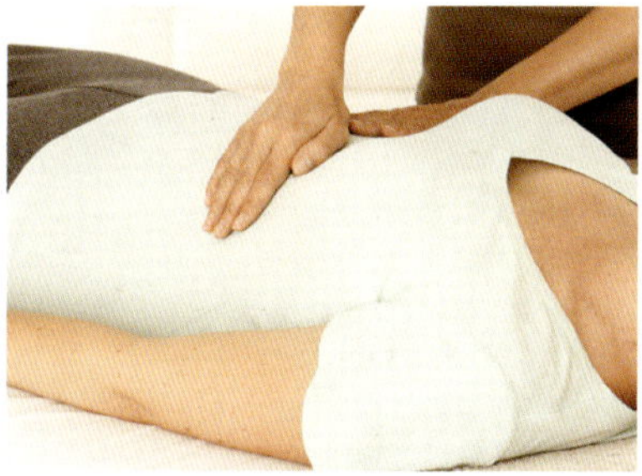

3 Placez vos mains à l'horizontale sous le sternum, en utilisant la Position 6 (voir page 228).

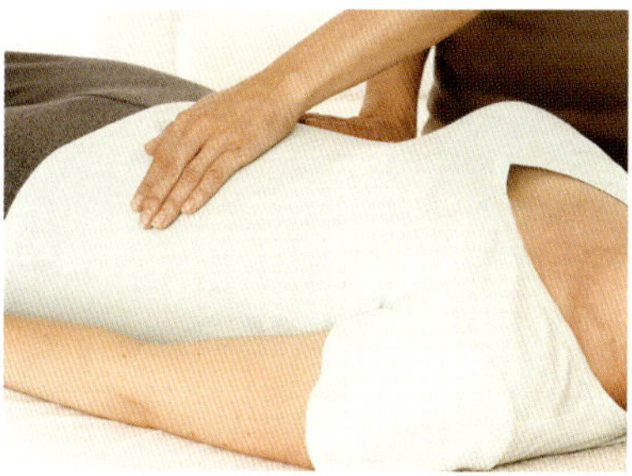

4 Passez à la Position 7 (voir page 229) et descendez par la face antérieure du corps pur traiter les poumons, le foie et l'estomac.

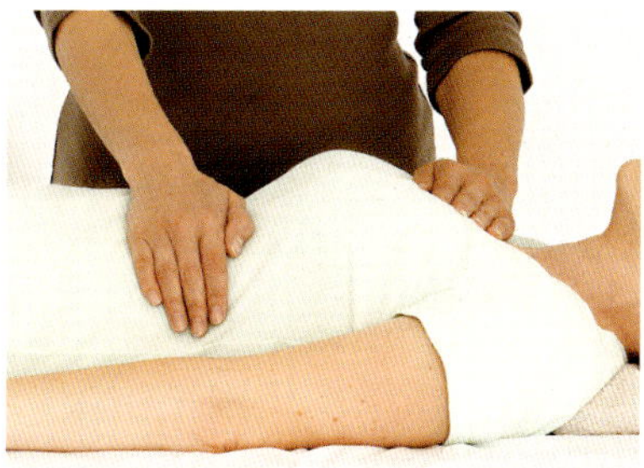

5 Placez une main sur le thymus, l'autre sur la rate, située au bas de la cage thoracique, à gauche.

Affections auto-immunes

L'immunodéficience ou les affections auto-immunes sont un groupe d'affections caractérisées par le fait que le système immunitaire n'arrive pas à fonctionner correctement, laissant la personne vulnérable aux infections qu'un système immunitaire normal combattra facilement. L'affection peut être congénitale ou acquise. Par exemple, une personne née avec une immunodéficience constatera qu'elle attrape à répétition des infections fongiques. Le HIV est un exemple d'immunodéficience acquise par infection virale. Le système immunitaire peut aussi être désactivé par la prise de certains médicaments. Bien d'autres états, comme le lupus, l'arthrite rhumatoïde, la sclérose en plaques et le diabète sont également auto-immuns. Il n'y a pas d'explication médicale précise des causes de l'immunodéficience.

Émotionnellement, elle peut être suscitée par un traumatisme, le stress et le chagrin, tous connus pour affaiblir même un système immunitaire sain. Comme le thymus se trouve très près du cœur, l'énergie de cet organe est étroitement associée à cette affection et peut indiquer une absence d'amour de soi et des autres.

Traitements complémentaires

- EXERCICE. Suivez un cours de yoga, pratiquez la marche et trouvez un certain équilibre dans votre vie en réservant du temps aux loisirs.
- PHYTOTHÉRAPIE. Consultez un phytothérapeute pour des plantes qui fortifieront l'organisme et aideront des états particuliers apparentés.
- COMPLÉMENTS. Les vitamines B, C et E, ainsi que le magnésium, le sélénium et le zinc, fortifient le système immunitaire.

Traitement Reiki

Stimuler le système immunitaire est la première priorité pour un traitement, suivi par la focalisation sur les zones capables d'éliminer l'infection du corps.

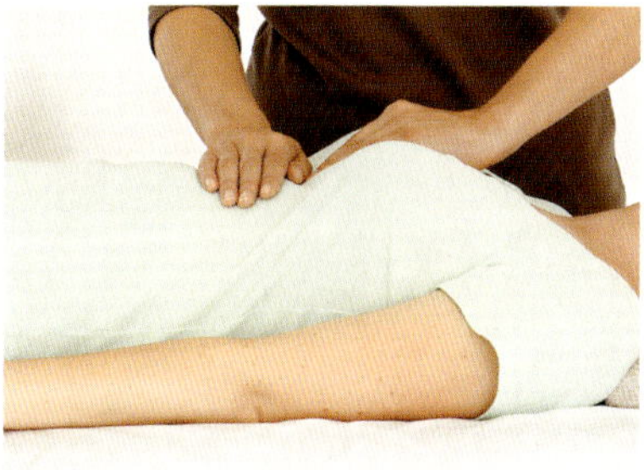

1 Placez vos mains sur le thymus et le cœur pour stimuler le système immunitaire.

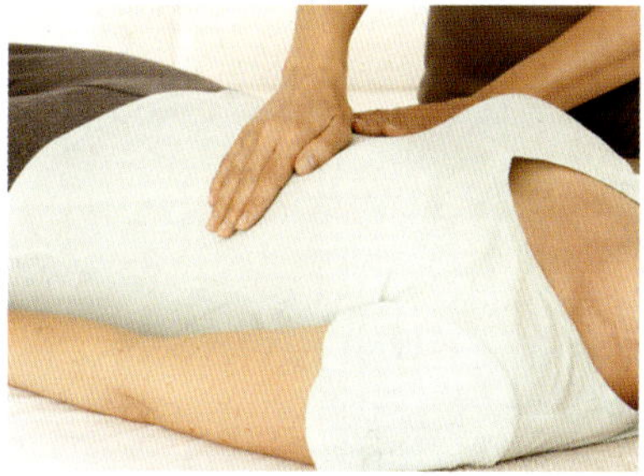

2 Traitez le foie, la rate et le pancréas sur la face antérieure du corps. Partez de la Position 6 (voir page 228).

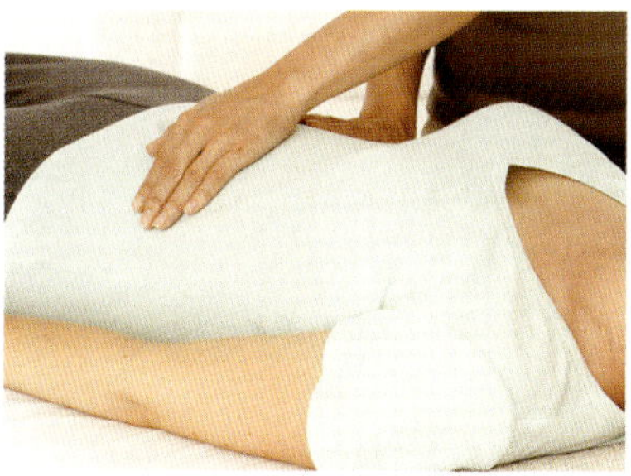

3 Passez à la Position 7 (voir page 229), en descendant sur le corps.

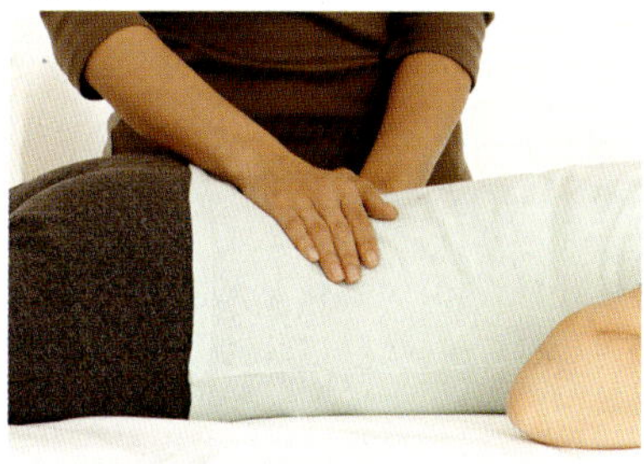

4 Traitez les surrénales et les reins en Position 14 (voir page 236).

Mal du dos

Le mal du dos apparaît sous toutes sortes de formes et la plupart des gens en souffrent à un moment ou un autre de leur vie. Heureusement, la plupart du temps un minimum de traitement suffit. Le mal chronique du dos exige soit un traitement permanent, soit un traitement intensif des crises intermittentes.

Le mal chronique du dos a plusieurs causes : endommagement du coccyx, pression sur le nerf sciatique, infection rénale, dégénérescence des vertèbres et des disques intervertébraux, douleur des muscles du dos. Le traitement conventionnel inclut d'habitude des antalgiques et des anti-inflammatoires, des relaxants musculaires et de la kinésithérapie.

Les causes émotionnelles varient selon la zone du dos affectée. Par exemple, le mal du bas du dos est associé au sentiment d'absence de soutien matériel et des inquiétudes financières. Le milieu du dos est associé à des sentiments de culpabilité et d'incapacité à recevoir l'aide d'autrui. Le haut du dos et le cou sont liés au sentiment d'être chargé de la responsabilité des autres et de manque de soutien émotionnel.

Traitements complémentaires

- AROMATHÉRAPIE. Les huiles de camomille et d'eucalyptus sur des compresses chaudes, suivies par des compresses froides, placées sur la zone enflammée, atténuent la douleur et le gonflement.
- MASSAGE ET HYDROTHÉRAPIE. Excellents moyens de diminuer l'inflammation.
- PILATES. Consultez un instructeur qualifié de Pilates à propos des exercices spécifiques pour votre affection. Le Pilates a connu une grande réussite auprès des personnes souffrant de mal chronique du dos.

Traitement Reiki

Traitez l'ensemble du dos, en vous concentrant sur la zone la plus douloureuse. Cela peut exiger l'ajout de certaines positions des mains pour couvrir le coccyx, ainsi que le nerf sciatique.

1 Pour traiter le coccyx, placez vos mains sur le coccyx. Placez vos mains l'une au-dessus de l'autre ou côte à côte.

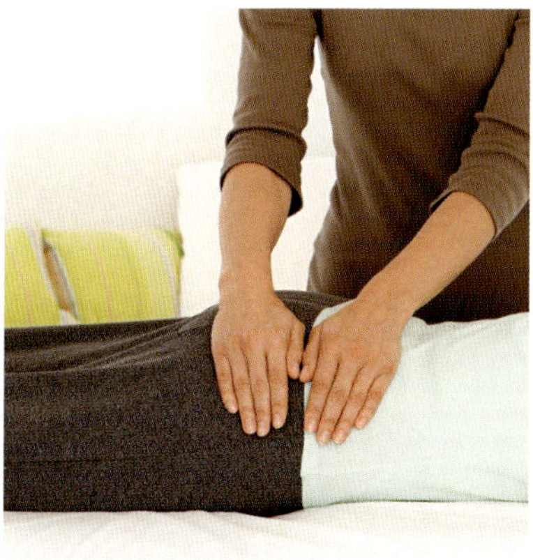

2 Pour traiter le nerf sciatique, placez vos mains sur la face externe de la fesse droite. Répétez sur la face externe de la fesse gauche.

3 Utilisez la Position 15 (voir page 237) sur les deux jambes pour faire circuler l'énergie depuis la plante des pieds à la colonne vertébrale et sur le dos.

Sinusite

Les sinus sont des espaces vides entourant la cavité nasale. Cette affection ordinaire est surtout aiguë, mais peut devenir chronique chez certains. Les méthodes conventionnelles de traitement utilisent des décongestionnants nasaux, des antibiotiques et parfois, si le cas est grave, le drainage chirurgical des sinus. Les symptômes sont la douleur autour de la zone nasale et au milieu du front, ainsi que la sensation de ne pas pouvoir respirer correctement.

Émotionnellement, on peut s'accrocher à un profond conflit mental concernant la capacité de communiquer, qui finit par être bloqué et libéré seulement peu à peu.

Traitement Reiki

Concentrez-vous sur les sinus pour soulager la congestion et sur le foie pour éliminer les toxines.

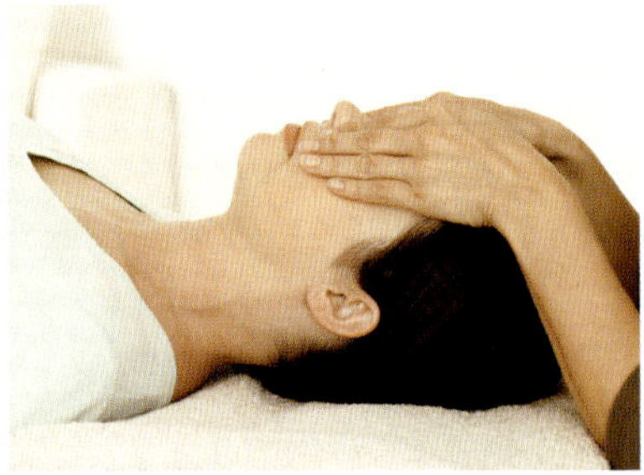

1 **Placez vos mains sur le visage, en utilisant la Position 1b (voir page 221).**

Traitements complémentaires

- ACUPRESSION ET ACUPUNCTURE. Aident à éliminer les blocages du système lymphatique.
- ALIMENTATION. Éliminez tout produit laitier de votre alimentation pour une semaine. Cela aidera à éliminer le mucus de l'organisme.
- AROMATHÉRAPIE. L'inhalation d'huiles comme l'eucalyptus dans de l'eau chaude aidera à nettoyer les passages nasaux. Pensez aux massages d'aromathérapie pour traiter les causes émotionnelles.

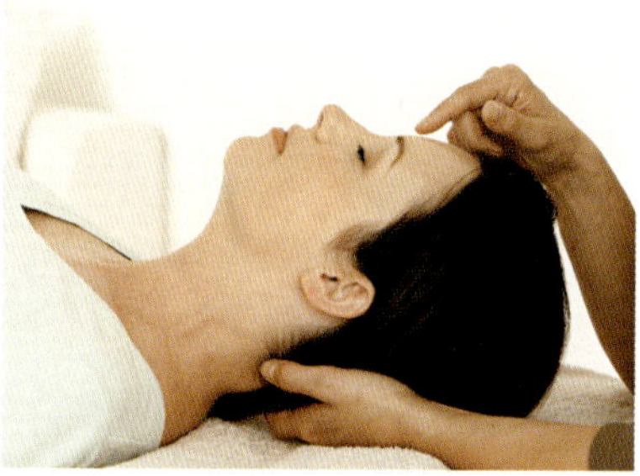

2 Si vous avez le Deuxième degré du Reiki, tracez les Symboles 1 et 2 sur le front. Voir Position 4a (page 225).

3 Placez la main ayant tracé les symboles en travers du front. (Voir Position 4b, page 226).

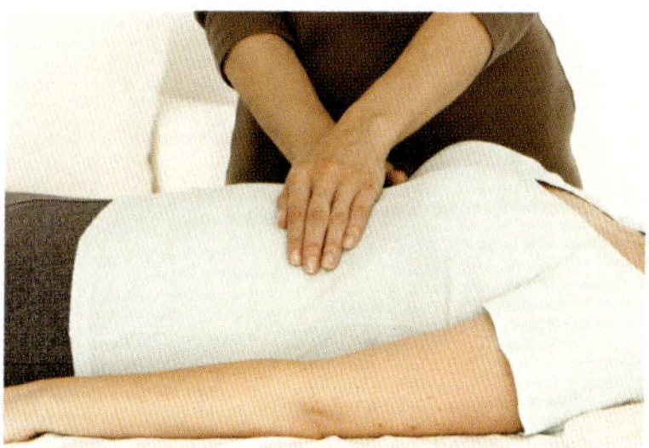

4 Traitez le foie et la rate sur la face antérieure du corps pour aider l'élimination de l'accumulation de toxines. Utilisez d'abord la Position 6 (voir page 228).

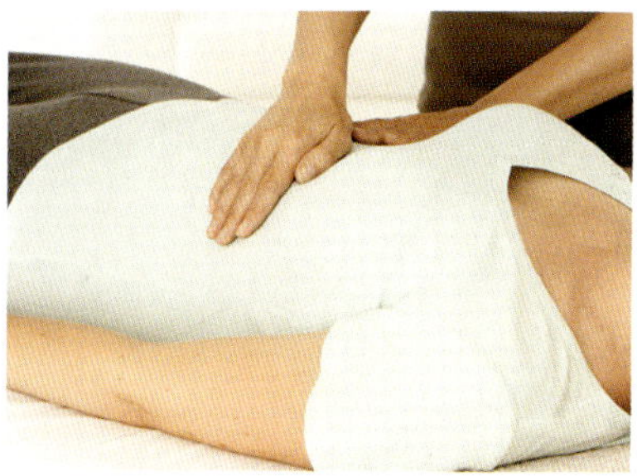

5 Continuez par la Position 7 ou la Position alternative 7 (voir page 229), en descendant sur le corps.

Problèmes menstruels

La menstruation repose sur une combinaison du revêtement de l'utérus en train de se développer et la régularisation de la production hormonale. Les troubles apparaissent quand ce mécanisme délicat n'est pas équilibré. Ils se manifestent de diverses manières, dont la plus commune est la dysménorrhée (douleurs menstruelles). L'absence de menstruation, bien que normale pendant la grossesse, peut être causée à d'autres occasions par l'anorexie et le stress. Le troisième type, la ménorragie, caractérisée par le saignement excessif, est d'habitude provoqué par le déséquilibre hormonal, les stérilets et la présence de fibromes ou de polypes dans l'utérus.

Émotionnellement, les troubles menstruels signalent un conflit avec la nature féminine. Les symptômes tendent à s'atténuer quand la femme est plus à l'aise avec elle-même et son corps.

Traitements complémentaires

- AROMATHÉRAPIE. Versez quelques gouttes de sauge sclarée dans le bain. Mieux vaut cependant consulter un aromathérapeute, car certaines huiles ont des effets spectaculaires.

Traitement Reiki

Les traitements se concentrent sur la zone pelvienne et sur les chakras inférieurs.

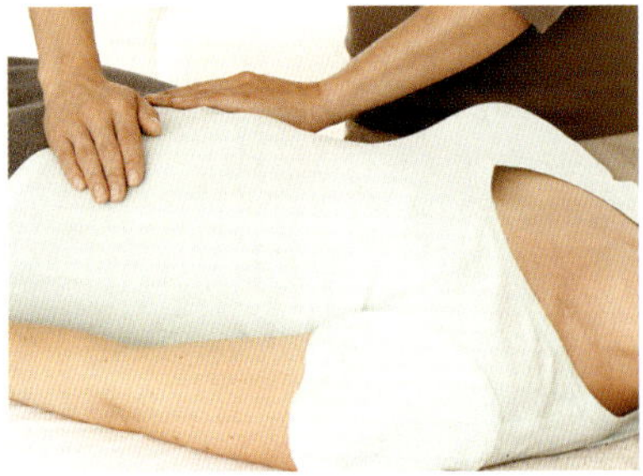

1 Traitez la zone pelvienne, en utilisant la Position 8 (voir page 230). Si vous vous traitez vous-même, couvrez la zone pubienne.

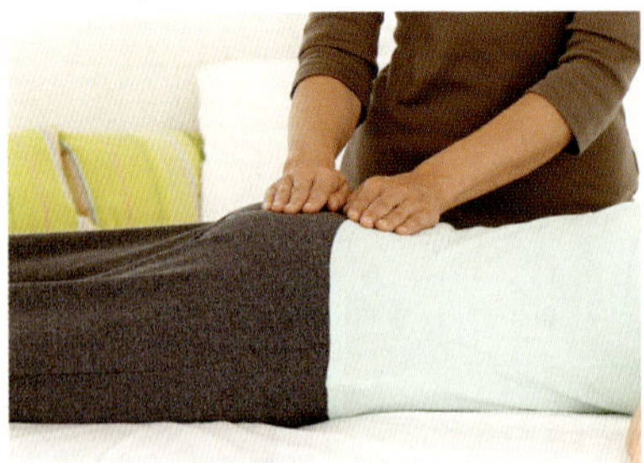

2 Traitez le bas du dos en plaçant vos mains au centre du dos, sur le coccyx.

Problèmes de prostate

La prostate est située au niveau de l'ouverture de l'urètre chez l'homme, elle est responsable de la sécrétion du fluide véhiculant la semence au moment de l'éjaculation. La prostate peut s'enflammer en raison d'une infection bactérienne, d'habitude sexuellement transmissible, traitée par des antibiotiques. Chez les hommes plus âgés, la prostate tend à s'élargir, provoquant des blocages de l'urètre et des difficultés de miction. Parfois, une opération est requise.

Le stress est une cause des problèmes de prostate, tout comme une alimentation riche en protéines animales et en graisses saturées. Émotionnellement, ils signalent un sentiment d'impuissance et de frustration quant à la performance sexuelle.

Traitements complémentaires

- MÉDITATION. Cela aidera à laisser aller le stress et à accepter le processus de vieillissement.
- YOGA. Une pratique régulière relaxe le mental. Certains exercices fortifient la zone pelvienne.

Traitement Reiki

Traitez systématiquement les hommes pour prévenir cette affection.

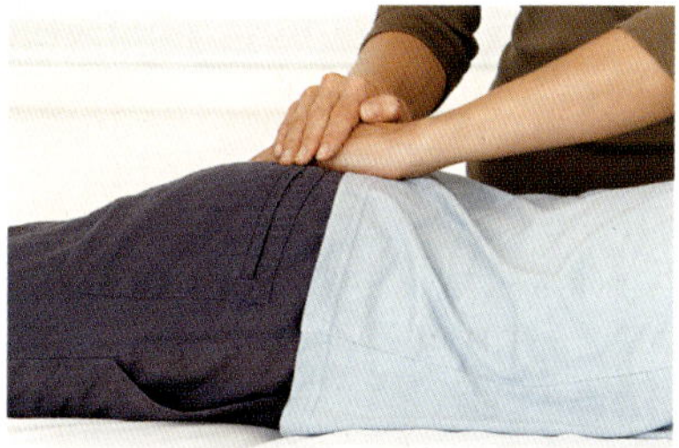

1 L'homme allongé sur le ventre, placez une main à l'horizontale sur son coccyx, l'autre à angle droit par rapport à elle, doigts descendant par le centre des fesses. Vous pouvez aussi superposer vos mains pour couvrir la même zone.

Infertilité

Incapacité à concevoir un enfant, pouvant venir des problèmes du système reproducteur de l'homme ou de la femme. L'infertilité masculine peut être causée par des blocages du système reproducteur, des maladies sexuellement transmissibles, des troubles génétiques, une numération faible des spermatozoïdes causée par le stress, le tabac et certaines drogues. L'infertilité féminine est typiquement causée par les blocages des trompes de Fallope, l'absence d'ovules, les problèmes utérins empêchant l'implantation des ovules et la destruction du sperme par le mucus cervical.

Émotionnellement, ces couples se penchent trop sur le passé ou l'avenir et ont du mal à être dans le présent.

Traitements complémentaires

- ALIMENTATION. Mieux vaut consulter un nutritionniste pour une alimentation équilibrant l'énergie corporelle.
- EXERCICE. Tout exercice diminuant le stress et favorisant l'équilibre mental et physique est bénéfique. La natation, la marche, le yoga et le chi kung sont idéaux.

Traitement Reiki

Le traitement se concentre sur les organes de reproduction et les zones associées au stress.

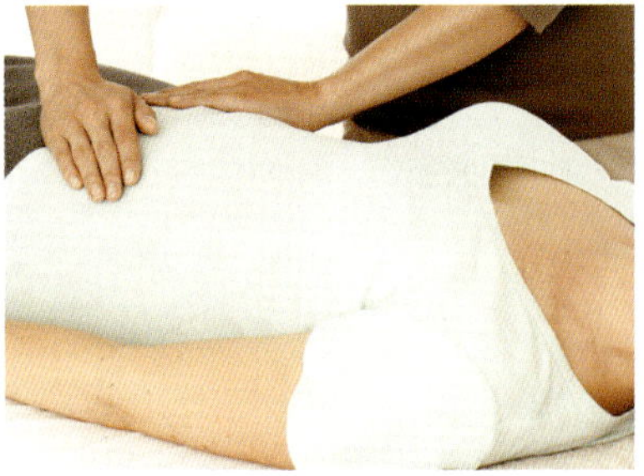

1 Pour traiter les organes de reproduction féminins, utilisez la Position 8 (voir page 230). Pour les hommes, traitez la zone de l'aine.

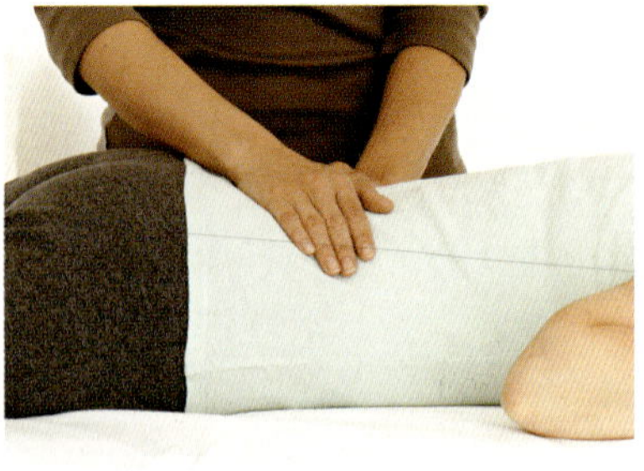

2 Traitez les surrénales et les reins en utilisant la Position 14 (voir page 236).

Infections auriculaires

Les infections auriculaires tendent à être plus fréquentes chez les enfants, mais les adultes en souffrent aussi. L'otite moyenne, infection très douloureuse de l'oreille moyenne, est très commune chez l'enfant. D'autres types d'infections auriculaires sont : l'otite externe, dans le canal auriculaire, la mastoïdite, où la douleur est ressentie dans l'os derrière l'oreille, et la labyrinthite, affection de l'oreille interne. La douleur des dents et de la mâchoire peut se refléter dans l'oreille.

Émotionnellement, cette infection signale qu'on n'aime pas ce qu'on entend – donc on le bloque.

Traitements complémentaires

- ALIMENTATION. Écartez les produits laitiers, les céréales, la viande et le sucre de votre alimentation, ainsi que tous produits formateurs de mucus. Remplacez-les par des jus de fruits et de légumes et des aliments complets, comme le riz cuit.

Traitement Reiki

Le traitement se concentre sur les oreilles et sa connexion avec la gorge.

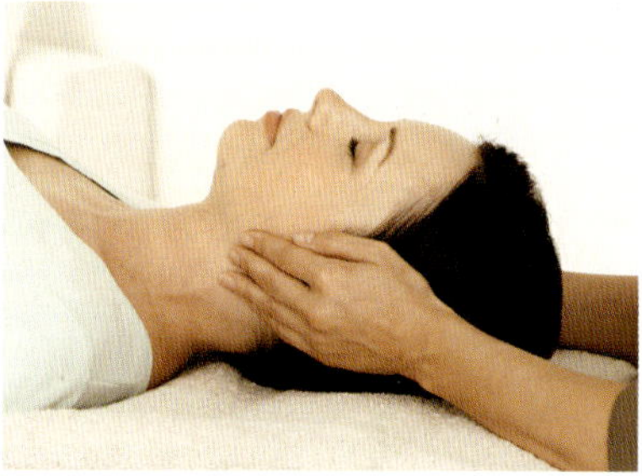

1 Placez vos mains sur les oreilles, paumes couvrant leur ouverture, en utilisant la Position 2a (voir page 222).

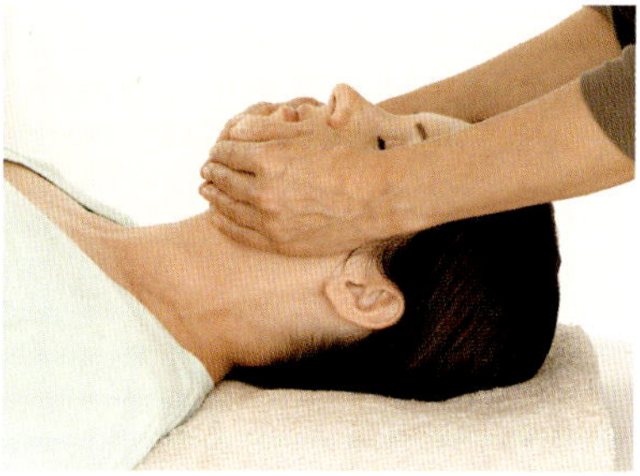

2 Placez ensuite vos mains le long de la mâchoire, ce qui traitera la connexion entre les oreilles et la gorge.

Asthme

Le nombre de personnes souffrant de cette affection, mettant potentiellement la vie en danger, est en progression de beaucoup de pays. L'asthme est provoqué par l'inflammation des bronches et des bronchioles causant une constriction des poumons et une production accrue de mucus, qui rétrécit les voies aériennes. Parmi les symptômes : essoufflement, respiration sifflante et toux.

Une crise peut être déclenchée par des allergènes comme la poussière et le pollen, par l'effort et même par un vent fort. Le stress est un autre déclencheur. Chez les femmes, l'asthme peut s'aggraver les quelques jours précédant la menstruation, signalant un lien hormonal. D'habitude, l'asthme se développe dans l'enfance et est souvent héréditaire, mais disparaît fréquemment, ou du moins devient moins grave, à l'âge adulte. Toutefois, elle peut apparaître brusquement chez des adultes qui n'en ont jamais souffert par le passé.

On pense qu'il est lié à un excès de produits laitiers et de céréales dans l'alimentation. On suggère aussi qu'il est répandu chez les enfants qui n'ont pas été allaités ou qui sont sevrés trop tôt. Émotionnellement, l'asthme est connecté au maternage excessif, où l'enfant se sent littéralement suffoqué et incapable de trouver la place d'être lui-même.

Notez que l'étape 3 de la séquence ci-contre est facile en traitant un homme. Il faut demander à la femme si cela ne la gêne pas que vous lui touchiez les seins, ou si elle préfère que vous gardiez les mains au-dessus d'eux. Les femmes peuvent s'autotraiter facilement grâce à cette position.

Traitements complémentaires

- ALIMENTATION. Écartez les produits laitiers et les céréales de l'alimentation et limitez la quantité de boissons gazeuses donnée aux enfants, qui favorisent la production de mucus. Certains colorants alimentaires aggravent l'asthme.

- EXERCICE. Apprendre les techniques de respiration du chi kung ou du yoga peut aider beaucoup à soulager une crise ou la prévenir.

Traitement Reiki

En traitant quelqu'un souffrant d'une crise d'asthme, soutenez-le avec des coussins dans un canapé ou faites-le asseoir sur une chaise à dossier droit.

1 Assis derrière la personne, placez vos mains sous sa gorge, en formant un V, paumes sur les clavicules.

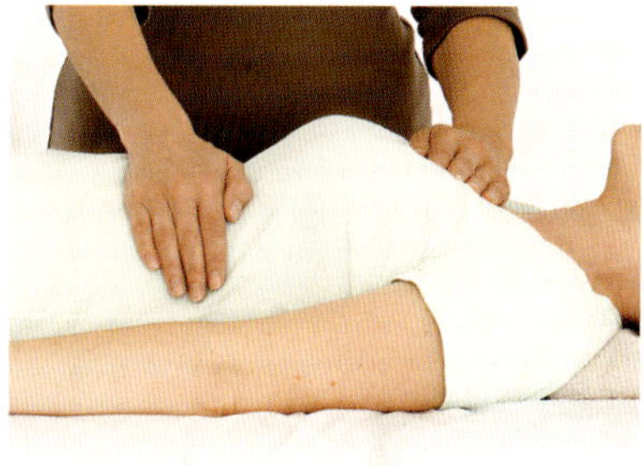

2 Placez une main sur le thymus, l'autre sur la rate, sur le côté gauche du corps.

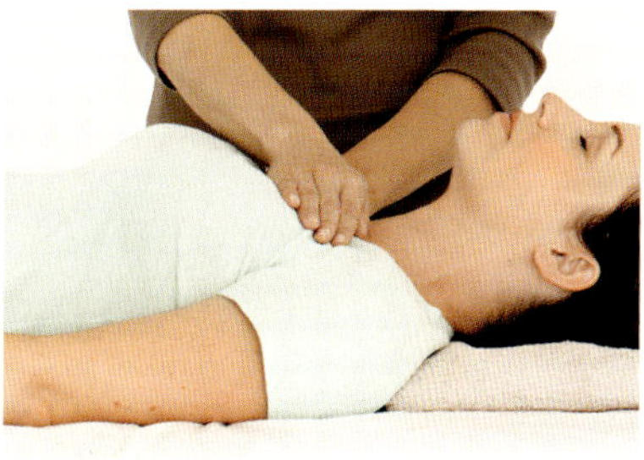

3 Placez vos mains à l'horizontale en travers du haut de la poitrine. En les gardant dans la même position, descendez sur toute la poitrine.

4 Passez à la Position 14 (voir page 236). Pour la médecine chinoise, un fonctionnement faible des reins est censé causer de l'asthme.

Rhume

Les personnes n'ayant jamais eu de rhume sont très rares. Certaines sont particulièrement vulnérables au rhume et l'attrapent plusieurs fois par an. Un rhume est essentiellement une infection du revêtement du nez et de la gorge. Ses symptômes sont : congestion nasale, mal de tête, gorge douloureuse, écoulement nasal, toux. Le rhume est causé par un virus et son traitement est fonction des symptômes, par des antalgiques, décongestionnants nasaux, sirops de toux et cachets pour la gorge, associés au repos et à la prise de liquides.

Émotionnellement, un rhume peut être un signe qu'on doit ralentir et faire une pause.

Traitements complémentaires

- COMPLÉMENTS. Accroissez la prise de vitamine C et de zinc quand vous avez un rhume. Assurez-vous d'en faire des éléments réguliers de votre alimentation pour prévenir les rhumes. L'échinacée est bénéfique pour le traitement et la prévention.

Traitement Reiki

Le traitement se concentre sur le système immunitaire, les zones d'infection et l'élimination des toxines.

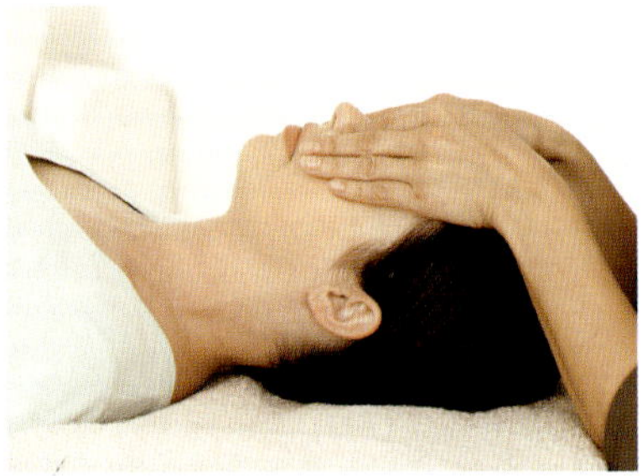

1 Placez vos mains sur le visage comme pour la Position 1 (voir page 221).

2 Placez ensuite vos mains sur ou autour de la zone de la gorge, en utilisant la Position 5 (voir page 227).

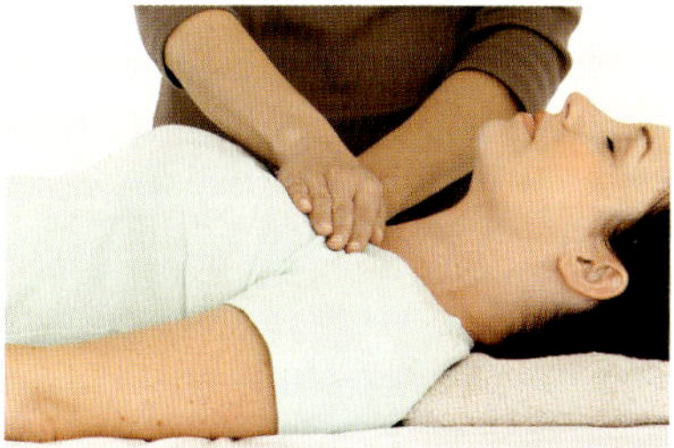

3 Placez vos mains à l'horizontale en travers du haut de la poitrine. Pour l'autotraitement, les mains doivent être placées sur les seins.

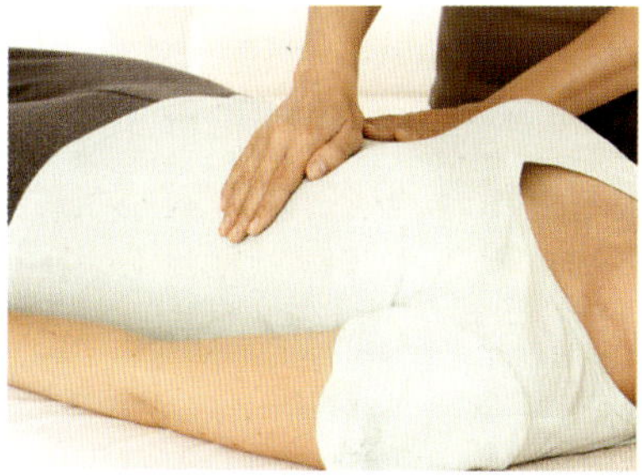

4 Traitez le foie et la rate. Partez de la Position 6 (voir page 228).

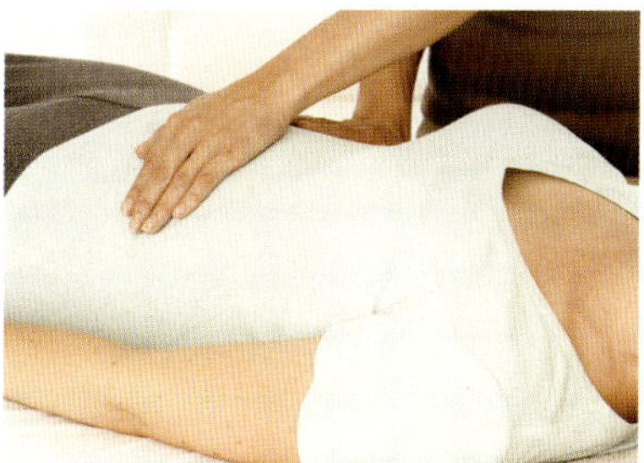

5 Passez à la Position 7 (voir page 229) et descendez sur le corps.

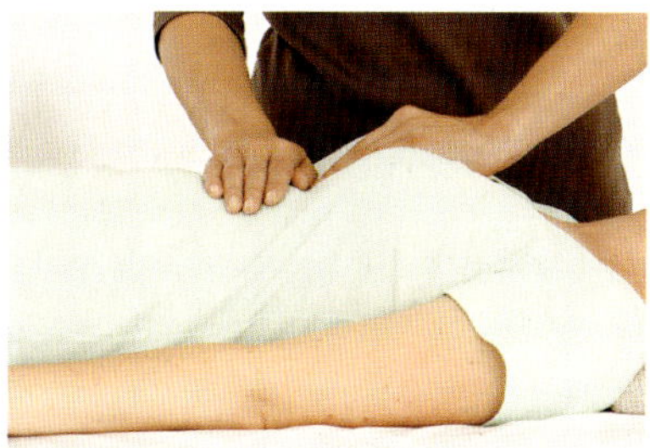

6 Placez vos mains sur le thymus pour fortifier le système immunitaire.

Troubles oculaires

Il y a plusieurs formes de troubles oculaires, allant de la cécité à la simple fatigue oculaire. Entre les deux, il y a l'astigmatisme, le strabisme, la myopie et la presbytie. Tous sont liés à la réfraction de la lumière traversant le cristallin. Par exemple, une personne myope voit assez clairement les objets proches d'elle, alors que tout ce qui se trouve à distance est un brouillard. Une personne presbyte connaît l'expérience contraire. L'astigmatisme est le résultat d'une malformation de la cornée troublant les images. Le strabisme est causé par le sous-développement ou le surdéveloppement des muscles oculaires, modifiant la vision normale. La fatigue oculaire est fréquemment ressentie par les personnes travaillant longtemps sur ordinateur sans faire de pause, et par celles dont la profession exige de regarder avec concentration des lettres et des chiffres.

Le traitement habituel des troubles oculaires est le port de lunettes ou de lentilles de contact pour corriger la vision. Le traitement au laser est aussi possible pour les troubles oculaires plus graves. La médecine conventionnelle ne pense pas que les troubles oculaires habituels sans rapport avec d'autres affections puissent avoir une autre source que le déclin naturel du vieillissement ou l'utilisation excessive des yeux au travail. La médecine chinoise, quant à elle, affirme qu'une fonction hépatique affaiblie est responsable pour le déclin de la vision.

Émotionnellement, chaque type de trouble oculaire a une cause différente, mais en général c'est le refus de voir quelque chose. Par exemple, un myope ne voudra voir que ce qui est devant lui, alors qu'un presbyte préfère ne pas voir ce qui est personnel ou proche et passe son temps à regarder l'avenir.

Traitements complémentaires

- ACUPUNCTURE. Stimule le foie.
- EXERCICE. Plusieurs exercices chi kung sont spécifiquement conçus pour fortifier les yeux, de même que des exercices pour le foie.

Traitement Reiki

Concentrez le traitement sur les yeux et la tête, ainsi que sur le foie pour éliminer les toxines.

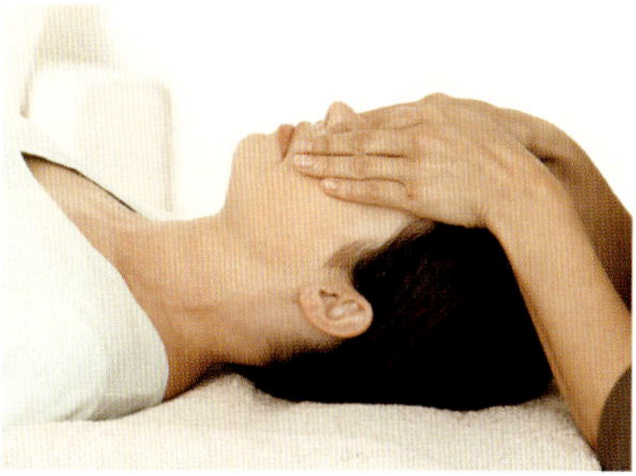

1 Placez vos mains sur les yeux, en utilisant la Position 1b (voir page 221).

2 Tenez délicatement la tête, en utilisant la Position 3c (voir page 224).

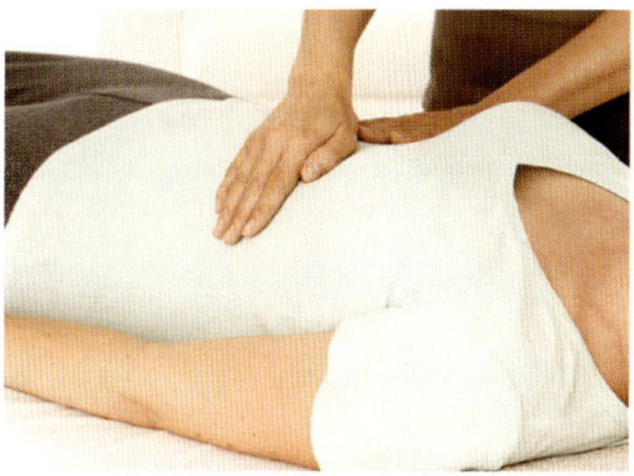

3 Traitez le foie en utilisant la Position 6 (voir page 228).

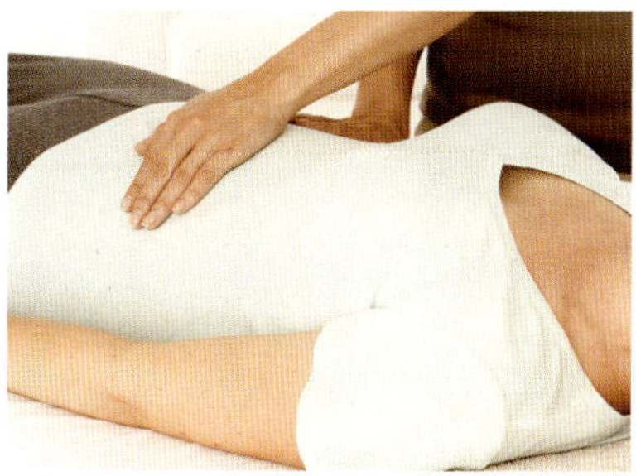

4 Utilisez la Position 7 (voir page 229) pour achever le traitement du foie.

Anxiété

La plupart des gens ressentent une certaine anxiété, mais quand celle-ci devient la réaction dominante dans la vie, c'est mauvais signe. L'anxiété est un terme général englobant une gamme d'émotions allant du léger malaise à la peur intense. Les causes de l'anxiété varient des réactions apprises à des situations spécifiques aux conflits internes inconscients, ou sont une réaction physiologique aux événements suite à la surstimulation du système nerveux central.

La gamme de ses symptômes, légers à graves, est large. Beaucoup de gens manifestent une crise de panique ressentent des palpitations, douleurs de poitrine et respiration limitée, et ont l'impression d'avoir une crise cardiaque. D'autres symptômes généraux sont nausée, insomnie, diarrhée, perte d'appétit, associés à l'irritabilité, aux peurs irrationnelles et au pessimisme extrême. Les méthodes conventionnelles de traitement sont la psychothérapie et, pour certains symptômes, les médicaments.

Émotionnellement, l'anxiété représente le sentiment d'être seul au monde. Une personne anxieuse ne se fie pas à la vie et a perdu foi dans l'idée que l'univers fournit toujours des solutions à toutes les situations.

Traitements complémentaires

- REMÈDES DE FLEURS DE BACH. Utilisez le Remède de secours quand vous sentez l'accumulation de l'anxiété ou en cas de crise de panique.
- EXERCICE. Pratiquez le yoga ou le chi kung régulièrement pour diminuer le stress.
- MÉDITATION. Une méditation régulière sur la connexion avec l'univers ou à Dieu ou à l'énergie créative de l'univers atténuera tout sentiment de séparation.

Traitement Reiki

Cette séquence équilibre les surrénales, ce qui accroît la production d'adrénaline en cas d'anxiété et d'épuisement rapide

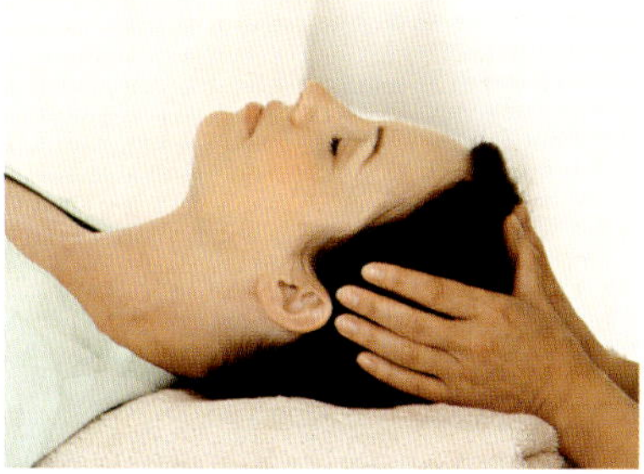

1 Placez la base de vos paumes sur le sommet de la tête, bout des doigts descendant devant les oreilles.

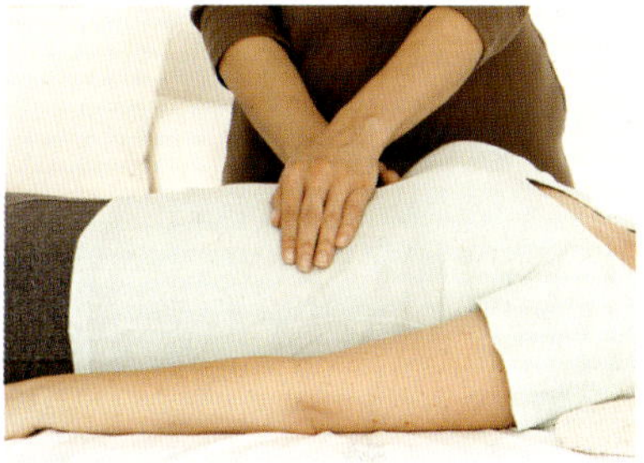

2 Traitez la face antérieure du corps en partant de la Position 6 (voir page 228) au plexus solaire.

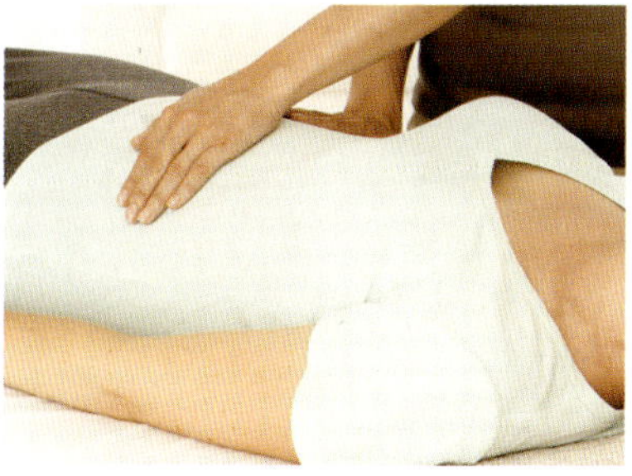

3 Descendez sur le corps pour traiter le foie, la rate, le pancréas et l'estomac en utilisant la Position 7 (voir page 229).

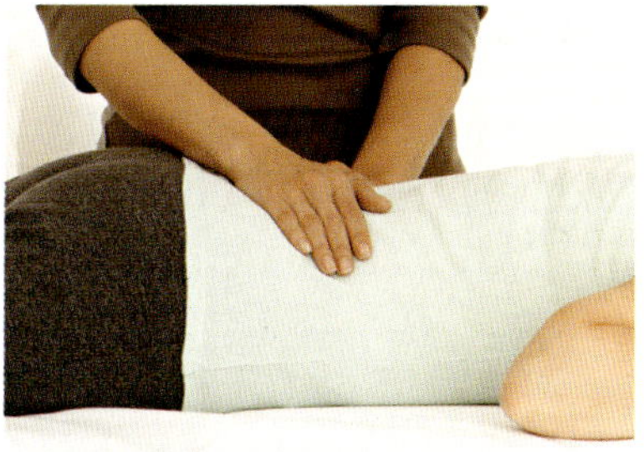

4 Sur le dos, traitez les surrénales et les reins, en utilisant la Position 14 (voir page 236).

Fatigue

La fatigue est très ordinaire dans le monde moderne caractérisé par plus qu'une simple lassitude. C'est une gamme de symptômes incluant lassitude, léthargie et manque de motivation. La fatigue causée par le manque de sommeil peut accompagner l'insomnie, mais elle peut aussi être causée par une mauvaise alimentation ou par des troubles sous-jacents comme anémie, dépression, anxiété et cancer. La fatigue persistante doit faire l'objet d'un examen médical.

Peut être traitée par un changement d'alimentation, en ajoutant plus d'aliments riches en fer, en acide folique et en vitamine B12. Ces substances existent aussi en compléments. Le repos est important. La fatigue est un signe qu'on en a fait trop et qu'en conséquence on est déséquilibré. On a probablement accordé trop de temps aux activités exigeant beaucoup d'énergie, comme le travail, sans prendre le temps de se remettre par des activités nourrissant le corps, le mental et l'esprit, telles que la méditation, la peinture, la lecture, le soin attentif de son corps. Pour cette raison, le mental et le corps ne se détendent jamais totalement, et épuisent leur énergie. La fatigue est un message du mental, du corps et de l'esprit de changer de mode de vie et de trouver un équilibre dans la vie.

Traitements complémentaires

- AROMATHÉRAPIE. Faites-vous faire régulièrement des massages d'aromathérapie pour stimuler le corps et le détendre.
- EXERCICE. L'exercice en douceur, comme la marche, le yoga et le chi kung aident à laisser aller le stress mental et physique.
- MÉDITATION. Relâche le stress mental.

Traitement Reiki

Mieux vaut administrer un traitement complet, si possible, mais en vous concentrant sur les zones très affectées par le stress vous diminuez la fatigue.

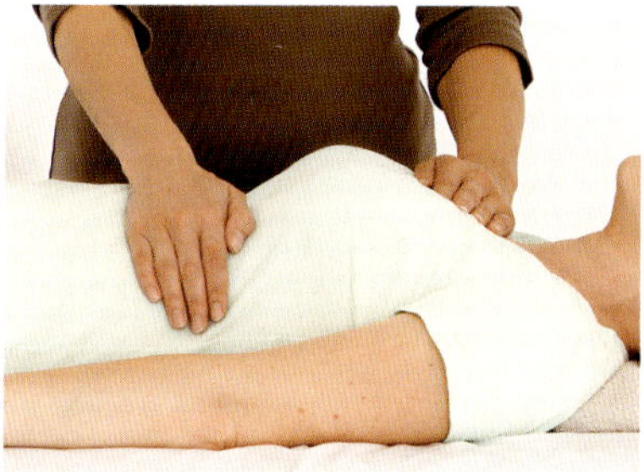

1 Placez une main sur le thymus, l'autre sur la rate, sur le côté gauche du corps.

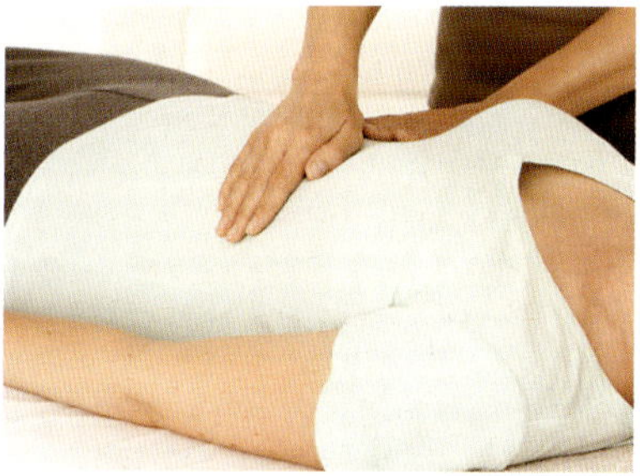

2 Placez vos mains en travers de la face antérieure du corps, couvrant le plexus solaire, en utilisant la Position 6 (voir page 228).

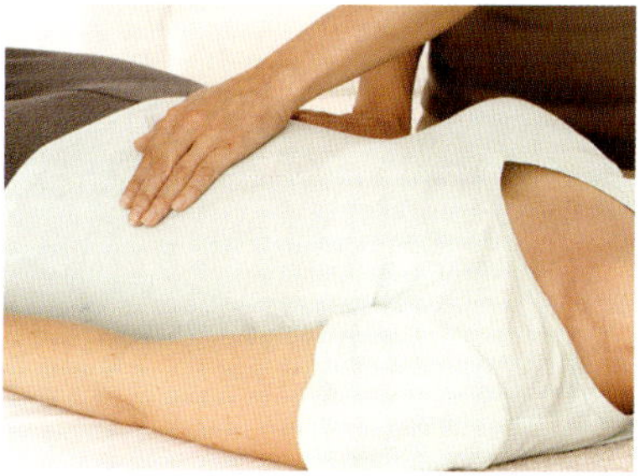

3 Descendez vos mains d'une largeur de main vers la Position 7 (voir page 229).

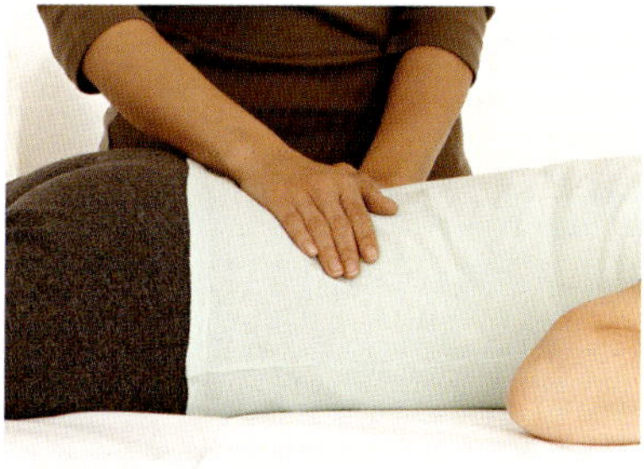

4 Sur le dos, traitez les surrénales et les reins, en utilisant la Position 14 (voir page 236).

Maux de tête

Les maux de tête sont causés par la constriction des vaisseaux sanguins de la membrane tapissant le cerveau et par la tension du cuir chevelu. Les douleurs diffèrent, allant d'une pulsation sourde à un élancement aigu.

La principale cause des maux de tête est d'habitude le stress ou la tension venant des sources émotionnelles ou de facteurs environnementaux, comme un mauvais éclairage ou alimentation. La plupart passent vite et peuvent être traités avec des analgésiques, mais ceux persistent sont susceptibles de signaler des affections graves – consultez un médecin.

Émotionnellement, le mal de tête est un symptôme du mental surmené.

Traitements complémentaires

- AROMATHÉRAPIE. Frictionner avec l'huile de lavande sur les tempes atténue la douleur et favorise la relaxation.
- MASSAGE. Un massage indien de la tête ou un massage complet du corps aideront à agir sur les causes du mal de tête.

Traitement Reiki

Traitez la tête et les zones affectées par le stress, comme le plexus solaire.

1 Traitez la tête. Commencez en Position 1b (voir page 221).

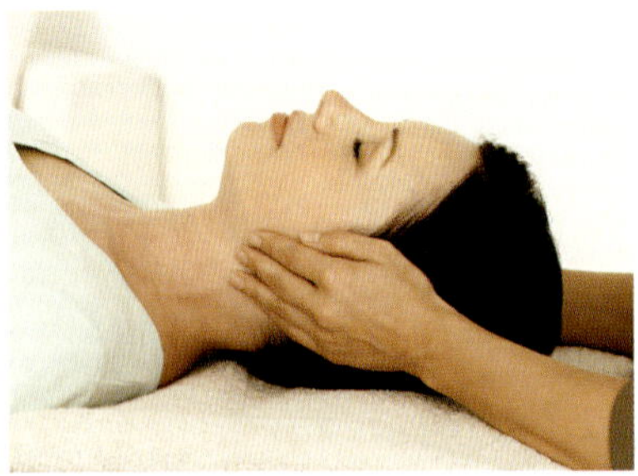

2 Continuez à traiter la tête, en utilisant la Position 2a (voir page 222).

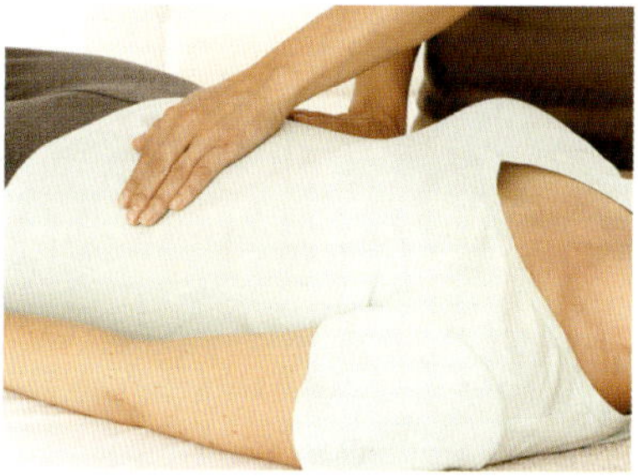

3 Traitez la rate, le foie et l’estomac. Commencez par la Position 6 (voir page 228).

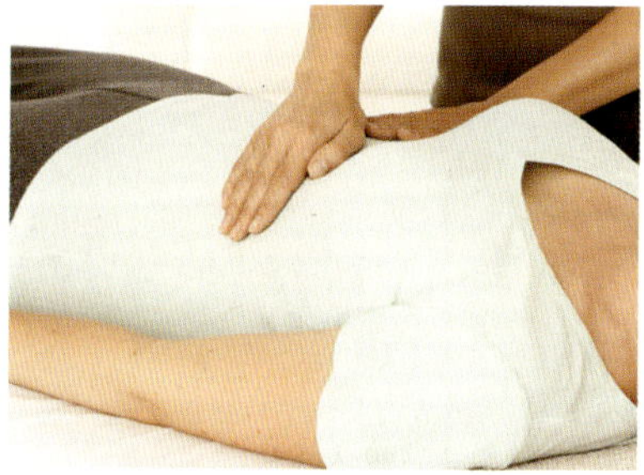

4 Continuez à traiter la zone, en passant à la Position 7 (voir page 220).

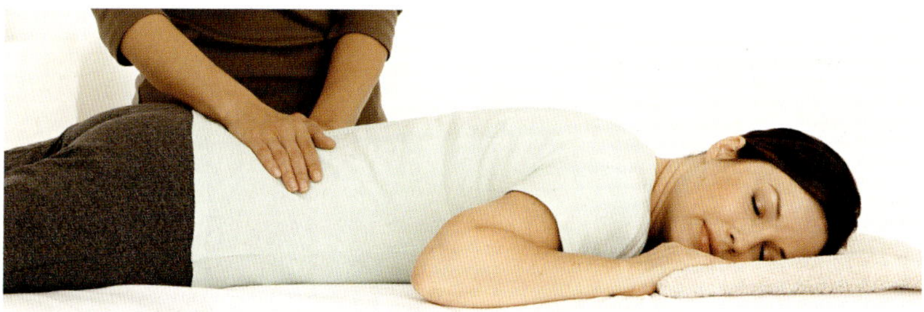

5 Sur le dos, traitez les surrénales et les reins, en utilisant la Position 14 (voir page 236).

Insomnie

Les insomniaques ont du mal à s'endormir ou à dormir. La plupart des gens connaissent des brèves insomnies à un moment ou un autre, d'habitude en réaction à une situation stressante. Toutefois, pour certains l'insomnie devient une affection chronique susceptible de durer des années. Les causes de l'insomnie sont fréquemment des affections sous-jacentes comme la dépression et l'anxiété. Les toxicomanes sont aussi susceptibles de l'éprouver durant le sevrage. L'insomnie peut être liée aux facteurs du mode de vie tels que le travail par équipe, la prise excessive de caféine et le manque d'exercice.

L'insomnie est d'habitude traitée en instaurant un mode de vie plus régulier, y compris une heure de coucher précise. L'insomnie causée par la dépression peut être plus difficile à traiter et exige nombre d'approches, dont la prise de médicaments et la psychothérapie.

La médecine chinoise et d'autres méthodes de guérison considèrent que l'insomnie indique une faiblesse du foie et de la vésicule biliaire. Le traitement se concentre sur ces organes.

Émotionnellement, la personne insomniaque se sent incapable de s'abandonner ou de se montrer vulnérable, ce qui se passe quand on dort. Elle est aussi incapable de se fier à la vie et a peur pour sa survie.

Traitements complémentaires

- AROMATHÉRAPIE. En plus des massages d'aromathérapie, vous pouvez utiliser une diversité d'huiles soit dans le bain, soit pour parfumer la chambre. Consultez un aromathérapeute sur les huiles qui vous conviennent le mieux. La lavande est l'huile standard pour la relaxation. Essayez le patchouli et le benjoin, les deux ancrantes.
- EXERCICE. Un exercice quotidien aidera la relaxation.
- PHYTOTHÉRAPIE. Buvez des tisanes comme la camomille et le cynorhodon pour calmer et apaiser les nerfs.

Traitement Reiki

Ces positions sont aussi idéales pour l'autotraitement de l'insomnie. Pour un maximum de bénéfice, administrez les traitements juste avant de dormir.

1 Placez vos mains en Position 1a (voir page 221) pour vous accorder au courant d'énergie de la personne.

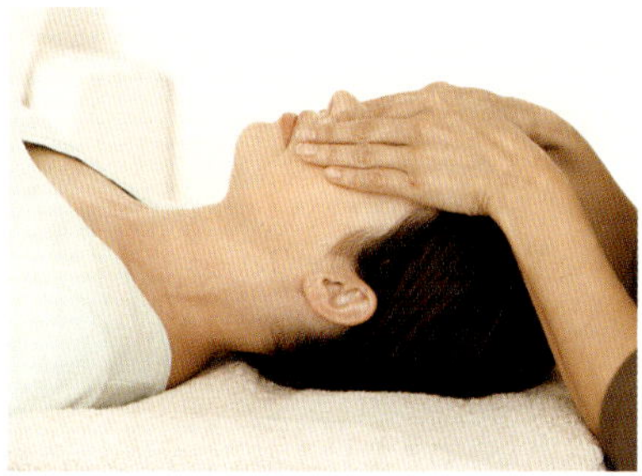

2 Passez à la Position 1b (voir page 221) en descendant vos mains sur son visage.

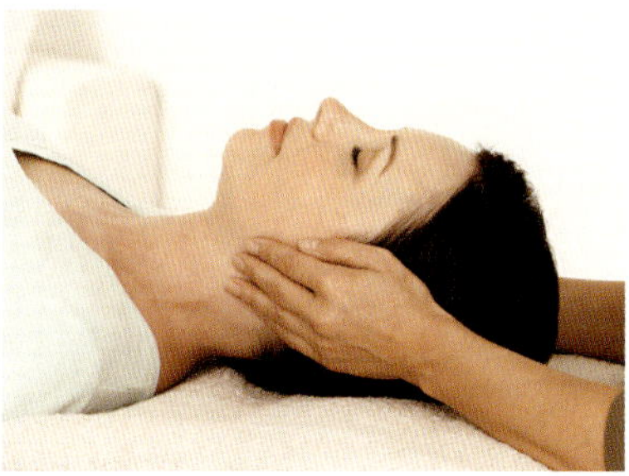

3 Placez vos mains en Position 2a (voir page 222).

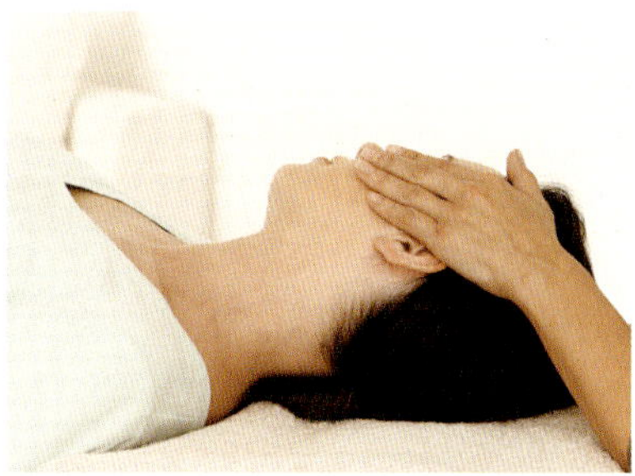

4 Passez doucement à la Position 3a (voir page 223), en faisant rouler la tête vers la droite.

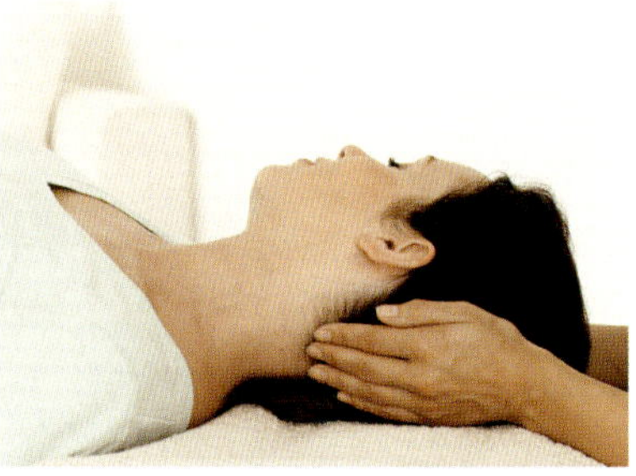

6 Déplacez vos mains en Position 3b (voir page 224).

7 Faites rouler lentement la tête au centre, en utilisant la Position 3c (voir page 224).

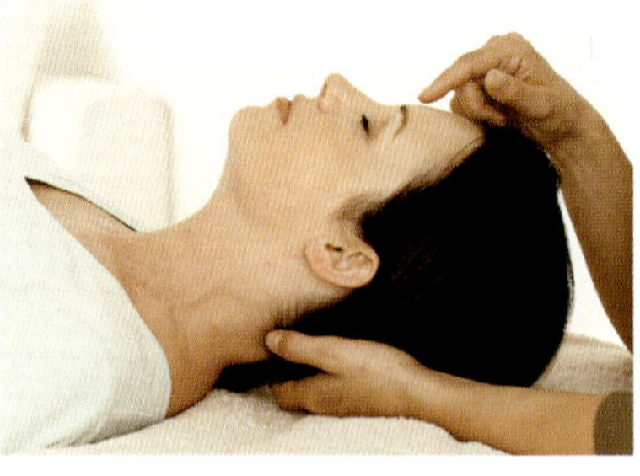

8 Si vous avez le Deuxième degré du Reiki, passez à la Position 4a (voir page 225) et tracez les Symboles 1 et 2 sur son front.

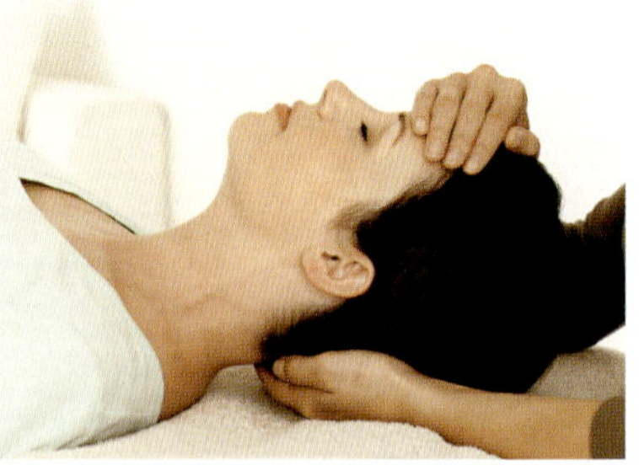

9 En gardant votre main gauche en place, déplacez la droite en travers du front, en Position 4b (voir page 226).

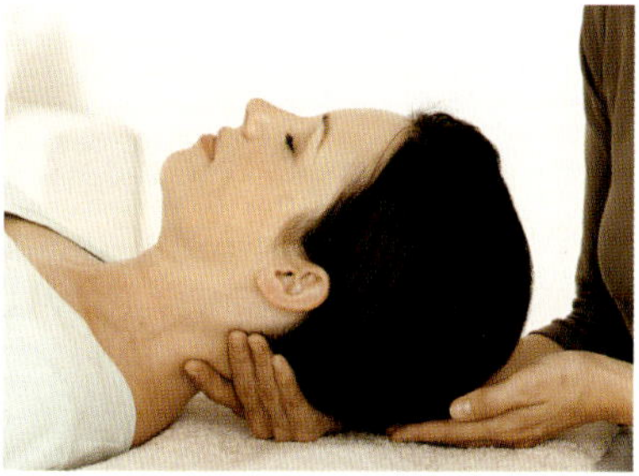

10 Retirez doucement vos mains de sous sa tête en les faisant glisser, comme pour la Position 4c (voir page 226).

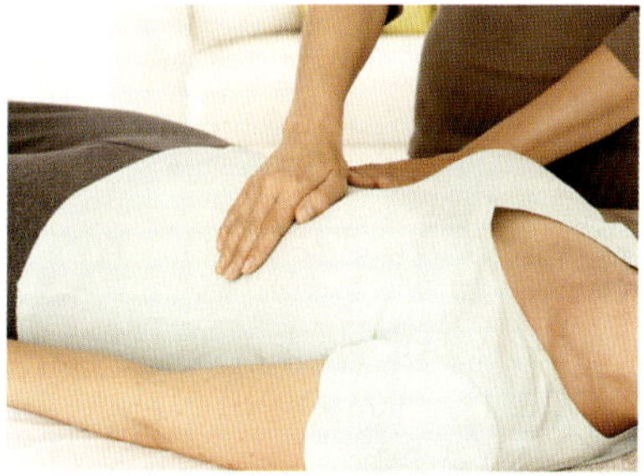

11 Placez vos mains l'une derrière l'autre sous la zone de la poitrine, comme pour la Position 6 (voir page 228).

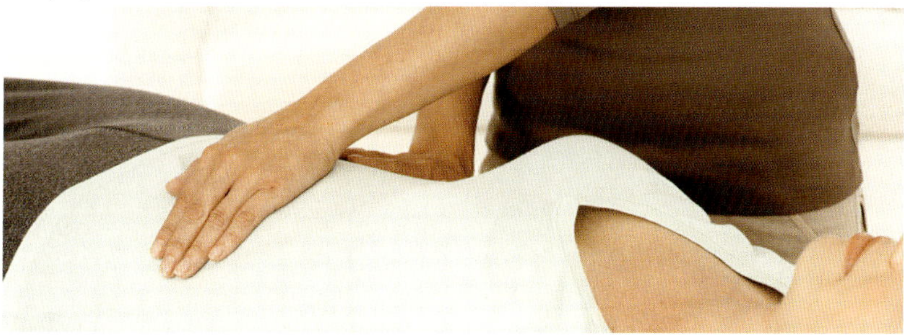

12 Pour finir, glissez vos mains en Position 7 (voir page 229). La personne sera assurément profondément détendue, état qui la fortifiera.

NEUVIÈME PARTIE

Reiki et autres thérapies

Acupuncture

L'acupuncture est l'une des plus anciennes méthodes de guérison du monde, et l'un des éléments les plus connus de la médecine chinoise traditionnelle. Elle agit en stimulant des points spécifiques des méridiens (voir pages 102 à 105) en utilisant des aiguilles métalliques très fines, insérées manuellement ou parcourues par un courant électrique de faible intensité.

L'acupuncture vise à mettre les éléments yin et yang en équilibre. Le yin est caractérisé par une énergie froide, passive, associée à la féminité, le yang, par une énergie chaude, active, associée à la masculinité. Quand le yin et le yang ne sont pas équilibrés, des bocages du courant de *ki* autour des méridiens apparaissent, se manifestant sous forme de maladies. L'insertion des aiguilles élimine les blocages.

L'acupuncture est maintenant largement utilisée par les médecins conventionnels ainsi que par les praticiens des médecines douces et les kinésithérapeutes.

Cette thérapie traite une large gamme d'affections, et s'est avérée particulièrement efficace pour le mal de dos et le contrôle de la douleur en général. Sert parfois à soulager la nausée après la chimiothérapie et aide certains à se libérer des dépendances comme le tabac et la toxicomanie.

Acupuncture et Reiki

Alterner les traitements Reiki avec l'acupuncture ne diminuera pas leur efficacité respective. Le Reiki fortifie l'acupuncture avec l'élimination des blocages dans les méridiens.

Avertissement

Bien qu'il y ait eu de très rares cas de réactions négatives à l'acupuncture, vous devez observer quelques instructions de base.

Assurez-vous que l'acupuncteur est correctement formé et a des diplômes pour le prouver. Souvent, une recommandation d'une autre personne est la meilleure manière de trouver un acupuncteur. Il y a également des associations professionnelles qui vous aideront à en trouver un dans votre région.

Assurez-vous que l'acupuncteur utilise des aiguilles jetables dans des emballages fermés.

À DROITE. L'acupuncture aide à éliminer les blocages dans les méridiens, permettant au *ki* de circuler de nouveau aisément.

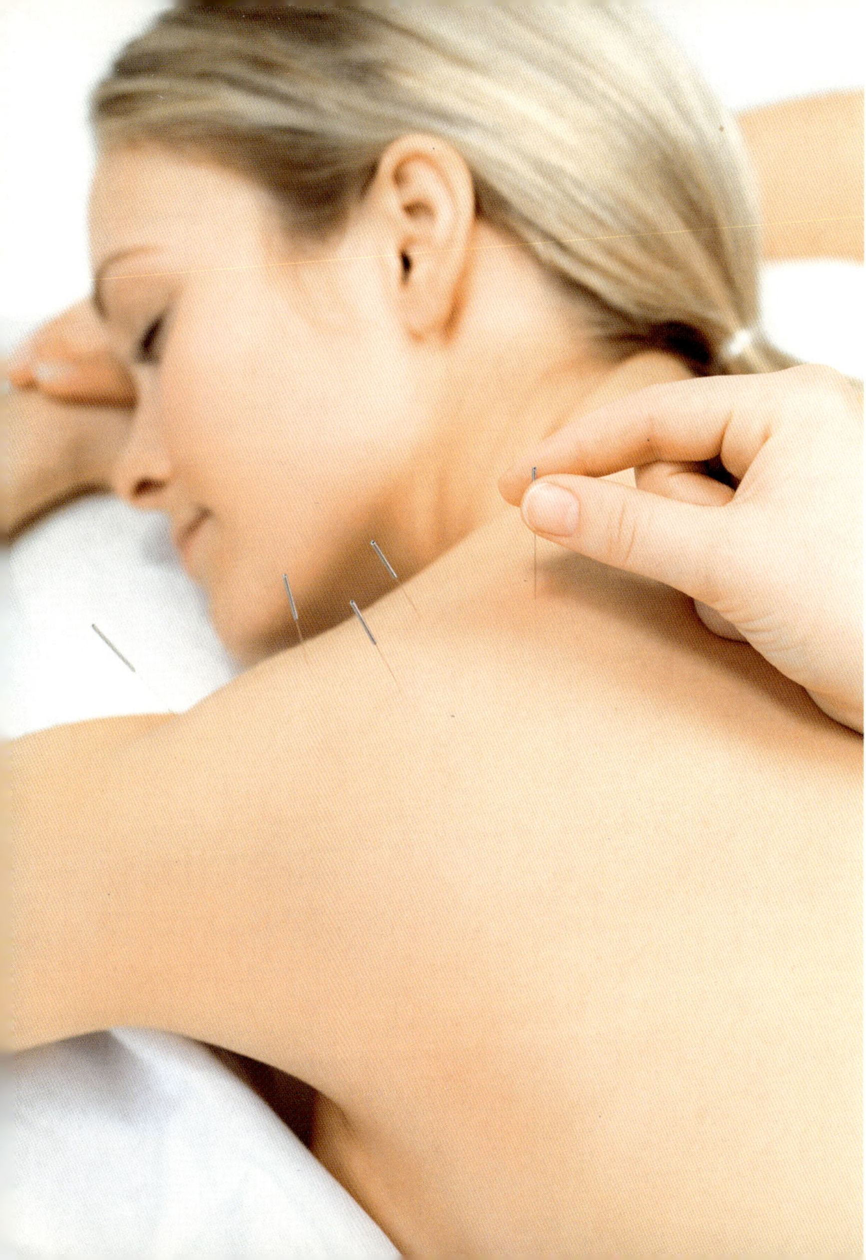

Aromathérapie

L'aromathérapie est un art ancien, mais la pratique moderne utilisant les huiles essentielles pour la guérison a été développée dans les années 1920 par le chimiste français R.M. Gattefossé. Travaillant dans son laboratoire de parfumerie, il s'était brûlé et avait plongé son bras dans le liquide froid le plus proche, de l'huile de lavande. Il avait remarqué alors que la douleur avait diminué, que la brûlure avait guéri plus vite que la normale et que la cicatrice était très discrète. Cela l'a incité à étudier les propriétés curatives d'autres huiles de plantes et de fruits.

L'aromathérapie implique le traitement ou la prévention des maladies grâce aux huiles essentielles. On peut les ajouter au bain ou à une huile base pour le massage ; les deux méthodes se basent sur l'absorption de l'huile à travers la peau. L'inhalation convient aussi, en se servant d'un brûleur d'huile ou en versant l'huile dans de l'eau chaude pour produire des vapeurs. Le bain et l'inhalation sont les méthodes les plus populaires d'emploi des huiles chez soi, alors que l'aromathérapie tend à utiliser leur usage avec le massage.

La médecine conventionnelle n'accorde pas beaucoup de crédit à l'aromathérapie en dehors du fait qu'elle favorise la relaxation. Cette attitude repose sur la difficulté de réaliser des études dans ce domaine qui soient scientifiquement

Huiles utiles à avoir chez soi

Si vous achetez des huiles à utiliser chez vous, méfiez-vous des marques bon marché, qui n'auront pas d'efficacité et ne feront que parfumer la pièce. Vous devez toujours choisir des huiles de qualité thérapeutique. Le prix des huiles varie – celles à base de plantes communes, comme la lavande ou le pin, sont bien moins chères que celles plus rares, comme l'huile pure de rose.

- **Antibactériennes** – romarin, tea tree
- **Antidépressives** – lavande, rose
- **Antifongiques** – lavande, genévrier
- **Anti-inflammatoires** – eucalyptus
- **Antivirales** – lemon-grass, bois de santal, thym

CI-DESSUS. Les huiles essentielles stimulent les parties du cerveau liées aux émotions, chacune agissant pour soutenir les changements positifs.

acceptables par la communauté médicale. D'un point de vue physiologique, il y a deux explications possibles de sa réussite au soin des troubles physiques et émotionnels. La première théorie est que les arômes stimulent le système cérébral limbique. Celui-ci est lié au système olfactif et soutient les émotions. L'autre explication dit que les essences végétales ont un effet pharmacologique, comme dans la phytothérapie.

L'aromathérapie ne présente aucun danger, bien qu'il soit préférable de l'éviter durant la grossesse.

Aromathérapie et Reiki

L'aromathérapie combine souvent Reiki et massage qui se complémentent en intensifiant leurs effets respectifs.

Massage

Le massage est la manipulation des tissus du corps. Il sert sur toutes les parties du corps, de la tête aux pieds, et se concentre sur les muscles, les tendons, les tissus conjonctifs et le système lymphatique.

La médecine classique utilise le massage pour une large gamme d'affections physiques des muscles et des articulations. Il est apprécié pour ses effets sur le stress, la dépression et l'anxiété.

Types de massage

Une extraordinaire gamme de types de massage est offerte.

Massage suédois

L'un des plus connus et disponibles, ce massage est basé sur cinq types de toucher. Traite efficacement la raideur des articulations.

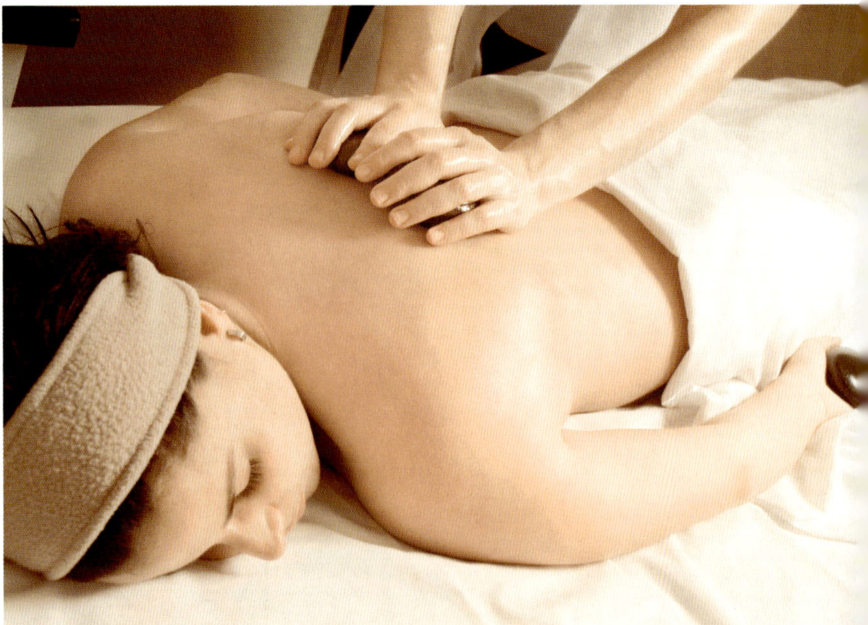

À GAUCHE. Le massage est établi de longue date comme forme efficace de traitement pour une large gamme d'affections physiques.

CI-DESSUS. Le massage indien de la tête est très populaire et aide à équilibrer les chakras.

Shiatsu

Méthode de massage japonais utilisant la pression des pouces le long des méridiens, d'une manière similaire à l'acupression, et incluant aussi l'étirement des membres. Parfaite pour traiter la cause émotionnelle des affections physiques.

Massage thaï

Les massages thaï sont généralement plus longs que le massage habituel. Ils reposent sur le yoga et, durant le traitement, le corps est manipulé dans ses postures. Comme au shiatsu, la pression avec les pouces est exercée sur des points spécifiques. C'est très utile pour relâcher les blocages de l'énergie et le rétablissement de l'équilibre.

Thérapie Bowen

Développée par Tom Bowen, cette technique utilise un mouvement roulant sur les muscles, tendons et articulations. Bénéfique pour relâcher la tension des muscles et améliorer la circulation de la lymphe.

Massage indien de la tête

Se concentre sur la tête, le visage et les épaules, relâchant la tension de tous les muscles de ces zones. Son principal usage est l'équilibration des chakras.

Massage et Reiki

De la même façon que l'aromathérapie, le Reiki se combine très efficacement avec le massage. Les mains canalisent l'énergie tout en administrant le massage.

Remèdes des fleurs de Bach

Cette gamme de remèdes a été développée par le Dr Edward Bach, médecin anglais de Harley Street. Son intérêt pour l'homéopathie et son don naturel de guérisseur l'ont poussé à chercher des alternatives plus pures aux remèdes homéopathiques traditionnels traitant les maladies avec leurs propres produits : « traiter les semblables par les semblables ». La philosophie étayant ce système dit qu'il faut traiter les états mentaux et émotionnels du patient débloqués par les symptômes physiques se manifestant en résultat des émotions guéries.

En utilisant son intuition, il a passé les printemps et les étés à chercher et à préparer des remèdes de plantes affectant chaque état émotionnel, finissant par créer une série de 38 remèdes. Les remèdes sont préparés selon deux méthodes : en faisant flotter les efflorescences dans de l'eau pure pendant quelques heures, ou en les faisant bouillir pendant une demi-heure. Ils sont combinés ensuite avec du cognac pur pour les conserver dans une solution à 50/50.

Un praticien pourra conseiller sur le remède ou la combinaison de remèdes pour un état émotionnel spécifique. J'ai utilisé avec succès la méthode du pendule sur un tableau des remèdes avec l'intention de choisir le plus approprié pour moi ou pour d'autres personnes que je traitais par ailleurs avec le Reiki. Les remèdes de Bach sont très utiles pour le traitement des enfants et des adultes, sans effets négatifs.

Prise des remèdes

On peut soit les faire tomber directement sur sa langue, soit diluer 4 gouttes dans 30 ml d'eau, à boire quatre fois par jour.

Remèdes utiles chez soi

- **Orme** – quand on se sent débordé par la responsabilité.
- **Ajonc** – quand on a un sentiment d'impuissance ou de désespoir.
- **Olive** – pour l'épuisement après un effort mental ou physique
- **Remède de secours** – le plus connu, a été développé comme premier secours émotionnel, reposant sur l'observation des réactions typiques en cas de crise.
- **Étoile de Bethléem** – traitement du choc.

À DROITE. Les remèdes floraux n'ont pas d'effets négatifs, ce qui les rend idéaux pour les enfants.

Bach®
arvensis in a

Ayurvéda

La médecine ayurvédique est un système ancien d'Inde, encore largement utilisé dans ce pays. Récemment, il a acquis plus de popularité en Occident. Plongeant ses racines dans la philosophie des *Veda*, l'ayurvéda a une approche holistique du traitement. Il comporte huit spécialités similaires aux divisions de la médecine occidentale.

Le système repose sur le concept qu'une santé optimale est due à l'équilibre des trois *dosha* : *vata*, *pitta* et *kapha*. Chaque personne a un *dosha* dominant, mais tous les trois doivent être en équilibre. Le médecin ayurvédique évolue le patient physiquement et émotionnellement et prend une série de pouls pour déterminer son *dosha* dominant et ce qui n'est pas équilibré. Il traite un déséquilibre par une gamme de remèdes de plantes et peut recommander par la suite un régime basé sur le principe que certains aliments calment ou irritent chacun des *dosha*. Ils font aussi appel au massage.

Ayurvéda et Reiki

Combinés, traitements ayurvédiques et Reiki peuvent guérir rapidement les affections et empêcher leur réapparition.

À GAUCHE. L'ayurvéda est un système complet de médecine, englobant une diversité de traitements, des conseils de nutrition au massage.

Les trois *dosha*

Les *dosha* sont similaires au concept d'« humeurs corporelles » caractérisant les débuts de la médecine occidentale.

Vata

Associé aux éléments air et éther, *vata* gouverne la respiration, le mouvement des muscles et les pulsations du cœur, entre autres. Les personnes au *vata* dominant sont créatives, sveltes, excitables, impulsives et enclines aux maux de tête, à l'hypertension et aux problèmes du système nerveux (si *vata* est déséquilibré).

Pitta

Associé à l'eau et au feu, *pitta* gouverne la digestion, le métabolisme et l'intelligence, entre autres. Les personnes au *pitta* dominant ont un intellect pénétrant, une carrure moyenne, forte, sont compétitives et se mettent facilement en colère. Enclines aux ulcères, aux urticaires, à l'insomnie et à l'anémie (si *pitta* est déséquilibré).

Kapha

Associé à l'eau et à la terre, *kapha* gouverne la structure physique du corps et la lubrification des articulations. Les personnes au *kapha* dominant parlent et bougent lentement, ont une carrure lourde, sont faciles à vivre et enclines à la sinusite et aux problèmes respiratoires (si *kapha* est déséquilibré).

Yoga

L'un des avantages du yoga est qu'il peut être pratiqué seul, tout comme le Reiki. De plus, les postures du yoga agissent sur le corps énergétique, mais étirent également le corps physique, assurant que la mobilité est entretenue à mesure du vieillissement. Bien que le yoga puisse sembler trop difficile pour les personnes souffrant de problèmes musculo-squelettiques, un instructeur expérimenté pourra adapter les postures à leurs besoins spécifiques. Le yoga plonge ses racines dans les textes hindous anciens décrivant la philosophie étayant la pratique et les postures (*asanas*), les méthodes de respiration et les formes de méditation.

Le yoga équilibre les chakras à mesure que les postures libèrent le mouvement du *ki* autour du corps – c'est le *prana*. Grâce à une série de postures agissant sur l'ensemble du corps, l'énergie *kundalini* emmagasinée à la base de la colonne vertébrale montre à travers les chakras jusqu'à arriver au chakra couronne. La capacité de conduire l'énergie jusqu'au sommet de la tête aboutit au *samadhi*, où on fait l'expérience de l'unité avec l'esprit universel.

Hatha yoga

Forme de yoga la plus largement pratiquée en Occident, le Hatha yoga est basé sur des postures physiques. Plusieurs formes existent, les trois les plus connues étant le Iyengar yoga, l'Ashtanga yoga et le Sivananda yoga. Une nouvelle forme gagnant en popularité est le Bikram yoga, très physique, pratiqué dans des pièces très chaudes pour favoriser la transpiration.

Iyengar

Cette forme de yoga se concentre sur l'alignement correct du corps pour chaque posture et utilise une diversité d'accessoires comme les courroies et les couvertures pour permettre à l'élève de prendre des postures avancées.

Ashtanga

Forme très active de yoga difficile pour le débutant, elle se concentre sur la force et la souplesse, tous les mouvements étant synchronisés avec la respiration.

Sivananda

Ce type de yoga se concentre sur le travail dans la zone du plexus solaire. Il combine l'utilisation des postures avec les techniques de respiration, l'alimentation et la méditation.

À DROITE. Le yoga équilibre les chakras et améliore la circulation du *ki* autour du corps.

Chi Kung

Comme l'acupuncture, le chi kung est l'un des piliers de la médecine chinoise traditionnelle. Son nom signifie « culture de l'énergie ». Il est similaire au yoga en utilisant le mouvement et la respiration pour améliorer la circulation de l'énergie autour du corps, mais est moins extrême quant à ses postures corporelles, et donc plus approprié pour les personnes à mobilité réduite ou pour celles préférant les mouvements plus lents, plus méditatifs.

Les origines, la théorie et la pratique du chi kung sont présentes dans *Le Classique de médecine interne de l'empereur Jaune*, texte médical rédigé vers le IIIe siècle av. J.-C. Les praticiens de la médecine chinoise traditionnelle s'en servent encore. Ce n'est qu'au cours de ces 20 à 30 dernières années que le chi kung a fait son retour en Chine, et des millions de gens de tous âges le pratiquent quotidiennement. Pour cette raison, il est apparu seulement très récemment en Occident, mais sa popularité grandit de concert avec le tai chi, pratique apparentée utilisant des séries plus longues d'étapes dans ses exercices.

En se servant d'exercices d'étirement en douceur combinés avec des techniques de respiration et la visualisation, le chi kung équilibre le *chi*. Son objectif est de prévenir la maladie et de favoriser la longévité.

À GAUCHE. Le chi kung améliore la circulation de l'énergie autour du corps et convient aux personnes à mobilité réduite.

La tradition taoïste

Plusieurs styles de chi kung existent, émergeant de cinq traditions principales : taoïste, bouddhiste, confucéen, art martial et médical. La philosophie taoïste est à la racine du chi kung, avec sa vision organique du monde, centrée autour du besoin d'être en harmonie avec le Tao. Le Tao est transcendant et ne peut pas être expliqué – il *est*. Le chi kung est une voie vers cet état d'harmonie appelé « être dans le Tao ».

Chi Kung et Reiki

Les praticiens du Reiki trouveront le chi kung facile à pratiquer, car ils savent comment travailler avec l'énergie. La pratique du chi kung améliore la compréhension de la manière dont le Reiki agit, vue d'une perspective différente, et accroît par conséquent la capacité de l'utiliser. On peut aussi effectuer une guérison à distance avec le chi kung, une fois que vous l'avez pratiqué pendant un temps. J'échangeais de la guérison à distance avec mon instructrice de chi kung – je me servais du Reiki, elle du chi kung. Je pouvais sentir l'énergie aussi intensément que si elle avait envoyé du Reiki. Il faut plus de temps pour y parvenir avec le chi kung, mais il souligne aussi le fait que les symboles sont simplement des outils, comme nous savons qu'Usui voulait qu'ils soient.

Thérapie des cristaux

Au fil du temps, les cristaux et les gemmes ont été utilisés dans des buts thérapeutiques. Ils sont de nouveau extrêmement populaires, et beaucoup de gens les achètent non seulement pour leurs pouvoirs de guérison, mais aussi pour leur beauté. Comme les plantes, les aliments et les couleurs, chaque gemme ou cristal a une vibration énergétique unique à son type – qui peut servir à équilibrer l'énergie.

Les cristaux doivent être purifiés avant usage et à des intervalles réguliers. Lisez par exemple *La Bible des cristaux* pour vous informer à ce sujet, ainsi que les propriétés des divers types de cristaux. Que vous achetez des cristaux bruts ou taillés et polis, cela n'affecte pas leur pouvoir. C'est une question de préférence personnelle.

Les cristaux peuvent être employés de diverses façons. Les thérapeutes travaillant sur les chakras les placent souvent sur le corps, un cristal différent pour chaque chakra. Dans *La Bible des chakras*, Patricia Mercier donne des détails à ce sujet.

Cristaux populaires

Les types de cristaux les plus populaires appartiennent à la famille des quartz. Leur structure les rend plus efficaces au maintien des énergies curatives. L'améthyste et le quartz rose sont faciles à trouver.

Améthyste

Ce cristal est censé être une puissante aide à la progression spirituelle favorisant les sentiments d'amour, d'intuition et d'inspiration créative, car il travaille avec l'épiphyse et l'hypophyse et les activités de l'hémisphère droit. Physiquement, il soutien les systèmes endocrinien et immunitaire.

Quartz rose

Appelé souvent « pierre d'amour », ce délicat cristal rose favorise le pardon et la compassion et rétablit l'équilibre émotionnel, en aidant à laisser aller la colère et la peur. Physiquement, il travaille avec la rate, les reins, le cœur, la circulation et le système reproducteur.

Cristaux et Reiki

Bien que l'utilisation des cristaux ne soit pas une partie du système Reiki d'origine, beaucoup d'instructeurs et de praticiens s'en servent comme ajout aux traitements. Les praticiens du Reiki utilisant des cristaux disposent souvent ceux-ci en réseau pour administrer des traitements. Les cristaux sont chargés de Reiki, qu'ils sont censés amplifier.

À DROITE. La popularité des cristaux repose sur leur beauté et sur leur capacité à soulager diverses affections.

Thérapie des couleurs

Les preuves de l'utilisation des couleurs en tant que thérapie holistique sont présentes dans les textes anciens de l'Inde, de la Chine et de l'Égypte. Les principes de la pratique sont que la couleur est formée de lumière de différentes longueurs d'onde, et en tant que telle est une forme d'énergie affectant les cellules vivantes. Correctement utilisées, ces différentes longueurs d'onde (les différentes couleurs), peuvent servir à la guérison de toute affection du corps, du mental ou de l'esprit et peuvent être combinées sans danger avec la médecine conventionnelle et les thérapies alternatives comme le Reiki. Toutefois, la thérapie des couleurs ne traite pas directement l'affection, mais le blocage ou le déséquilibre énergétique se manifestant en tant que maladie physique.

Le plus habituellement, les thérapeutes des couleurs placent des soies colorées sur le corps, dirigent la lumière colorée sur lui et méditent avec les couleurs. Ils analysent aussi les préférences personnelles à ce sujet, censées révéler des déséquilibres dans certaines zones, et conseillent des manières de les incorporer dans la vie pour rétablir l'équilibre.

CI-DESSOUS. Les traitements Soma de l'aura sont particulièrement efficaces au relâchement des blocages émotionnels.

Couleur	Propriétés
Rouge	Énergise et accroît la circulation du sang. Quand une personne est agitée, cette couleur est à éviter.
Orange	Soutient le chakra sacré, associé aux relations, à la sexualité et à la créativité. Utile pour traiter la rate et les reins.
Jaune	Connectée au plexus solaire, active le système nerveux et est bénéfique aux affections dermiques.
Vert	Associée au cœur, cette couleur est apaisante et agit comme purifiant de l'ensemble du corps physique.
Turquoise	Cette couleur aide les affections associées au chakra de la gorge, et est aussi utilisée pour guérir les infections aiguës. Émotionnellement, aide la communication avec autrui.
Bleu	Souvent utilisé pour soulager la douleur et les troubles du sommeil. C'est aussi une aide à la croissance spirituelle.
Violet	Cette couleur est très bénéfique pour les yeux. Soutient les activités mentales et émotionnelles comme l'inspiration et l'aperçu spirituel.

Index

T

Remerciements

Remerciements de l'auteur. Merci à ma famille et à mes amis qui m'ont accompagnée dans mon voyage avec le Reiki, à tous les instructeurs et autour du monde qui m'ont inspirée et à toute l'équipe de Godsfield qui a travaillé à ce livre. Bénis soient-ils.

Éditrice exécutive Jessica Cowie
Éditrice principale Lisa John
Éditeur artistique exécutif Mark Stevens
Maquettiste Beverly Price, One2Six Creative
Contrôleur de production Linda Parry
Iconographe Ciaran O'Reilly

Photographies commandées © Octopus Publishing Group Limited/Ruth Jenkinson
Autres photographies:
AKG F. Kunst & Geschichte 55 ;
Alamy Adrian Sherratt 386 ; Captured Sight 305 ; Geoffrey Kidd 377 ; JTB Photo Communications, Inc. 20 ; JUPITERIMAGES/ Comstock Images 32 ; Marc Hill 263 ; Matthew Mawson 123 ; Radius Images 259 ; RubberBall 260 ; The London Art Archive 41 ;
Ancient Art & Architecture Collection 42 ;
Corbis UK Ltd Sakamoto Photo Research Laboratory 29 ; Image Source 67 ; Luca Tettoni 385 ;
Fotolia Nikki Zalewski 187 ;
Getty Images Image Source 84, 373 ; Jerome Tisne 271 ; Kei Uesugi 269 ; Marcy Maloy 290 ; Tom Grill 146 ;
istockphoto.com 171 ; Amanda Rohde 71 ; blaneyphoto 274 ; Emmanuelle Bonzami 31 ; Kateryna Govorushchenko 19 ; Lise Gagne 188 ; Rolf Weschke 59 ; Sami Suni 309 ; Sonyae 278 ;
Jupiterimages Burke/Triolo Productions 83 ;
Karipaulus.com 50 ;
Masterfile 284 ;
Octopus Publishing Group Limited Frazer Cunningham 101, 161 ; Peter Myers 137 ; Ruth Jenkinson 56, 72, 75, 107, 143, 145, 200, 208, 243, 244, 381, 382 ; William Reavell 178 ;
Photolibrary Matthew Wakem 49 ; Mel Yates 115 ;
Royalty-Free Images 11, 289, 64, 68, 285 ;
Shutterstock Amy Nichole Harris 27 ; Joe Gough 167 ; Konstantin Tavrov 191 ; Monkey Business Images 277 ; murata-photo com 168 ; niderlander 378 ; Paul Cowan 199 ; velora 133 ; Yanik Chauvin 371, 374, 375.